U0494116

陕西师范大学乌兹别克斯坦研究中心学术译作

克什米尔山谷

1　沙漠中的一口井
2　叶尔羌的音乐会

1 | 叶尔羌房屋的内部
2 | 返回叶尔羌

1 | 中亚本土居民的婚礼
2 | 中亚本土居民的葬礼

克什米尔妇女

斯拉金特维特三兄弟

中国边疆探察译丛
主编——许建英———— 总顾问——马大正

Central Asia

〔美〕贝亚德·泰勒 ———— 编撰
Bayard Taylor

李郁瑜 —— 译注

Travels in Cashmere,
Little Tibet
and Central Asia

克什米尔、小土伯特和中亚诸地

中亚纪行

社会科学文献出版社
SOCIAL SCIENCES ACADEMIC PRESS (CHINA)

序

马大正

"中国边疆探察译丛"出版在即,主编建英嘱我为丛书作序。这些年来外国各界人士有关中国边疆探察著作的翻译和研究一直为我所关注,并形成了一些想法,故想借此序文篇幅略做记述,与读者共享。

中国边疆是统一多民族国家长期发展的历史产物,中国边疆研究也经历了一个漫长的发展过程,可以说是源远流长。在中国边疆研究的发展进程中,边疆考察和对边疆探察的研究,始终是研究热点。在中国边疆研究大发展的今天,边疆探察史的研究理应有一个大的发展。

资料的收集是研究深入的基础,以下就资料的收集与积累,抒愚见三端。

愚见之一

边疆考察的资料收集，人们首先想到的是19世纪以来外国人的记录。

19世纪中叶以后，在日趋腐朽的清王朝统治下，中国危机四伏，清朝统治者既无法缓和国内阶级矛盾，也无力抵抗外国侵略者的入侵，强盛一时的清王朝的衰亡已不可逆转。与此同时，西方列强在对海外殖民地分割完毕之后，又掀起了一股世界性的考古探险热潮。在加紧侵华的大背景下，众多的外国传教士、学者、商人、官员以及形形色色的冒险家纷纷涌入中国，进行考察和探险。他们每个人所抱的目的不同，方法各异，但正是在这些探险考察活动中，他们为后人留下了一批考察报告、探险实录、相关札记和游记。今天，人们面对这样一份值得研究的历史资料应如何正确认识和利用呢？

首先，有相当一部分的考察报告是当时的现场实录和实地观察的第一手材料，尤其对那些经破坏性发掘后即被西方殖民者洗劫一空，或历经战乱已荡然无存的中国古代文化遗迹来说这些记录就越显珍贵，对相关学科的研究有着基础材料的重要价值。

其次，大量的札记、游记类作品中，尽管有的因作者政治观点和立场不同，带有浓厚的殖民色彩，有的因行色匆匆、道听途说，对事物的认识有很大的片面性和局限性，但由于作者是当事人或同时代人，他们的亲身经历、耳闻目睹，对当时当地的社会风貌、民族民俗、宗教、地理以及重大历史事件所进行的描述和记录，仍为人们从一个侧面了解历史提供了具有研究参考价值的史料。

最后，19世纪至20世纪中期，外国探险家们在中国的考察活动，曾是西方列强进行殖民侵略的一项内容。因此作者在记述中有意无意都涉及对中国主权的损害，有的更直言不讳对中国资源、文物的劫掠和盗窃，这就为帝国主义侵华史中那段令国人深感屈辱痛心的历史留下了真实的记录。

长期以来这些相关著作或因深藏国内外书库而难以觅见，或因涉及多种文种而不易为人们阅读，难以为研究者所利用，更无法进入广大读者的阅读视野，成了迫切需要利用此类图书的研究者和关心此类题材读者的遗憾。

20世纪90年代由新疆人民出版社出版的"西域探险考察大系"①和《亚洲探险之旅》②，云南人民出版社出版的"中国大探险"丛书③，商务印书馆和中国旅游出版社出版的"世界

---

① 1992年以来已出刊15种，计有：〔瑞典〕斯文·赫定的《亚洲腹地探险八年》《丝绸之路》《罗布泊探秘》《游移的湖》《我的探险生涯》，〔瑞典〕沃尔克·贝格曼《新疆考古记》，〔瑞典〕贡纳尔·雅林《重返喀什噶尔》，〔英〕凯瑟琳·马噶特尼、戴安娜·西普顿《外交官夫人的回忆》，〔德〕阿尔伯特·冯·勒柯克《新疆的地下文化宝藏》，〔丹麦〕亨宁·哈士纶《蒙古的人和神》，〔日〕橘瑞超《橘瑞超西行记》，〔美〕兰登·华尔纳《在中国漫长的古道上》，谢彬《新疆游记》，马大正等主编《西域考察与研究》《西域考察与研究续编》。2013年新疆人民出版社再版该丛书，选题增加到了30种。

② 1998年以来已出刊9种，计有〔瑞典〕斯文·赫定《失踪雪域750天》，〔俄〕普尔热瓦尔斯基《走向罗布泊》《荒原的呼唤》，〔日〕河口慧海《西藏秘行》，〔日〕大谷光瑞等《丝路探险记》，〔英〕扬哈斯本《帕米尔历险记》，〔英〕阿托金逊《横跨亚洲大陆》，〔法〕多隆《彝藏禁区行》，〔法〕邦瓦洛特《勇闯无人区》等。

③ 2001年以来已出版4种，计有：〔法〕伯希和《伯希和西域探险记》，〔法〕亨利-奥尔良《云南游记》，〔英〕阿奇博尔德·约翰·立德《扁舟过三峡》，〔俄〕阿列克谢耶夫《1907年中国纪行》。

著名游记丛书"①，以及广西师范大学出版社推出的《西域考古图记》等，为研究深化提供了大量第一手资料。

愚见之二

20世纪20～40年代中国人所撰写的边疆考察记不应被遗忘。

当人们将视线定格于20世纪上半叶，特别是1911年至1949年民国时期的中国边疆研究时，不难发现一大批接受资产阶级史学研究理论和方法的中国学者，痛心于深重的民族危机，希冀通过边疆研究，激发国人之爱国热忱，他们像矻矻播种的耕夫，取得了令人瞩目的收获；当时还相继成立了第一批有影响的边疆研究学术团体和机构，在组织和推动中国边疆研究上起了开创性作用。在相对集中的时间里，出现了这么一批研究群体和众多学者就是发展的明显标志，用群星灿烂形容20～40年代中国边疆研究并不为过。当时大量的研究成果，尽管有种种不足，有些观点也未必尽善，但在中国边疆研究中的承前启后的历史地位是显而易见的，只要我们拂去这些成果上的历史尘埃，它们仍能被我们所借鉴和吸收。

追寻民国时期中国边疆研究发展轨迹的工作很多。在宏观上，我们可评述当时中国边疆研究发展的成就与不足；在微观上，可研究学者、学术团体等个体学术活动的成败得失。就个

---

① 2015年始商务印书馆与中国旅游出版社出版了三辑，第一辑"一带一路经典游记"，第二辑"近代中国看世界"，第三辑"明清外国人看中国"，共收选了30种历代中外人士撰写的经典游记。

体而言，我们应下大气力总结每个学人的学术成就与不足，调查学人的学术生涯，以便获得生动和丰富的感性认识，从而使我们对学人的评述更鲜活、更完整、更有立体感。

读万卷书、行万里路是中国边疆研究的优良传统，从书本和社会实践两个方面获取知识，进而推动学术进步也是20世纪前半叶中国边疆研究取得进步发展的重要因素。进行边疆实地考察较在书斋中研究有更多的困难与条件限制，因此实践起来就十分不易了。我们还必须注意到随着新世纪的曙光普照人间，在怀旧情绪蔓延的同时，对边疆地区的关注日益成为一种时尚，而边疆的历史、民族、民俗等确有难以抵挡的独特魅力。正是因为边疆实地考察研究得之不易以及边疆所特有的吸引力，所以通过学者艰苦努力而实现的边疆考察，以及撰写的考察报告和旅行记是这一时期众多成果中颇具特色的一个特殊门类而为今人所关注。

这些年由民族出版社出版的"民国边疆游记新读丛书"[①]，宁夏人民出版社出版的"走进大西北丛书"[②]，新疆人民出版社出版的"探险与发现丛书"[③]，中国国际广播出版社出版的"西北史地"丛书第一、二、三辑[④]等，填补了民国时期边疆探察实录不易得的空缺。

---

① 1998年以来出版1种，即《国民政府女密使赴藏纪实》。
② 2000年以来已出版4种，计有：徐旭生《徐旭生西游日记》、蒋经国《伟大的西北》、萨空了《从香港到新疆》、林鹏侠《西北行》。
③ 2000年以来已出版9种，其中三册是国人很少见到的天涯游子《人在天涯》、黄汲清《天山之麓》、陈赓雅《走进西部》。
④ 其中第二辑有《西行见闻记》《西北考察日记》《甘青藏边区考察记》《新疆游记》；第三辑有《西征续录》《辛卯侍行记》《河海昆仑录》。

愚见之三

组织新中国的边疆学者撰写有特色的边疆考察实录,尤应重视。20世纪下半叶,新中国的边疆研究者,沿着先辈的足迹,进行了更深入、范围更广的边疆考察,大批从事边疆研究、民族研究的历史学家、考古学家、地理学家、民族学家、人类学家、社会学家……他们无私奉献于崇高的科学事业,无暇顾及自身学术、文化探踪活动的披露。且不说他们每个人的经历都可能是一首充满激情的诗,一部曲折而不平凡的小说,单是那多彩的考察生活,那深深陶醉于大自然的情趣,那孜孜求索文明源头的匠心、那归途远眺中的联翩思考,就足以引常人入胜境,然而他们却视为平常。或许正是这种以平常心看待自身非凡经历的雍容气度,更能激荡起常人的渴望先睹和心往神驰。

瑞典大探险家斯文·赫定让世人了解自己探险生活的努力值得人们称赞。每当斯文·赫定结束一次探险后,除了撰写洋洋数十万言的考察报告外,都及时写出一部深入浅出、引人入胜的考察记,他的一册《亚洲腹地旅行记》与斯坦因《西域考古记》并称为"中亚二记",问世以来被译成多种文字,风靡世界,倾倒了几代中外读者。我国史学大家翦伯赞先生手笔一篇《内蒙访古》,才华横溢,格调高昂,别有韵致,常年列入中学语文教学范文,感染、激励了一代代少年稚心。当代中国学者的边疆考察实践远远超越了前辈,众多研究成果令世人瞩目,但他们的考察生涯尚鲜为人知。筹划、出版由边疆文化考察实践者撰写自己考察生涯的边疆考察实录丛书,在我心中非今日始。最早萌发是在"文革"时期,翻阅瑞典探险家斯文·赫定《亚洲腹地旅行记》和俄国地理学家奥尔洛莫夫《在中央亚细亚荒漠》之后。

进入 80 年代,自己也获得了边疆考察的实际经历,尤其是在近几十年研究实践以及与国内外同行交往中,我愈益认为,中国学者的边疆考察实践以及取得的成绩,应该通过一种较通俗的形式让更多的读者了解。1993 年,我应邀东渡扶桑,到福冈参加国际丝绸之路学术研讨会,我在大会上以及会后到京都龙谷大学以自己的新疆考察经历做的学术报告,在日本同行中引起的反响,在我心中产生了强烈震动,从而更坚定了自己的信念。20 世纪 90 年代以后,在山东画报出版社和新疆人民出版社的热忱支持下先后主编了"中国边疆探察丛书"① 和"边地文化探踪丛书"②,获得了同行的首肯和广大读者的热情反响。实现了让学术走向大众,让大众了解学术的预期目标。1999 年中共中央党校出版社也推出了"中国西部探险丛书"③,近年单本的学者边疆考察实录更如百花争艳,目不暇接。

在国力昌盛、社会稳定、旅游兴起的今天,对边疆的关注

---

① 1997 年以来已出版了 12 种,计有:马大正《天山问穹庐》、白滨《寻找被遗忘的王朝》、汪宁生《西南访古卅五年》、王嵘《无声的塔克拉玛干》、米文平《鲜卑石室寻访记》、李坚尚《喜马拉雅寻觅》、黄光成《大江跨境前的回眸》、蓝山林《草原寻梦》、曹成章《版纳絮语》、魏国忠等《谜中王国探秘》、顾德清《1982~1985 年探访兴安岭·猎民生活日记》。
② 1998 年以来已出版 5 种,计有:马大正《海角寻古今》,胡文康《走进塔克拉玛干》,胡文康、王炳华《罗布泊——一个在解开的谜》,齐东方《走进死亡之海》,唐戈《在森林在草原》。
③ 1999 年以来已出版 4 种,计有:杨镰《最后的罗布人》,奚国金《罗布泊之谜》,夏训诚、胡文康《与彭加木同行》,林梅村《楼兰——一个世纪之谜的解析》。

和考察日渐成为一种时尚,在众多边疆考察的实践者中,除属于专业的文化考察者外,还有一类可誉称为"漂泊者"的仁人志士群体。他们在徒步走遍祖国山山水水的征程中,表现出一种不畏任何艰难险阻、勇于向严酷自然和生命极限挑战的大无畏精神,选择的是肉体的苦难,获取的则是心灵的自由。他们中有壮士中华行、最后长卧罗布荒漠的余纯顺,有万里海疆第一走的刘华,有自称是一群"疯子"、坚持孤身步行四方的曾哲、范春歌、曹华波、尚昌平、孙心圣诸位……只要世界上有路,就有上路的。有天职在,就有听从召唤。有艰险在,就有前去赴约的。正是抱着这样的信念,他们走上了奇特的边疆考察之路。我们姑且将这一类边疆考察,称之为漂泊探险。①

漂泊探险者的作品近年出版极多,长春出版社出版的"漂泊者之旅"丛书②、天津教育出版社出版的"在路上、漂泊笔记"丛书③是这一类探险者探察心路的结集。上述作品与众多记者、作家撰写的边疆游记的散文、随记均从另一个视角为边疆探察积累了资料,而应予重视。

上述三端当然不是边疆探察资料收集的全部,诸如相关档案文献的整理也是一个十分重要的方面,对此,新疆维吾尔自治区档案馆开了一个好头,《近代外国探险家新疆考古档案史

---

① 参阅马大正《当代中国边疆研究(1949—2014)》,中国社会科学出版社,2016,第445~458页。
② 1997年以来已出版5种,计有:曾哲《西路无碑》、范春歌《独守苍茫》、曹华波《走进墨脱》、尚昌平《荒原有爱》、孙心圣《十年旅痕》。
③ 1999年以来已出版6种,计有:曾哲《离别北京的天》、刘湘晨《太阳之下》、肖长春《与江河一道》、阿坚《平原动物上高原》、常征《骑马找马》、施晓亮《苦行九州》。

料》的出版①，填补了相关内容的空白。

"中国边疆探察译丛"重点选择19世纪以来外国探险家撰写的有关中国边疆地区考察的实录，内容涵盖了中国边疆地区地理、政治、军事、经济、文化、艺术、民族、民俗、考古、动植物等方面。这些著作时至今日都是不可多得的历史遗产，也是我们深化中国边疆地区研究的重要史料，至于众多国外学人撰写的有关中国边疆的研究著作，也都有可供借鉴之处。

值得指出，丛书各册的译者为了给读者提供高质量的出版物，为将译著原汁原味保持原著风貌呈现给读者付诸了心血，主编或译者对每一部译著又加撰了研究性导读，大大增强了丛书的学术水准。

总之，"中国边疆探察译丛"的出版是一件值得关心中国边疆、关注中国边疆研究的读者庆幸的事，我愿借此序文为主编点赞、为译者点赞、为出版者——社会科学文献出版社点赞！

期许"中国边疆探察译丛"能为读者喜欢！

是为序！

2018年11月20日
于北京自乐斋

---

① 新疆美术摄影出版社，2001。

近代外国对中国边疆探险考察述论

——以外国对新疆探险考察为中心
（代序言）

许建英

在 19 世纪至 20 世纪上半叶的中国历史上，随着西方对中国侵略的深入，外国学者、军人甚至官员对中国边疆地区的探险、考察也同步展开。俄、英、法、德、瑞典、美、日等国家的外交官、军人、传教士、地理学家、人类学家、动植物学家、气象学家以及考古学家等，持续不断地对中国边疆地区进行考察，留下大量关于边疆文献资料，内容涉及政治、经济、文化、军事、民族、宗教、人种、社会、考古、动植物及地理，成为西方从其视角建构中国边疆历史、文化与民族的重要基础，也推动西方掀起中国边疆研究热，产生一批有影响的研究成果，甚至形成研究学科，例如"敦煌-吐鲁番学"等。同时，中国边疆地区大量自然、地理、历史、民族、艺术、考古等方面的文献资料、文物，以及动植物标本，成为西方不少博物馆、档案馆和图书馆的重要藏品。

关于近代西方对中国边疆进行的探险、考察及其留下的文献资料，国内学术界对其价值认识经历了一个过程。从新中国成立至改革开放前，虽然有不少重要研究成果参考了西方近代对中国边疆考察的文献著作①，但是总的来说国内学界长期对其存有争议，一度将其统统归为西方殖民主义和帝国主义对中国的侵略，忽视相关资料的丰富内涵，对其译介甚少，研究更少。改革开放后，国内学界相关认识逐步发生较大变化，有学者开始关注译介和研究这些资料。20世纪90年代以来，这些资料所蕴含的丰富内容为历史学、民族学、社会学以及考古学等学科高度认可，陆续翻译了一系列著作，②产生了较大的影响，助推学界取得不少研究成果。可以说，译介近代外国探险家对中国边疆考察文献资料，受到多方面重视，也亟须进一步推进。

西方对近代中国边疆考察及其留下的资料值得收集、整理和翻译，本文拟以西方对中国新疆考察为例，加以梳理和简要论述。

一

早在19世纪，西方就开始将其目光投向中国新疆等西部边疆地区。一方面，西方在地理大发现狂热驱动下已勘测了世界

---

① 20世纪六七十年代，关于沙俄侵华史、帝国主义侵华史以及帕米尔交涉等重要研究，都曾组织搜集、翻译不少西方考察者的著作，作为内部参考资料。
② 马大正先生在序言中已经做了较多陈述，此不赘述。

五大洲大部分地区，但是对中国新疆、西藏等地区地理所知甚少，更没有进行现代地理测量，对基本地理数据一无所知。另一方面，西方扩展贸易的需要是其基本的冲动，中国新疆当时是西方贸易空白，对其经济社会情况一无所知，经由中国新疆寻找中亚市场也是其重要的思考点。此外，英国还企图打通新疆，将其商品经由新疆销往中国西北等地区，形成对中国全面的贸易渗透，也是英国贸易扩张的宏大构想。正是在此背景下，西方展开对中国新疆的探险与考察。当然，随着历史的演进，西方对中国新疆的考察原因也不仅仅限于上述内容。

从19世纪初到20世纪中叶，西方对中国新疆探险考察大致经历三个阶段，即地理探察时期、文化考古探察时期和政治探察时期。其基本情况如下。

1. 地理探察时期（1800～1897）

19世纪初期，西方对中国新疆地理情况的了解非常贫乏，更没有任何现代地理探测，对基本地貌、地质结构、高山、冰川、湖泊、沙漠、气温、动植物情况及其分布以及交通道路等，所知甚少，亟须勘探了解，填补西方地理学、动植物学知识空白。沙俄利用其地缘之便率先进入新疆，俄国人普金舍夫考察了伊犁、楚库察克、准噶尔以及天山南北的分水岭，其报告发表在《西伯利亚通讯》上，产生了最早的影响。1821年俄国商人布本尼诺夫从斜米巴拉丁斯克到喀什噶尔考察。英国人也于19世纪20年代开始关注新疆，英国商人威廉·穆尔克罗夫特（William Moorcroft）长期居住在当时中国西藏属邦拉达克，通过派遣人员、与中亚及新疆往来商人交往等各种方式，考察和了解新疆南疆地区各方面情况，收集游记，撰写大量报告，提出诸多后来为英国政府采纳的建议。此后，西方赴新疆考察探险者络绎不绝，其要者有19世纪40年代英国的汤普逊（Thompson）；19世纪50年代的俄国人谢苗诺夫和瓦利汉诺夫，普鲁士人阿道夫（Adolph）、赫尔曼（Herman）及罗伯特（Robert）和英国的蒙哥马利。其中俄国的谢苗诺夫和英国蒙哥马利都在地理考察上取得重要进展，谢苗诺夫被沙皇授予"天山斯基"称号，蒙哥马利则推动印度三角测量暗中勘测中国的慕士塔格冰川、喀喇昆仑山口以及通往叶尔羌等地的道路。

19世纪60年代至80年代是西方新疆探险的高峰之一。在此期间，不但有个人探险、商人考察，更有政府背景的大型探险队和考察团，以地理考察为中心进行政治、商贸和社会等多方面考察，诸如英国的约翰逊、罗伯特·肖（Robert Shaw）、福赛斯（D. Forsyth）、凯里（Carley）、荣赫鹏（Younghusband），俄国的考斯巴斯（Kausbars）、普尔热瓦尔斯基、波塔宁、格里施迈特和格罗姆别切夫斯基等。在此期考察中，由于不少探险队都是大型考察团，综合考察能力很强，对新疆重大地理问题基本考察清楚，有些考察团还收集大量动植物标本，甚至捕捉相当数量的新疆野马、野羊，带回国研究。

19世纪90年代上半叶，一方面地理考察继续深入，注重以往忽视的地理细节问题；另一方面，由于鲍尔文书的发现，西方新疆考察的兴趣开始向文化考古领域转变。鲍尔（Bower）本是一名英国军人，因休假赴帕米尔地区狩猎，接受任务追捕杀害英国探险者达格列什的凶手（达格列什1888年在新疆考察时被当地人达德·穆罕默德所杀）。鲍尔在库车偶然得到一本用桦树皮制成的梵文古书，十分震惊。1890年下半年，鲍尔将此书带回英属印度，引起轰动，被认为是中亚最重要发现。所谓鲍尔文书是最古老书籍之一，其年代当是公元5世纪，是以婆罗米文字书写的梵文，系重要的语言学研究材料。正是如此，鲍尔文书使西方开始关注新疆历史文物。

此期，瑞典、德国、法国和匈牙利等国家探险考察队也陆续进入新疆考察。其中，瑞典的斯文·赫定引人注目，他于1895年春从喀什噶尔出发，成为近代第一个徒步穿过和阗河与叶尔羌河之间的塔克拉玛干沙漠的人。

2. 文化考古探察时期（1898～1917）

1898年后，西方新疆考察进入以文化考古为主要特点的时期，当然此期地理考察也仍然存在。加入新疆文化考古考察热的主要是英国、德国、俄国、法国、美国、日本、瑞典和匈牙利等国家，其中尤以英国、德国为突出。

此期，斯文·赫定三次进入新疆考察。虽然斯文·赫定并非考古学家，偏重于自然地理考察与研究，但是由于其考察覆盖面广，也发现不少古代遗址，例如楼兰古城，收集大量文物。英国的斯坦因（A. Stein），德国的格伦威德尔（A. Grunwedel）与勒柯克（Le Coq），日本的大谷光瑞、崛贤雄和橘瑞超，法国的伯希和（P. Pelliot）等人，都加入新疆考古和文物掠夺中。其中尤以英国斯坦因为甚，他此期凡三次赴新疆考察，① 也曾进入甘肃考察，主要是进行考古挖掘、文物收集，每次都收获甚丰。特别是经过他整理和研究，出版了一系列重要著作和报告，诸如《中国新疆考古和地形考察初步报告》《沙埋和阗废墟记——中国新疆考古和地理学考察旅行记》《沙漠

---

① 斯坦因一共四次赴新疆考察，其中三次都集中在1898年至1918年，而且是其考察收获最大的三次。第四次是在1931年，当是由于国内强烈反对西方擅自在中国新疆、甘肃等地进行考古挖掘和文物掠夺，其考察受到较大限制，所收集资料也未能运出境。

契丹废墟记——在中亚和中国西陲考察纪实》《西域——在中亚和中国西陲考察的详细报告》《千佛——中国西陲古代千佛洞的佛教绘画》《中亚第三次探险：1913-1916》等，在西方产生了巨大的影响。斯坦因的影响又进一步刺激更多的西方探险家到新疆考察、挖掘和掠夺文物，一度形成恶性循环。

3. 政治探察时期（1918~1949）

第一次世界大战结束前，俄国爆发了十月革命，比邻俄国的中国新疆成为西方广为重视之地，西方新疆考察逐步转向以政治为中心。苏联建立后，英苏在中国新疆展开政治角逐，新疆作为刺探俄苏情报前沿地位确立。20世纪40年代上半叶，美国驻迪化领事馆建立，新疆成为亚洲枢纽和冷战前沿，新疆及其周边区域政治更是成为西方国家考察的焦点。

在此时期，不少西方探险家或者学者赴新疆考察的重要内容是政治领域问题。例如斯文·赫定组织的中瑞西北科学考察虽然以科学为主，但是斯文·赫定本人对此期新疆政治留下诸多观察和著述。美国拉铁摩尔前后三次进入新疆，无论是以商人身份、学者身份或者外交人员身份，其所撰写的著作都以当时新疆及其周边区域政治内容为主。例如1929年《通往新疆之路》和1930年的《高地鞑靼》等，都是如此。

不少英国外交官直接到新疆南北疆地区考察政治和社会，有的还直接深入中亚地区考察当地政治动向。来自美国的外交人员、新闻记者常以各种借口深入新疆各地，围绕着政治核心问题，全面考察新疆民族、宗教、社会、经济以及苏联势力等各个方面。

二

从上面简要叙述可以知道，19世纪初到20世纪中叶长达近150年的时间里，包括日本在内的10余个西方国家对新疆进行长期探险考察，涉及地理、文化考古和政治社会，可谓参与考察国家多，考察领域覆盖面广，持续时间长。这些探险者、考察者大多数都留下各类记录、报告和图片。初步梳理这些考察及其资料，其特点可概括如下。

（一）内容十分丰富

从上面简要叙述可知，这些探险者和考察者留下众多文献资料，其内容涉及新疆地理、交通、气象、水利、政治、经贸、社会、民族、宗教以及外国势力活动等方面。在这些文献中，相当大部分都以文章、通讯或者游记形式发表或出版，有些则以内部报告形式呈交给有关国家政府，作为其制定政策的参考，也有些仍然保存在博物馆、档案馆或者个人纪念馆中，尚待整理。

就已出版的各种文章和著作而言，其内容体现出相当的丰富性。例如，芬兰马达汉曾于1906～1908年在新疆考察，留下《马达汉西域考察日记（1906-1908）》（*C. G. Mannerheim Across Asia from West to East in 1906-1908*）[①]，该书修订版翻译成汉文

---

① 马达汉：《马达汉西域考察日记（1906-1908）》，王家骥译，中国民族摄影艺术出版社，2004。

超过 80 万字、有数百幅照片。日记记述了马达汉新疆考察中的所见、所闻以及和新疆军政界、少数民族交往的记录,内容十分丰富,记述翔实,角度独特,叙述简洁清晰,成为十分珍贵的历史资料。马达汉同时还撰写了专门报告,一是《上校马达汉男爵奉旨于 1906~1908 年穿越中国新疆和中国北方诸省至北京之旅的初步调查报告》,有 12 万字,是其中国之行的主要成果,系内部报告;二是《访撒里与西拉尧乎尔》报告,有 6 万余字。① 在其回忆录中,马达汉也详细叙述了其亚洲之行。② 此外,马达汉还绘制 400 多幅地图,在喀什噶尔等地测量多个民族的人类学数据,沿途测量多个重要地点的气温。可见,马达汉收集资料内容之丰富。在这些探险与考察记述著作中,虽然每本出版时间不同,作者经历相异,侧重点也各有差别,但是无不较为详细地记述了当时新疆的历史事实。150 多年里形成的不同著作,构成了反映这段新疆特殊历史时期不同侧面的重要资料。

(二) 资料可信性强

西方新疆探险与考察的著作所记述的基本内容,总的来说可信性较强,研究上可资使用的价值较高。我们知道,西方进入新疆之时,已是现代科学快速发展之际,现代学科体系已经建立并逐步完善,相应的学科理论和研究方法论均得到较大发展,特别是很多自然科学仪器和手段的采用,具备了较为规范

---

① 马达汉:《马达汉中国西部考察调研报告合集》,阿拉腾奥其尔、王家骥译,新疆人民出版社,2009。
② 马达汉:《百年前走进中国西部的芬兰探险家自述——马达汉新疆考察纪行》,马大正、王家骥、许建英译,新疆人民出版社,2009。

的研究体系和资料收集体系。地理学、考古学、历史学、人类学、博物学、动植物学和政治学等均已确立,因此在进行探险与考察时,他们注重有关专业知识学习、专业人才的选择以及专门设备的配备。

例如,前述马达汉虽然为军人,但是在接受任务后,专门学习地理学、人种学、气象学和摄影等方面专业知识。再如,1873年福赛斯率领300多人的庞大队伍赴新疆考察,其中就配备有历史学、地理学、天文学、测量学、动植物学专家,到新疆后分散到南疆平原、山区等众多地方,进行勘测和资料收集。福赛斯提交的报告《1873年出使叶尔羌报告》（*Report of a Mission to Yarkand in 1873*）厚达600多页,内容包括新疆历史、地理、气候、人文、民族、宗教、经济以及军事等诸多方面的专门记述。此外,使团的有些学者还专门从自己专业出发,做相应记述,形成考察或者旅行著作,例如贝柳的《克什米尔和喀什噶尔：1873~1874年出使叶尔羌特使纪行》（*Kashmir and Kashgar：A Narrative of the Journey of the Embassy to Kashgar, 1873-1874*）就是代表。

再如,斯文·赫定的大量考察性著作都有很高的价值。由于受过多种现代学科的专门训练以及具有长期考察实践的经历,斯文·赫定形成极为专业的记述能力,养成准确记录习惯,因此他的记述都相当简洁而准确。读他的《亚洲腹地探险八年》等著作,很多事件记录得非常清晰、准确而生动。

(三) 资料补充性强

西方探险者和考察者留下的新疆考察资料,有着很强的补充性。作为"他者",这些西方人可以用自己的视角以及自己的优势来观察和获得各种资料，特别是关于政治社会和重大事件的资料，所记录的见闻值得重视。

一方面不少西方考察者的背景独特，在当时的历史背景和新疆特殊环境中，外国人能够接触到新疆不同层级的官员，有些甚至能够接触到新疆最高级别官员，因而有机会了解新疆高层政治和政策。阿古柏入侵新疆时期英国和沙俄的考察者均能够直接见到阿古柏，留下很多重要的一手资料。清末喀什噶尔的道台多数都与西方考察者打过交道；民国时期新疆统治者杨增新、金树仁等都曾经接触过斯文·赫定，盛世才还与英国外交官兼旅行家泰克曼有过专门会晤。因此，不少西方考察者对新疆形势和社会具有较全面的认识，对新疆政治与社会有较独特而深入的了解，其记录值得重视。

另一方面，这些西方考察者有机会接触特殊事件或特殊时期的重要人物，获得对有关事件和问题的认知。例如，斯文·赫定的汽车曾经被南逃的马仲英强行征用，斯文·赫定一路和马仲英同行，交流非常广泛，对马仲英有较密切接触和了解。斯文·赫定专门写了《大马逃亡记》（*Big Ma's Flight*），从侧面记述了马仲英及其新疆活动，留下难得的历史资料。再如，马虎山退居和阗时，外界对其情况了解有限，但是英国记者傅莱明（Peter Fleming）曾经深入其地，与马虎山及其军队相处多日，了解较多信息，在其游记《鞑靼旅行记》（*Travels in Tartary—One's Company and News from Tartary*）中均有详细记载。

（四）资料形式多样

西方探险者和考察者大都具有多方面的训练，可以使用现代设备，因而留下形式多样的资料，这也是极为珍贵的文献。

除了常规的文字记述外，这些文献中还保留下来大量其他类型的资料。诸如绘制地图、拍摄照片、测量人种资料、测量气象资料等，有些甚至还是手绘遗址、人物、动物、植物，这些都保留在其著作中或者发表于有关杂志上，有些至今仍留在图书馆或者博物馆中。例如，马达汉中国之行拍摄有1500多张照片，其中大部分是关于新疆的；泰克曼也是一路拍摄，留下大量新疆照片；拉铁摩尔的旅行同样留下众多照片；澳大利亚人莫理循（Morrison）考察过中国大多数边疆地区，拍摄了很多关于新疆的照片；斯文·赫定更是拍摄有2万多张考察照片，其中相当大部分都是关于新疆的。① 早期英国探险家留下大量英属印度到新疆途中的动物、鸟类的彩色绘图，其逼真程度胜似照片。有些探险者甚至还留下极为罕见的影像资料，愈发显得珍贵。

需要说明的是，有些考察者还收集了不少文本，有的文本极为珍贵。例如，英国早期新疆考察团收集并带回的新疆和卓传记资料，就十分珍贵，是不可多得的研究资料；再如前述鲍尔文书等，是极为罕见的资料，价值非常高。

上述这些关于西方新疆考察资料的重要特点，反映出其丰富的内容和重要的价值。尤其是随着时间流逝，新疆社会、环境变迁巨大，这些1~2个世纪前的各类资料，都是不可再得的历史文献，十分珍贵。

---

① 斯文·赫定拍摄的这些照片现在由专人保管，均已数字化处理，2019年笔者在瑞典访问期间有机会详细地查阅了这些照片。

三

20世纪以来,上述各类探险考察记录有些陆续翻译成中文出版,特别是20世纪90年代后,部分探险家游记的翻译出版在学术界产生了很大影响。

早在20世纪30年代,个别影响较大的西方探险家的新疆游记就得到翻译出版。例如向达翻译了奥里尔·斯坦因的《斯坦因西域考古记》(1936年出版),并多次再版。20世纪90年代后,随着人们对西方探险家考察认识的变化,一些著作陆续得到翻译出版。其中最主要的是杨镰先生主编的"西域探险考察大系",首次出版于1992年,共15本,其中译著有12本,分别是斯文·赫定《亚洲腹地探险八年》《丝绸之路》《罗布泊探秘》《游移的湖》《我的探险生涯》,凯瑟琳·马噶特尼和戴安娜·西普顿《外交官夫人的回忆》,沃尔克·贝格曼《新疆考古记》、橘瑞超《橘瑞超西行记》,阿尔伯特·冯·勒柯克《新疆的地下文化宝藏》,贡纳尔·雅林《重返喀什噶尔》,亨宁·哈士纶《蒙古的人和神》,兰登·华尔纳《在中国漫长的古道上》。首版选译的著作,以瑞典探险家斯文·赫定为主,计有5本之多。该探险考察大系于2010年再版。2013年该探险考察大系增加到30本,其中新增外国探险家作品9本,分别是野村荣三郎《蒙古新疆旅行日记》、T. E. 戈登《世界屋脊》、亨廷顿《亚洲的脉搏》、艾米尔·特林克勒《未完成的探险》、米哈伊尔·瓦西里耶维奇·别夫佐夫《别夫佐夫探险记》、尼尔斯·安博特《驼队》、斯文·赫定与沃尔克·贝格曼《横渡戈壁沙漠》、阿尔伯特·赫尔曼《楼兰》和米德莱·凯伯《修女西行》。

第二个较大的外国探险翻译系列是新疆人民出版社2001年出版的"亚洲探险之旅"。该系列共有9本，分别是河口慧海《西藏秘行》、大谷光瑞《丝路探险记》、普尔热瓦斯基《走向罗布泊》、多隆《彝藏禁区行》、普尔热瓦斯基《荒原的召唤》、斯文·赫定《失踪雪域750天》、阿托金逊《横跨亚洲大陆》、科兹洛夫《死城之旅》、邦瓦洛特《勇闯无人区》和扬哈斯本《帕米尔历险记》，其中关于新疆的有5本。

除此之外，不同出版社还零零散散出版一些译著。诸如喀什维吾尔文出版社的斯文·赫定《戈壁沙漠之谜》、民族摄影出版社的马达汉《马达汉新疆旅行日记》、新疆人民出版社的彼·彼·谢苗诺夫《天山游记》、新疆美术摄影出版社的《外国探险家西域游记》等。

上述这些翻译著作产生了较大的影响。首先，读者通过这些译著可以了解到西方探险家新疆考察活动的历史，对19世纪到20世纪上半叶新疆的历史、民族、民俗等各个方面，有更深入的认识。其次，这些译著提供了一批研究资料，丰富了学界的新疆研究，甚至形成了新的研究学科。再次，促进了中外学术交流，围绕着西方有关资料和成果的收集、整理和翻译，中外学者展开了一系列学术合作，诸如举办国际学术会议、召开国际专题研究项目、开展新疆合作考察，等等。同时，有的项目还筹划部分资料回归中国。最后，人们通过阅读这些译著，对西方这些学者、军人、官员的侵略活动、违法行为，特别是偷盗文物、破坏文化遗址，乃至刺探中国经济、军事情报等行径，可以有更为清晰和准确的认识，也可以更加实事求是地加以研究和区别对待。

四

总结近30年来中国翻译出版的西方新疆探险考察图书，虽然翻译出版了不少，取得了较大成绩，但是客观地说存在的问题也较明显。首先是译介较为有限，纵观这些译著，在选择上较为偏重于一些名声较大的探险家，忽略了那些较具特点的探险家的著作，选择很不平衡和全面，有些重大事件、重要考察内容或者重要考察者完全被忽视。其次，译著多与某个地区相关，关注区域性探险，有的区域有，有的区域则没有，缺少全面考虑和全时段考虑，不易客观把握西方认识和建构关于中国新疆和其他边疆地区话语权的过程。再次，缺乏统摄主题，这样容易使众多探险著作以"神秘"面目出版，而忽视了其他众多意义的挖掘。这些问题的产生，有其客观原因，其要者一是这些资料曾过度政治化，一度均被视为帝国主义侵略的组成部分被忽略；二是不易获得，这些资料大都年代较久，保存在不同国家，十分分散，还涉及版权问题，很难系统获得等；三是对这些资料价值认识不够，投入不足，由于涉及较多语种，全面译介花费较多，缺乏系统研究，对其涉及的内涵了解极为有限。此外，国内学界长期对边疆地区认识不足，研究也得不到应有的重视。

2013年后，中国提出"一带一路"倡议，中国陆上沿边的绝大部分地区从改革开放的边缘，转变为前沿，这种变化促使国人重新审视中国边疆地区，审视边缘-中心-沿海的关系，研究广大内陆边疆地区的历史、民族、文化及其发展等问题成为重要的课题。在此背景下，西方探险家留下的众多考察资料、图片进入人们视野。梳理和总结新中国成立前150多年西方学者对中国边疆地区的考察历史，能够更真实、准确、全面了解边疆和认识边疆，已经逐渐广为学界所认可。同时，近些年中国边疆研究掀起新热潮，构建中国边疆学学科体系、学术体系和话语体系，深为学界所重视。因此，从中国边疆研究的视角看，这些内容丰富、记载翔实的考察资料，也是中国边疆学学科建设富有价值的材料和重要的研究内容。此外，边疆考察图书的翻译出版，也将会因探险者、考察者独特的经历和富于神秘性的内容，引起广大读者的兴趣，为其中国边疆旅游考察提供帮助。事实上，近些年出版的边疆探险译著，都深为读者所喜爱，为其边疆行洞开了想象的大门。

鉴于上述情况，我们组织"中国边疆探察译丛"，希望认真选择和翻译出版一批边疆探险考察的图书。该译丛立足于中国边疆研究，以历史学视角为选择基础，尽量全面考虑那些较有代表性的著作，同时也兼顾所选择著作的区域平衡性。这些图书或涉及较重大的历史事件背景，或具有区域代表性，或为探险考察的重要著述，译者在翻译过程中也会整理有关档案纳入其中，以加强其资料价值。期待这批著作的翻译出版，能为中国边疆研究提供有价值的研究资料，为推动中国边疆研究深化尽绵薄之力。

目 录

译者序 …………………………………………… 001

第一章　中亚的国家 …………………………… 001
第二章　马可·波罗在中亚 …………………… 012
第三章　近代探险 ……………………………… 034
第四章　维涅的克什米尔之旅 ………………… 040
第五章　克什米尔谷地和太阳神庙废墟、遗址 … 057
第六章　克什米尔首府斯利那加——城市、郊区，
　　　　　披巾和居民 ………………………… 068
第七章　斯卡杜及印度河上游 ………………… 084
第八章　拉达克之行 …………………………… 101

第九章　罗伯特·肖的旅程	115
第十章　喀拉喀什河之行	126
第十一章　滞留在边境	143
第十二章　前往叶尔羌的旅程	161
第十三章　叶尔羌见闻	191
第十四章　喀什噶尔之行	208
第十五章　滞留在喀什噶尔	224
第十六章　重返叶尔羌	251
第十七章　穿越喀喇昆仑山口，结束旅程	269

后记：征服希瓦	287
人名、地名中英对照	292
译者后记	310

译者序

中亚，地处亚欧大陆结合部，是一片草原戈壁广布、高山峻岭连绵、河谷盆地纵横的广袤地域。作为民族迁徙和文明交往东进西出、南下北上的"衢地"，中亚诸地沟通了印度、波斯、中原农耕地区同草原地带各民族的联系，甚至同远在草原以外的伏尔加河上游、西伯利亚以及里海以西诸地产生联系。随着考古学科和历史研究的发展，中亚被认为是人类最古老的居住地之一。19世纪中后叶，许多旅行家、地理学家、植物学家和探险家踏着马可·波罗的足迹，对欧亚大陆腹地的山川地质、主要城市、气候植被、道路交通、飞禽走兽、物产建筑、居民生活以及风俗习惯、人文活动做出实地勘察和研究。他们以极大的勇气和毅力完成了那个时代的历史地理考察，并进行了翔实细致的路线测量，留下丰富的手稿、日志和报告。其中大量的文字书写和图片资料包含了许多迄今为止鲜为人知的珍贵历史记载和文化信息。

原著书名 *Central Asia：Travels in Cashmere，Little Tibet and Central Asia*。编撰者贝亚德·泰勒（1825～1878），是美国作家、外交家和诗人。他于1847年开始从事新闻工作；在此之前，他曾将自己在英国、法国、德国和意大利的旅行闻见录寄送给《纽约论坛报》《星期六晚报》《美国公报》等报纸杂志以换取旅费。在接下来的十几年中，他又先后走过墨西哥、印度、中国、日本、埃及、巴勒斯坦、西班牙等国，写下《中非游记》（*A Journey to Central Africa*，1854）、《撒拉逊人的土地》（*The Lands of the Saracen*，1854）、《1853年游历印度、中国和日本》（*A Visit to India，China，and Japan in the Year 1853*，1855）等旅行著作；其本人也因游历之广而被誉为"当代马可·波罗"。直到1862年，他被任命为美国驻俄罗斯圣彼得堡大使馆秘书，开始外交官生涯。

该著初版于1874年，时值沙皇俄国征服中亚希瓦汗国的第二年。贝亚德·泰勒在吸纳前人关于中亚地区游历记载的基础上，根据自己在当地的亲历所闻完成了这部著述。作者在第一章对中亚地理区位、人文历史做了整体介绍，尤其强调中亚的地缘战略地位；最后一章以沙俄征服中亚希瓦汗国做结，是为后记，也是对第一章的呼应。第二章至第十七章主要由游记、书信构成，穿插编撰者贝亚德·泰勒的评述；其中选辑的文献内容从13世纪到19世纪，历史跨度较长，加之许多波斯语、阿拉伯语、中亚本土居民的语言以及法语、德语词汇掺杂其间，所涉及地名、人名、特有物产名十分繁杂，拼写形式前后不一致，错讹之处颇多，为翻译工作带来了许多意想不到的困难。

　　本书翻译中，凡是第一次出现的专有名词均保留了原文名称，以备查阅。有些中亚当地居民的语言词汇，难以找到对应之中文译文，译者在保留原文转写的同时，采用音译。有些无法查找或不能与现今地名对应的地方，采用音译。书后附录处，译者将人名、地名做了索引，便于读者查阅。书内注释，多为译者所加。尽管花了很大气力，费了很多时间，投入很多精力，但掌握资料简陋，同时也受译者水平所限，呈献给读者的这本译著还是有很多不足和失当之处，敬请读者指正。

第一章　中亚的国家

"中亚"这个名称反映出其在地理上的特征,即位于大陆的中心。但我们很难对其边界进行精确界定,姑且将其视为一片浩渺无垠的广阔区域。在这片区域的西边分布着咸海(Aral)、里海(Caspian)以及众多难以逾越的山脉;南部包括印度河(Indus)、恒河(Gangers)支流流域,以昆仑山(Küen-lün)、喜马拉雅山(Himalaya)为界;东部是广大的戈壁、荒漠,还有注入中国诸水系的河流。如果以君士坦丁堡(Constantinople)和北京(Peking)为起始点画一条直线,再连接科摩林角(Cape Comorin)[①]与北冰洋(the Polar Sea)画另

---

① 科摩林角(Cape Comorin):坐落于南亚次大陆最南端,是孟加拉湾、印度洋与阿拉伯海的交汇点。——译者注

一条直线，两条直线的交会点就是中亚的中心，同时也是欧亚大陆的中心。

这里深居内陆与世隔绝，但同时又是雅利安人（Aryan）的故乡。我们知道，印度人（India）曾被来自高原上的部落所奴役。在传说中，这些部落来自欧洲，被称为"雅利安人"。他们不断迁徙、游牧，后来迁居至奥克苏斯河（Oxus）① 与锡尔河（Jaxartes）② 流域——也就是后来中亚地区诸方面成就最为突出、显要的区域。奥克苏斯河与锡尔河之间的广阔地域被波斯人称为"特兰索赫尼亚"（Transoxania）③，阿拉伯人则将其称为"马维兰纳赫尔"（Mawarannahr）④。毫无疑问，原始先民的外貌会受到生活环境特别是自然地理环境的影响。此地三面环山，海拔不低于18000英尺⑤，西边就是被当地人称之为

---

① 奥克苏斯河（Oxus）：希腊语名Oxus，伊兰语名Vaksa，即阿姆河。《史记》《汉书》之妫水，《魏书》之乌浒水，《隋书》《新唐书》作乌浒河，《元秘史》之阿梅河，《元史》之阿母河、暗木河。中亚流量最大的内陆河，同时也是咸海的两大水源之一，源于帕米尔高原东南部海拔4900米的高山冰川。该河是伊朗文化与草原文化的重要分界线，河流下游是重要的农业区。战略地位险要，是古今丝绸之路的重要通道。——译者注
② 锡尔河（Jaxartes）：古希腊语作Jaxartes，中国古称药杀水，今名锡尔河。亚洲中部内陆河。它源于天山山脉，流经图兰低地注入咸海。——译者注
③ 特兰索赫尼亚（Transoxania）：Sogdiana（索格底亚那），古波斯人关于中亚两河流域最早的称呼。波斯古经《阿吠斯陀》和《贝希斯敦铭文》中将阿姆河、锡尔河之间泽拉夫善河流域称为Sogdiana，属于大流士时期26个太守领地之一；后来泛指操伊兰语的粟特人聚居地。中文史籍称粟特。——译者注
④ 马维兰纳赫尔（Mawarannahr）：公元7世纪阿拉伯人对阿姆河右岸地区的称呼，意为"河之彼岸"；后来引申为阿姆河与锡尔河之间的地域，又称"河中地"或"河间地"。其地域涵盖撒马尔罕、布哈拉、希瓦和苦盏等地。——译者注
⑤ 1英尺=0.3048米。

"世界屋脊"的帕米尔高原（the table land of Pamir）。帕米尔山脉自喜马拉雅山、喀喇昆仑山（Karakorum）和兴都库什山（Hindu Kush）的交会处向北延伸，将塔里木盆地与奥克苏斯河、锡尔河流域分隔开。帕米尔高原难觅沃土，除了沙石就是风雪，只有在夏季的时候才有少得可怜的牧草——即便是那点可怜的牧草，也得走好几天才能看到。高原之上完全是一片苦寒之地：牲畜找不到食物充饥，旅者找不到甘泉润喉，即使是夏季也会突然出现能在数小时之内毁灭一切的飓风。

在亚洲早期的历史记载中，几乎寻不到关于这片区域的只言片语。亚历山大大帝（Alexander the Great）的军队也只到过中亚的西部和南部边境，并没有穿过这片区域，也没有带回一点儿有价值的信息。毋庸置疑，鞑靼人（Tartar）曾定居于此地。原始的交往活动也只限于特兰索赫尼亚同突厥语系各族群之间。"中亚"作为一个整体区域，多半是因为蒙古帝国的建立。成吉思汗（Genghis Khan）[①]的子孙征服了这里，继而统治、经略这里。后来又被帖木儿（Tamerlane）[②]，以及他了不起的孙子巴布尔（Baber，印度莫卧儿帝国的缔造者）所控制。后面发生的故事与西突厥汗国（western Turkestân）的历史相类似：部落属民以血缘、宗教、风俗为纽带，重新联合在一起。成吉思汗的子孙各自统领一个汗国，从蒙古帝国中脱离出来，

---

① 成吉思汗（Genghis Khan，1162~1227）：孛儿只斤·铁木真，1206年建立大蒙古国，尊号"成吉思汗"。西征花剌子模，攻破讹答剌（中亚古城，位于今哈萨克斯坦境内）、布哈拉及撒马尔罕等地。其帝国疆域从北京一直沿伸到里海。——译者注

② 帖木儿（Tamerlane，1336~1405）：帖木儿帝国的缔造者、统治者。出生于撒马尔罕以南的碣石（今乌兹别克斯坦沙赫里萨布兹）。建立了从帕米尔高原到小亚细亚、阿拉伯半岛的大帝国。——译者注

而后又经历了一系列的猜忌、暗杀、战争，直到一百年前才获得难得的平静。可是，近年来爆发的战争再一次将这平静打破。当然，这同时也意味着中亚向探险家们打开了大门。

不管怎样，人们对这片土地的关注，除了地理上的兴趣之外，更直接的目的就是领土。俄国（Russia）在过去的二十年中逐步控制了中亚腹地，其势力范围甚至直抵帕米尔东北方的天山（Thian-Shan）山脉。自1867年开始，沙俄越过帕米尔高原，开始了对浩罕（Khokand）汗国的蚕食。英国则将目光投向中亚南部，从克什米尔（Cashmere）、拉达克（Ladâk）进行渗透，在事实上控制了喀喇昆仑山与昆仑山脉，以及叶尔羌河（Yârkand river）①与忽炭河（Khoten river）②的源头。英、俄控制的这片区域气候温暖、土壤肥沃，同时也是通往中国的门户。因而这些来自北边的俄国商人以及来自南边的英国官员并没有浪费时间，他们的付出在当时看来也许收效甚微，对未来却会产生不可估量的影响。阿富汗（Affghanistan）以及一些散布在兴都库什（Hindoo-Koosh）山区的部落也受到英、俄两国的干涉。受突发的国内革命和武装冲突等因素影响，英、俄这两个强大的国家在中亚第一次出现了正面交锋。

最初的博弈以军事侦察为特点。这也许会导致或者说引发英、俄两个国家在亚洲政治霸权上的争夺（这正是两个国家的政治家们所期望的），至少会因政府和体系间的差别爆发尖锐的

---

① 叶尔羌河（Yârkand river）：流经中国境内喀什地区，是塔里木河的源头之一。该词源自克什米尔北部喀喇昆仑山脉的喀喇昆仑山口。——译者注

② 忽炭河（Khoten river）：又名和田河，位于塔里木盆地南部。该河有二源，分别发源自喀喇昆仑山和昆仑山。河流自北穿过塔克拉玛干沙漠腹地，汇入塔里木河，是昆仑山北坡最大河流。——译者注

冲突。而冲突的根源就在于英、俄两个民族个性特点的本质上的不同。冯·海勒中尉（Lieutenant von Heller）撰文《中亚的俄罗斯人》（The Russians in Central Asia）①，公开声明了当前的局势：盎格鲁-撒克逊人是不甘于人后做个无名小卒的。他们的目标是征服处女地，并通过自由的进程创建出新的城市和城邦。但是，征服这些野蛮、半开化的部落需要技巧和手段。与其说是完成一项任务，不如说是在进行一项伟大的艺术创作。与之相反，俄国人完全采用军政管理手段推进其占领计划——这完全违背英国人的天性。在一系列军事殖民体制的作用之下，游牧的鞑靼人、卡尔梅克人（Kalmucks）、吉尔吉斯人（Kirghizes，依原文译，应当为哈萨克人）② 被并入俄罗斯帝国。他们开始交税、服役，并逐渐成为俄罗斯的属民。那些半个世纪以前还暴戾恣睢、为所欲为的苏丹（Sultan，生活在中亚、西伯利亚境内游牧民族的头领）后人转而出现在沙皇的军

---

① 该文于1869年发表于奥地利军事杂志。
② 此译名按照书中原文"Kirghize"译之。18、19世纪，哈萨克人长期被俄国人称为"吉尔吉斯人"（Киргиз）或"吉尔吉斯-凯萨克"（Киргиз-кайсак），而真正的吉尔吉斯人却被称为"卡拉-吉尔吉斯"（Кара-киргизы）和"吉科卡缅-吉尔吉斯"（Дикокаменные киргизы）。实际上，在17世纪以前的俄国历史文献中就已经出现了"哈萨克"一词，主要用于指称草原上的游牧民族。18世纪以后，俄国学者将哈萨克人讹称为"吉尔吉斯人"。受其影响，英、美等西方国家的学者也将哈萨克人称为吉尔吉斯人。直到20世纪20年代，随着中亚民族识别与民族划界工作的完成，哈萨克人和吉尔吉斯人才恢复本民族的历史自称。清代文献中，称吉尔吉斯人为"布鲁特人"；民国24年（1935），政府颁令正式启用"柯尔克孜"之称。时至今日，中国境内之"Kirghize"译作"柯尔克孜族"，生活在中亚、俄罗斯诸地之"Kirghize"译作"吉尔吉斯人"或"吉尔吉斯族"。据原著所述内容及历史时期推断，文中所述吉尔吉斯人实指哈萨克人。——译者注

队里、议会中——而这不过仅仅用了25年的时间。

英国对印度的控制迄今为止仍然采用单一的强制性政策，即以强制性方式确保命令的执行以及政局的稳定。国家基础设施建设，包括运河铁路的修建、各个地区贸易的顺利进行以及当地居民对宗主国的忠诚统统通过强制性手段予以保证。被派往印度的英国官员都是些放逐者，他们只是这片土地的陌生人。这些外来的拓荒者从没忘记过自己的家乡。他们只是暂时生活在这里，从事贸易和农业生产活动。他们自己也承认，如果能够选择的话，他们对启发当地人的心智或是革除当地人的陋习没有一点儿兴趣。这些来自不同世界的民族，因为统治者的指令而杂居在一起；若非这些行政指令，他们不会产生丝毫的交集。

两个国家都修筑了铁路。英国铁路从孟买（Bombay）①、加尔各答（Calcutta）②一直延伸到印度河上游；俄国铁路线以奥克斯博格（Oxenburg）为起点，沿着乌拉尔河（the Ural river）③，穿过西伯利亚干草原一直通往中亚腹地。多年之后还是有可能会看见圣彼得堡（St. Petersburg）④至奥克苏斯河之间残留的铁轨的（这些铁轨沿着北部的兴都库什山脉一线修建）。尽管短期内没有爆发直接冲突的可能性，但是英、俄两个国家内在的不同必

---

① 孟买（Bombay）：印度最大的海港和重要的交通枢纽，被称为印度的"西部门户"。——译者注
② 加尔各答（Calcutta）：位于印度东部恒河三角洲地区，是殖民地时期（1772~1911）英属印度的首都。——译者注
③ 乌拉尔河（the Ural river）：发源于俄罗斯境内的乌拉尔山脉南部山地，传统上认为它是欧洲与亚洲的界河。——译者注
④ 圣彼得堡（St. Petersburg）：位于俄罗斯西北部、波罗的海沿岸，是俄罗斯重要的水陆交通枢纽。——译者注

然会使他们朝着不同的方向发展,到时候必定得有一方做出让步。

这些横亘了几个世纪的高大山脉切断了中亚和世界的联系,同时也阻碍了世界与中亚的交流。广阔的中亚三面环山。北边的天山山脉呈东西走向,与喀喇昆仑山形成掎角之势。乔斯(Jose)在穿越罗布(Lob)戈壁时所提到的河流即发源于此。这里完全是一个天然的屏障,平均海拔16000英尺,最高点超过20000英尺。贝洛尔达格(Belur Dagh)从西边支撑起帕米尔高原,它的南部汇入兴都库什山脉,与喀喇昆仑山脉形成夹角,将叶尔羌河、忽炭河的水分流出去,注入印度河(the Indus)①。喀喇昆仑山脉的很多山峰海拔都超过了24000英尺。最高峰达普桑峰(Dapsang)海拔28278英尺。喀喇昆仑的众多山峰一直向东绵延,逐渐隐没于远方那些参差错落、起伏不定的高地之中。那些错落的高地属于昆仑山脉。昆仑山脉是中亚南边的屏障。

肖先生(Mr. Shaw)对该地地形做了如下描述:

这是一片位于山脉间的广阔盆地。它的三面被高山所围,只有东面是敞开的。在山口前面有一片荒漠,横穿需要30天。这片荒漠将流经此地的河流吞没。它们不是汇入湿地、湖泊,就是逐渐消失在沙漠里。在这片荒漠的西北角——也就是天山和帕米尔高原交会的地方形成了第二个盆地——塔里木盆地。英吉沙(Yang-hissar)和喀什噶尔

---

① 印度河(the Indus):中国史籍称辛头大河、新陶河、信度河、辛都河、申河等。发源于青藏高原,流经喜马拉雅山与喀喇昆仑山两山脉之间。河流干流贯穿喜马拉雅山脉,其支与旁遮普诸支流交汇,斜穿巴基斯坦,在卡拉奇附近注入阿拉伯海。——译者注

（Kâshghar）就坐落于此。叶尔羌（Yarkand）是喀什噶尔地区的政治、商业中心。准噶尔盆地和塔里木盆地就像两条伸展向东方的手臂，沿着南北两路山脉一路延展下去，穿过荒山戈壁，在南边形成忽炭（Khoten）地区，北边形成乌什-吐鲁番（Usch-Turfan）地区，坐落着阿克苏（Aksu）、库车等城市。人类居住的这些痕迹散落连缀，形成一个巨大的新月体。新月体的凸面对着高山，凹面则分布着沙漠。该地平均海拔在4000~5000英尺。

坐落于南北两侧的高山屏障并不是像阿尔卑斯山（Alps）①、比利牛斯山（Pyrenees）②那样简单的单一山脉；而是由若干条山脉组成的复杂山系。在这些山冈、山系的谷地形成诸如小土伯特（Little Tibet）、克什米尔这样的区域。若沿着印度-中亚一线前行，沿途不会少于11座高大山峰。这11座山峰之中，只有两座山峰的海拔低于勃朗峰（Mont Blanc）③。

南部山区的河流亦有其自己的特点。它们不是直接流入平原的；而是首先在高山峡谷间奔流数百英里，直到积蓄到足够强大的力量，最终从山口裂缝处喷薄而出，找到属于自己的方向。最典型的就是印度河。印度河发源于中国境内，

---

① 阿尔卑斯山（Alps）：欧洲最大的山脉，位于欧洲中南部。西起法国东南部，呈弧形向北、东两向延伸，经意大利、瑞士、列支敦士登、德国、奥地利等国家。其主体山脉位于瑞士和奥地利境内。——译者注
② 比利牛斯山（Pyrenees）：欧洲西南部最大的山脉。西起大西洋比斯开湾畔，东止地中海岸。是法国和西班牙两国界山。——译者注
③ 勃朗峰（Mont Blanc）：法语意为"银白色山峰"，是阿尔卑斯山脉的最高峰，同时也是欧洲西部第一高峰，海拔4810.90米。位于法国和意大利边境。——译者注

流经喜马拉雅山与喀喇昆仑山两山脉之间,流向西南而贯穿喜马拉雅山,而后在急转之前汇流旁遮普(Panjab,五河之意)①地方之诸支流。这五条大河全都有着与印度河相同的经历:历经艰险,冲破喜马拉雅诸山脉阻隔,在高山峡谷间回环曲折。北边山区的河流也有着相似的特点。喀拉喀什河(Karakash)②在昆仑山南坡奔流8英里③才穿越赛图拉(Shahidoolla)峡谷;叶尔羌河发源于喀喇昆仑山口,贯穿昆仑山区,而后才流出昆仑峡谷,形成众多分支,最终灌溉形成叶尔羌绿洲。叶尔羌城兴起于叶尔羌河西部河道,而后沿着河水奔流的方向形成聚居地直至终结于东部沙漠。叶尔羌河同时也是探险家们到达此地的最大障碍——河流不停地在高山峡谷间穿梭,这无疑给探险家们的征程带来巨大难度。

北部边界地形也很复杂。在它的西部端点处是一座类似于阿尔卑斯山型的巨大山脉。这条山脉就像一堵墙,将喀什噶尔同锡尔河上游地区分隔开。在地形上不难看出这是一块

---

① 旁遮普(Panjab):印地语,意为"五条河流经之地"。旁遮普位于印度西北部,据《梨俱吠陀》载,这五条河分别为夏得德鲁河(今萨特累季河)、维巴夏河(今沃亚斯河)、伊拉沃迪河(今拉威河)、金德拉帕迦河(今吉那布河)、维德斯达河(今切勒姆河)。旁遮普地区是人类最早的文明发祥地之一,自石器时期即有人类居住,并发展出辉煌的印度河文明。公元前1500年左右,原生活于中亚河中地域的雅利安部落迁移至旁遮普地区,在此创作出古老的吠陀文化并建立种姓制度。18世纪,居住在此地的锡克教教民开始反抗莫卧儿王朝的统治,建立独立的锡克教国家(即旁遮普锡克王国)。——译者注
② 喀拉喀什河(Karakash):又名墨玉河,是忽炭河的主要上游河流。发源于喀喇昆仑山北坡,以高山融雪为主要补给。——译者注
③ 1英里=1.6093公里。

极为紧凑的区域——它被巨大的山脉和数不尽的沙漠与周边地区隔绝开来。由此产生的结果就是：缺雨。那些负载着印度洋水分的云朵全都被阻隔在外喜马拉雅山。外喜马拉雅山区域的年降水量可达300英寸左右。而后云层水汽才能到达第二道、第三道山脉区域。这些山脉所在区域的年降雨量逐级递减。直至到达那块最贫瘠的区域——也就是被我们称之为土伯特（Tibet）的地区。在它的北边和西边也有隔绝水汽的高大屏障。

因此，尽管那些昆仑山的波峰是我们所看到的中亚地区最早的景观——这让我们想起才离开不久的印度河流域那些开阔的平原；在我们开始下山的时候，还是很快发现了与当初明显不同的景色。在这里，山坡上没有森林覆盖；裸露的碎石子路面看不见一片绿色；即使是平原，也跟我们刚刚离开的高山一样贫瘠。所以，当眼前出现肥沃的土地与聚居的人口时，我们着实吃了一惊。在沙漠边缘，离高山10~12英里远的地方有一块绿洲。春天的时候，那里是一片绿色的海洋，错落分布着农田与村庄，还有各种果树。密布的果园挡住了人们远望的视线。这里的水果跟克什米尔是一样的：苹果、梨、杏、桃、桑葚、胡桃、甜瓜、葡萄，还有用葡萄酿成的酒。当地主要的农作物是：小麦、大麦、玉米、苜蓿，还有一些棉花、亚麻以及大麻。

干燥的气候条件使得这里大部分是沙漠。事实上，居民只分布在山区一带。因为没有雨季，当地居民只能依靠春夏两季的冰川融水灌溉土地。他们兴建了很多管道、沟渠，从高山峡谷把水引流至耕地。尽管农具简陋粗糙，居民们仍有不错的收成。除非遇到不寻常的年份，高山上的冰雪没能按时按量融化，导致灌溉用的融水相应减少。从这一点来讲，跟犹他州以及美国西南部大盆地周边情况类似——灌溉严重依赖冰川融水。

正是因为对水源的依赖，诸地的城镇、村庄全部建在河流附近。居民点沿河聚集，呈条状分布。居民点与沙漠以及废弃的土地皆以长条状平行错落穿插在一起。那些废弃的土地基本都是些开阔的平原。在这些平原上堆砌着若干移动沙丘，有时候还有沼泽。行进在这片土地上，从一个城市前往另一个城市，就一定得穿过这些沙漠、荒土；然而很少有找不到落脚点的时候。沿途绿洲可以提供交通工具，通常是双轮车。负重的牲口是驴和骆驼，牦牛一般行进在山区。

城市里的居民主要是图兰人（Turannian blood），另外还有少量卡尔梅克人（Kalmak/Calmucks，他们跟着商队，从鞑靼和阿富汗来到这里）。镇子里的人把城里人称为蒙古人（Mogul，依原文译，下同）。鞑靼-乌兹别克和鞑靼-塔吉克控制着军、政两界。吉尔吉斯人（Kirghizes，依原文译，下同）多在山区游牧：夏季的时候把成群的羊、牦牛、骆驼赶到高山上的牧场去；冬天再把它们转移到山下温暖的山谷里。

叶尔羌、喀什噶尔、忽炭、阿克苏是这片广袤地域的主要城市，也是各个省的首府。关于叶尔羌和喀什噶尔的人口数量存在争议，有的人说是5万人，还有的人说是12万人。据说另外还有六七十个镇子和大型村落。这样算来，人口总数应该不会超过60万人。

●●● 第二章 马可·波罗在中亚

在遥远的古代,欧洲只有一位旅行家到过土伯特高原及其周边国家,这就是威尼斯的马可·波罗(Marco Polo)。因为他的游记是在旅行结束多年以后,凭借记忆口授记录下来的,所以在游记中一些地点、时间的记录与实际游历经验有所偏差,甚至顺序发生混乱;故而一直以来都颇受争议,似乎不能当作真实的探险记录来看待。但是近几年来的发现证实了其叙述的可靠性。马可·波罗的探险经历进一步得到证实,《马可·波罗游记》的真实性也由此得到确认。亨利·玉尔爵士(Sir Henry Yule)[①] 的版

---

① 亨利·玉尔(Henry Yule,1820~1889):英国汉学家,马可·波罗研究专家,对欧洲早期旅行家有深入的研究。其著《马可·波罗之书》是当时最权威的马可·波罗行记英文译注本。该书注释详尽,考证严谨;后由法国汉学家戈狄埃(Henri Cordier)修订、增补,更趋完善,是研究蒙元历史的重要文献。——译者注

本是目前最完整、最令人满意的版本。以下内容即选自于此。

马可·波罗出生于威尼斯的贵族家庭。这个家族早在13世纪就已经从事与东方的贸易。马可·波罗的父亲尼古拉（Nicolo）和尼古拉的兄弟马费奥（Maffeo）于1260年定居君士坦丁堡（Constantinople）①。当时，小马可只有4岁，被留在威尼斯。尼古拉和马费奥离开后，在克里米亚（Crimea）半岛②留下了大量房产。贸易的成功促使他们沿着伏尔加河（Volga）③一路向北，到达鞑靼统治下的布哈拉（Bakhara）④；而后向东穿过中亚，最终抵达元大都（今北京）——当时蒙元王朝的首都，忽必烈可汗（Kublai Khan）⑤的朝堂之上。亨利·玉尔爵士写道：

> "忽必烈在这之前从没有见过欧洲的绅士。能见到这些威尼斯人使他非常高兴。他怀着极大的兴趣听这些威尼斯人讲述拉丁世界的事情，并且决定以汗国特使身份委派这些威尼斯人出使罗马教廷，随行的还有一名官员。忽必

---

① 君士坦丁堡（Constantinople）：今土耳其城市伊斯坦布尔。位于巴尔干半岛东端，靠近博斯普鲁斯海峡。在公元4世纪中期到公元13世纪初期，君士坦丁堡是全欧洲规模最大且最为繁华的城市。——译者注
② 克里米亚（Crimea）半岛：位于欧洲南部，地处黑海和亚速海之间，风景优美，气候宜人。——译者注
③ 伏尔加河（Volga）：发源于东欧平原西部瓦尔代丘陵，与里海、白海、亚速海、波罗的海、黑海相通，流域面积达136万平方千米，是世界上最长的内流河。被誉为"俄罗斯人的母亲河"。——译者注
④ 布哈拉（Bakhara）：位于中亚泽拉夫善河流域。中亚最古老的城市之一，自古丝绸之路时期就是东西方贸易、文化交往的重镇。9~10世纪为萨曼王朝首都，1220年为成吉思汗所征服。——译者注
⑤ 忽必烈可汗（Kublai Khan，1215~1294）：铁木真之孙，拖雷第四子，大蒙古国末代可汗，同时也是元朝开国皇帝。——译者注

烈在写给教皇的信中提到希望派遣一批受过良好教育的传教士来东方传教。忽必烈并不是真的想要接受基督教，他只是希望借助宗教使这些大草原上的亲戚们变得温和、有教养。通过与这些威尼斯人的接触，忽必烈觉得欧洲可以提供这样的帮助。这些威尼斯人比他所熟悉的那些退化了的东方基督徒（指信仰东正教的斯拉夫人——译者注），以及他刚刚征服的那些青藏高原西南部的喇嘛教徒更有教养。但是很可惜，罗马教廷错过了这个机会。"

"尼古拉兄弟二人在1269年抵达阿卡城（Acre）①，发现竟然没有教皇。原来，教皇克雷芒四世（Clement Ⅳ）一年前刚刚去世，新的教皇还没有选出来。于是，二人决定先回威尼斯。毕竟离家多年，他们迫切地想知道家里的情况。此时尼古拉的妻子已经去世，小马可也长成一个15岁的小伙子了。"

"新的教皇一直都没有选出来——这是我们所知道的历史上最长时间的教皇空位期。已经过去两年了，维特尔波（Viterbo）还没有找到合适的人选。尼古拉兄弟担心大汗对他们的迟迟不归而心怀不满，害怕大汗认为他们根本无意回去复命，所以决定先回鞑靼国。这一次，他们还带上了年轻的马可·波罗。到达阿卡后，他们见到了列日枢机司法官特达尔多·威斯康提（Tedaldo Visconti）。在马可·波罗的游

---

① 阿卡城（Acre）：位于地中海东部海岸，是世界最古老的城市之一。据文献记载已经有5000多年的历史。阿卡最早由生活在那里的一支迦南部落所建，后来逐渐发展成为从地中海东岸通往西亚内陆的重要商业口岸。——译者注

记中，他是叙利亚（Syria）①使节，同时也是一位非常杰出、有影响力的牧师。尼古拉兄弟请求特达尔多·威斯康提致函大汗，以此证明他们忠实地执行了大汗的敕令；并在信函中说明基督教会还没有选出新教皇的情况。随后，尼古拉一行就立即启程前往东方。但是，他们离开没多久，刚走到斯堪的让湾（Scanderoon）的阿亚斯港口（Ayas）②就收到了消息：他们的朋友特达尔多·威斯康提当选为新一任教皇。于是他们立即返回阿卡，好完成大汗的使命。但是，这位新教皇——格列高利十世（Gregory X），并没有如忽必烈所希望的那样选派一百名深谙基督教义的贤哲。他只选派了两名传教士，而且就是这两个人也没有真正奉命到达东方。他们还没离开欧洲就折回了。"

"根据相关资料，我们可以确定这三个威尼斯人第二次离开阿卡的时间是1271年12月。他们从阿亚斯港出发，经过锡瓦斯（Sivas）③、马尔丁（Mardin）④、摩苏尔（Mosul）⑤、巴

---

① 叙利亚（Syria）：位于亚洲西部，地中海东岸，是一个具有悠久历史和古老文明的国家。——译者注
② 阿亚斯港口（Ayas）：意大利的阿亚斯港在这之后成为欧洲通往亚洲最重要的港口之一。——译者注
③ 锡瓦斯（Sivas）：是一座古城，在土耳其历史中占有重要地位，曾为塞尔柱王朝古都。——译者注
④ 马尔丁（Mardin）：今土耳其东南部城市。该地历史悠久，曾是亚述帝国的一部分，后被并入阿契美帝国，3世纪一度被波斯萨珊王朝沙普尔二世征服，自11世纪受塞尔柱人统治，1517年被奥斯曼帝国吞并。——译者注
⑤ 摩苏尔（Mosul）：又名"哈德巴"（al-Hadba），今伊拉克第二大城市，靠近土耳其。摩苏尔在历史上是"古丝绸之路"的重要驿站，联结小亚细亚和波斯湾，地缘战略位置显要。曾为古亚述王朝的中心，自16世纪被土耳其奥斯曼帝国占领，成为帝国贸易中心。——译者注

格达（Baghdad）①到达波斯湾的忽鲁谟斯（Ormuz）②。他们本来准备从忽鲁谟斯走海路；但是因为某些原因不得已放弃了这个计划，掉头北行。他们经过克尔曼（Kerman）③、霍拉桑（Khorassan）④、巴尔赫（Balkh）⑤、巴达哈伤（Badakhshan）⑥，沿着奥克苏斯河到达帕米尔高原——这条路线一直无人知晓，直到1838年驻印度海军上校约翰·伍德（John Wood）沿此路线又走了一遍。约翰·伍德上校穿过帕米尔高原，途经喀什噶尔、叶尔羌、忽炭、罗布

---

① 巴格达（Baghdad）：今伊拉克首都，位于伊拉克国土中部，跨底格里斯河两岸，距幼发拉底河30多公里，是一座拥有悠久历史的文化名城。公元前18世纪古巴比伦《汉谟拉比法典》中有关于巴格达的记载。阿拉伯时期成为世界学术的中心，建有举世著名的综合性学术机构及高等教育学府"智慧馆"，促进了阿拉伯文化的发展。1258年和1401年，巴格达曾遭蒙古旭烈兀和帖木儿军两次洗劫，大量建筑古迹文物遭到摧毁，所藏典籍俱投河中。——译者注
② 忽鲁谟斯（Ormuz）：位于今伊朗东南部，靠近霍尔木兹海峡，扼波斯湾出口处，为古代交通贸易之要冲。——译者注
③ 克尔曼（Kerman）：位于伊朗中南部，靠近卢特沙漠。克尔曼始建于公元3世纪，为该地区重要的贸易中心。8世纪，克尔曼以克什米尔羊毛围巾、棉布、地毯等织品而闻名于世。9世纪，随着阿拔斯王朝对该地区控制力的削弱，该城先后受塔希尔王朝、萨法尔王朝、萨曼王朝、白益王朝、伽色尼王朝和塞尔柱王朝所掌控。当马可·波罗来到这里时，克尔曼已经成为连接波斯湾地区与呼罗珊和中亚的重要的贸易商业中心。——译者注
④ 霍拉桑（Khorassan）：意为"日出的地方"，位于伊朗东北部。北与中亚的土库曼斯坦相邻，东靠阿富汗；历史上地域辽阔，自伊朗中部沙漠边缘延伸至阿富汗中部山区。其历史可以追溯到公元前五六世纪的波斯王朝和公元前1世纪的帕提亚帝国。1220年，成吉思汗曾征战于此。——译者注
⑤ 巴尔赫（Balkh）：又称八剌黑，位于阿富汗北部，距离马扎里沙里夫西北20公里处。巴尔赫古城是阿富汗最古老的遗址之一，古时巴尔赫城曾是波斯东部呼罗珊省内的一个城市，是中亚地区著名的学术中心。——译者注
⑥ 巴达哈伤（Badakhshan）：今阿富汗的巴达赫尚，地处兴都库什山脉的最高部分。——译者注

泊,最后横穿浩瀚的戈壁荒漠到达唐古特(Tangut)。唐古特是位于中国西部边境的一块区域。蒙古人和波斯人这样称呼它。尼古拉一行绕过中国北部边境,最终到达可汗在开平府(Kaipingfu)①的夏日行宫。行宫位于兴安岭(the Khingan Mountains)附近,离长城50英里远。如果游记在时间上没有错误的话(途中花费三年半时间),他们应该是在1275年5月到达大汗朝堂的。"

"忽必烈热忱地欢迎了他们,并对年轻的马可表达了善意。那时的马可·波罗应该已经21岁了。据游记记载,这位'年轻骑士'用鞑靼语介绍了自己,他的书写和语言都很熟练。大汗看他不仅做事严谨,而且非常有能力,决定在朝中给他职务。彭泽尔先生(Mr. Pauthier)在元史中发现了相关记录:马可·波罗于1277年开始在忽必烈的朝廷中供职。这让我们很为这位年轻的旅行家高兴。"

"马可·波罗上任后的第一个任务是去遥远的云南省处理一件大事。在当时一个被称为合剌章(Karájáng)②的地方。沿途经过山西、陕西、四川、青藏高原西南的东部等蛮荒之地。马可·波罗在上任之前就发现大汗喜欢听各

---

① 开平府(Kaipingfu):位于今中国内蒙古锡林郭勒盟正蓝旗驻地上都镇东北40里,巴哈呼尔虎山麓。又号上都,亦称滦京。1256年,刘秉忠奉忽必烈之命选址建开平城(遗址位于今内蒙古正蓝旗金川草原上的闪电河北岸,辖境相当于今正蓝旗及多伦县附近一带),城址犹存。——译者注
② 合剌章(Karájáng):另作哈剌章、阿剌章、哈剌张。此名见于《元史》及元其他有关著录中,也见于拉施特《史集》。"合剌"是蒙古语,意为"黑"。《元史》中的合剌章有广狭两义。广义泛指云南全境;狭义则大致指昆明至大理一带,特指大理。此处应指大理。——译者注

种趣闻，比如各个国家的奇闻轶事、民情习俗等。而且他听说大汗已经听烦了大臣们枯燥乏味的朝事呈报。所以他平时十分用心收集各种有趣的事情，把大汗有可能感兴趣的东西都记录下来，以便回朝后生动地讲给大汗听。在他第一次执行任务的途中就发现了很多新奇的物产、令人诧异的习俗，这些汇报都让大汗着迷不已。青藏高原西南部有许多大江大河，因而形成众多深邃的山谷。在这些山谷和云南、四川交界的地方有许多原始部落。有些部落至今都存在着，他们的习俗也没有发生太大改变。"

"马可·波罗深受大汗喜爱，提升得很快，经常是一个任务没结束就又接到了新的任务——当然我们无法知道其中的细节。有一次，我们在史料中发现马可·波罗曾在银川（Yangchan）①任职三年。当然，我们没有必要像一些评论家所做的那样夸大马可的官职，说他是当时最大省的总督之类的话。还有一次，我们发现马可和他的叔叔马费奥在唐古特的钦察草原（Kanchan）生活过一年。也许，他们还去过喀喇昆仑山——老蒙古汗国的都城所在地；又或许是占城（Champa）②、中国南方的一些地方等；他们甚至还可能去过印度洋（the Indian Seas），游历了南洋诸

---

① 银川（Yangchan）：地处中国西北地区宁夏平原中部，西倚贺兰山、东临黄河，是一座历史悠久的塞上古城。——译者注
② 占城（Champa）：位于中国和南亚次大陆之间，中南半岛东南部，北起今越南河静省的横山关，南至平顺省潘郎、潘里地区。中国古籍称其为象林邑为海上丝绸之路的中转站之一，8世纪下半叶至唐朝末年，改称环王国；五代又称占城。据当地发现的国碑铭，始纪自号占婆。13~14世纪，蒙古帝国开始崛起，并不断对外扩张。1282年，占城国王遣使赴元朝朝贡，忽必烈因此设置"荆湖占城行中书省"，以畏兀儿人阿里海牙为该行省的平章政事，将占城名义上置于元朝管辖之下。——译者注

城。我们不知道马可的父亲和叔叔是否也被委派了官职，这在史书中很难查到。我也没有信心考证他们在大汗攻占襄阳（Siangyang）①时是否有所贡献。可以肯定的是，他们旅居天朝多年，积攒了大量的财富。年复一年，他们渐渐开始担心大汗的身体——如果大汗驾崩，他们势必无法再蒙受大汗的恩泽。于是，他们希望能够带着财富安全回到故乡威尼斯。但是，忽必烈拒绝了他们的请求。直到一场意外的出现，我们这位中世纪的希罗多德（Herodotus）②才得以重返故土。"

"波斯君王阿鲁浑（Arghun）③与妻子卜鲁汗（Bulughan）王后感情深厚。王后去世，阿鲁浑王非常伤心。卜鲁汗王后出自鞑靼。她临终前留下遗书，希望阿鲁浑答应她，只有她娘家同宗族的女子才能得到大王的眷宠，承继后位。为了实现对爱妻的承诺，阿鲁浑特地派遣使者来到大汗朝廷，奏请大汗从已故王后的宗族中为他挑选一位新的王后。大汗恩准了这个请求，选出了一位名叫阔阔真（Kukachin）的年轻女子。这位女子芳龄十七、贤良淑德。阿鲁浑的使者准备带着新娘返回波斯（Persia）。如果走陆路，不仅路途遥远，而且还有战乱，非常不安全，所以使者们希望能够走海路。但是鞑靼人不熟悉航海。碰巧的是，他们听说了这些威尼斯人的事儿，所以希望得到

---

① 襄阳（Siangyang）：位于今中国湖北省西北部，汉江中游平原腹地。襄阳因地处襄水之阳而得名，是历史上的军事与商业重镇。——译者注
② 希罗多德（Herodotus）：古希腊著名历史学家。先于柏拉图和亚里士多德提出"随着纬度分布，形成不同地带"的观点。——译者注
③ 阿鲁浑（Arghun，1258~1291）：蒙古人，伊儿汗国第四任君主。他在位时试图阻止其汗国走向伊斯兰化。——译者注

他们的帮助；特别是当时马可·波罗才从印度结束任务回来。阿鲁浑的使者非常希望这些威尼斯人能够护送他们回国。尽管大汗非常不情愿，但还是答应了大臣们的请求，并且举行了盛大而隆重的欢送仪式。大汗还请马可·波罗问候包括英王在内的欧洲君王们。他们于1292年从刺桐城（Zayton）①出发——这是一段充满艰险的旅程。他们到达过苏门答腊岛（Sumatra）②附近，还去过印度南部，看到各种引人入胜的事情。本书后面会有详细的介绍。又过了两年，甚至更久一点，他们终于到达波斯。三位勇敢的威尼斯人，以及那位勇敢的新娘，他们经受住了各种考验。经历过这些，新娘对他们充满了敬意。大量的随从人员死在途中，三位使臣中也只有一位幸存下来。事实上阿鲁浑汗王在他们离开蒙元帝国不久就离世了；现在掌权的是他的兄弟乞合都（Kaikhatu）③。于是阔阔真成了阿鲁浑儿

---

① 刺桐城（Zayton）：今中国泉州。早在中世纪，泉州就以刺桐城而驰名欧洲、非洲和中东诸国。因为古时泉州市内生长着许多刺桐花，故有"刺桐城"或"桐城"之称。泉州市依山面海，风光如画，被古人盛赞为"山川之美为东南之最"。6世纪，泉州就已经是中国与海外贸易的重要港口。有唐一代，泉州与扬州、明州（今舟山群岛等地）、广州并称为中国四大商港。马可·波罗以他亲眼见到的情况，认为当时的泉州港比埃及的亚历山大港更为繁荣，泉州港也称为"刺桐港"。——译者注
② 苏门答腊岛（Sumatra）：世界第六大岛，位于印度尼西亚西部。苏门答腊岛东北隔马六甲海峡与马来半岛相望，东临南海和爪哇岛遥接西濒印度洋。——译者注
③ 乞合都（Kaikhatu，1291年7月23日~1295年3月24日在位）：又译海合都，伊儿汗国第五代汗。蒙古孛儿只斤氏。阿八哈汗次子，阿鲁浑汗异母弟。1291年阿鲁浑卒后即汗位，1295年为拜都及脱合察儿等缢杀。——译者注

子——合赞（Ghazan）①的妻子。据说，阿鲁浑是他那个时代所有君主中长相最为俊美的，合赞则继承了他所有的优点，而且更为杰出。从某种程度上来讲，合赞对新娘阔阔真来说更合适。合赞已经具备了一名勇士、一名立法者、一名汗王的所有素质，拥有各种才能和优秀品质，尽管他才刚获得加冕不久。"

"新婚不久的王妃挥泪送别了这些善良、高尚的威尼斯人。他们去了大不里士（Tabreez）②。从大不里士还要走很长一段路才能到达威尼斯，根据文献记载，他们离开那年应该是1295年。"

现在，我们来看看赖麦锡③版本的《马可·波罗游记》（1553年，出版于威尼斯），以下是尼古拉、马费奥和马可·波罗三人回到威尼斯的场景：

---

① 合赞（Ghazan，1295～1304年在位），伊儿汗国第七代大汗。蒙古孛儿只斤氏。阿鲁浑大汗的长子。童年在祖父阿八哈汗身边度过，受过宫廷良好的文化教育。他勤奋笃学，通晓博物、医药、天文及化学。据拉施特记载，合赞通晓蒙古语，兼懂阿拉伯文、波斯文、藏文、畏兀儿文和汉文，并且对冶铁等技艺也有一定掌握。1295年，合赞以追究拜都汗谋杀乞合都之叛臣名义起兵争位，于同年10月杀拜都汗，即伊儿汗位。——译者注
② 大不里士（Tabreez）：位于伊朗西北边陲的古城，距德黑兰约530公里，是伊朗西北方的门户和商业中心。大不里士始建于公元前3世纪，历史上多次成为王朝都城。古代为四方往来通衢，在军事和交通上占据重要地位。1258年，成吉思汗孙旭烈兀攻克巴格达灭阿拔斯王朝后，建立蒙古人统治的伊儿汗国，大不里士被定为国都，成为伊儿汗国的政治、经济和文化中心。——译者注
③ 赖麦锡（Giambattista Ramusio，1485～1557）：意大利地理学者。其撰本《游记丛书》中所收录的《马可·波罗游记》为研究16世纪中国与中亚、中东、西亚、欧洲陆上交通重要的参考资料。——译者注

他们回到威尼斯的时候，尤利西斯（Ulysses）①的命运同样降临在他们身上。当尤利西斯结束二十年的游荡终于回到家乡伊塔卡岛（Ithaca），却没有一个人认出他是谁。这三名勇敢的绅士已经离家二十多年，没有一个人能认出他们。大家都以为他们早已在多年前遇难，就像之前传言的那样。长时间旅途的艰辛以及各种焦虑、不安使他们的外貌发生了很大改变，不管是神态还是口音，都带着一种无法形容的鞑靼味儿。他们的衣服残破不堪，完全是蒙古人的装束打扮。三人一路向前，终于找到了自己的家。这座宅子曾经以高贵、奢华而著称，如今则因"百万宅"这个名号而闻名。至于原因，后面会告诉大家。当他们到了家门口才知道亲戚们早已搬进了他们家，而他们也无法证明自己的身份。对这些意大利人来说，这三个来历不明的人实在太过奇怪——仅凭长相，完全无法辨认。而且他们的穿着是如此不堪、寒酸，根本无法跟记忆中的波罗绅士们相匹配。所以，这三位绅士不得已做出接下来的举动。

这个故事是我很小的时候听当地一位著名的参议员说的。这位参议员名叫梅瑟尔·加斯帕罗·马皮耶罗（Messer Gasparo Malpiero），因德行正直而享有盛誉。他家住在杉塔玛利亚（Santa Marina）河道，离"百万宅"很近。他说，这个故事是他的父亲和祖父告诉他的；而他的

---

① 尤利西斯（Ulysses）：即古希腊神话中的英雄奥德修斯（Odysseus，拉丁名为尤利西斯）。希腊英雄奥德修斯在特洛伊战争中利用"木马计"攻克特洛伊城后起航回家，一路历尽劫难，在海上漂泊 10 年终于回到故乡伊塔卡岛。——译者注

父亲、祖父则是听住在波罗家族附近的老人们说的。我想说的是，这三名绅士在说服亲戚之后耍了个小花招。通过这个小花招成功吸引了整个威尼斯的注意，从而奠定了自己的荣誉。事情是这样的：

他们在家里盛宴款待了亲友，并且为这个宴会做了极为充分的准备。他们穿着深红色的缎袍出现在大厅，缎袍华贵富丽，是当时流行的长款，一直拖曳至地面。入座之后，他们又换上了深红色花缎袍。而最初穿的那套长袍则被剪成小段，分给仆人们。餐事过半，三人一同离席，当他们回来的时候，各穿了一件深红色天鹅绒长袍，之前的花缎袍子也同样被剪成小段，分送给仆人。餐毕，天鹅绒长袍又被换成了平常的衣服，这次同前几次一样，他们把天鹅绒碎片分送给大家。这些举动令宾客们十分诧异，但是更让人吃惊的还在后面。当所有的衣服被分完后，三人便命令仆人们退出大厅。马可·波罗站了起来，走进另一间房子，出来的时候手里拿着他们当初回来时穿着的破烂不堪的蒙古长袍。他们用刀子将衣缝和衣褶划开，只看见大量的红宝石、蓝宝石、红玉、钻石、翡翠纷纷落下来，堆满了桌子。那场景，若不是亲眼所见是万万想象不出来的。原来，聪明的波罗先生们在离开大汗的时候就预想到这样长途的旅行是不适宜携带大量金子的，不仅不安全，而且携带困难。所以他们把所有的财富都换成了宝石、翡翠等珠宝。现在，这些堆叠在桌子上价值连城的展品让所有的宾客目瞪口呆。大家完全相信眼前这三位正是令人尊敬的波罗绅士们。大家向三位绅士致以最高的敬意。

盛宴后，这件事传遍了整个威尼斯。大家纷纷去看望他们。有温和走访的，也有成群登门的，真正是门庭若市。梅瑟尔·马费奥（Messer Maffeo）是当时最受人尊敬的长者，他经常向马可·波罗询问有关中国和大汗的事情。马可·波罗也诚实地做出回答。但是马可·波罗总是强调大汗的威仪与中国的富庶，无论是提到黄金还是财富，都会冠以"百万"。因此，人们称他为"马可百万"；他家也被称为"百万宅"，这正是我们前面提到过的。

下面我们将引述游记中关于中亚的部分。波罗一行放弃从忽鲁谟斯港（Ormuz）① 走海路的计划之后改变了路线。他们沿着东北方向穿过波斯，到达鞑靼人控制的巴尔赫；然后沿着奥克苏斯河一直走到亚洲中部的高地。巴尔赫已经有很多英国探险家的足迹。穿过巴尔赫，他们又途经塔里干（Taican）②、基什姆（Kishm）③，到达巴达哈伤。游记中是这样描述的：

> 巴达哈伤地区的居民有自己的语言。这是一个幅员辽阔的王国，受世袭君王的统治。他们都是亚历山大大帝和波斯王大流士女儿的后裔，保持着"左勒盖尔奈英"

---

① 忽鲁谟斯港（Ormuz）：波斯湾三大港口之一。——译者注
② 塔里干（Taican）：今阿富汗塔哈尔省的首府塔卢坎（Taloqan），位于阿富汗东北部。曾被翻译为塔里干、塔里堪、塔里寒、塔亦寒等。——译者注
③ 基什姆（Kishm）：今阿富汗东北部城市。——译者注

（Zulcarniain）①的尊号，在撒拉逊语（Saracen）②中等同于"亚历山大"，这是出于对亚历山大大帝的敬仰。

这个地区出产一种巴拉斯红宝石，质地精美，价格昂贵。这种宝石蕴藏在高山峻岭中。但是，只有锡基南山（Syghinan）的矿藏允许开采。国王勒令人们按照开采金银矿的方式开采。如果没有得到国王的旨意而私自开采，会被没收财产并处以死刑。所以没人敢私自开采，也没有人敢把宝石运到国外。所有的宝石都归国王所有。国王将一些宝石作为国礼赠送给其他国王，或是作为礼物用于交换——这是唯一得到批准的用作买卖的方式。国王采取这些措施是为了保持并维护巴拉斯红宝石的高贵和不菲的价格。这种宝石的蕴藏量如此丰富，如果任人随意开采或让人们随意购买并携带出境，宝石价值必定下降。

在一些山中还发现了天青石矿——这是世界上最好的天青石，跟银矿一样产于矿脉中。不仅有天青石矿，其他的山脉中还有数量巨大的银矿，所以这个州非常富有。但是，这里气候严寒。该地出产的马品质上乘，奔驰如飞，不用钉马掌就能驰骋于崇山峻岭之中，甚至是奔驰在极为崎岖颠簸的山路。（就连其他马匹不敢或是不能往下奔跑

---

① 左勒盖尔奈英（Zulcarniain），阿拉伯语，意为"双角"，代表权威。因为亚历山大画像上戴有双角的头盔，所以以此称呼亚历山大。
② 撒拉逊语（Saracen），撒拉逊人的语言。撒拉逊人，也译作撒拉森人，源自阿拉伯文 sharqiyyin，意为"东方人"，拉丁文写作 Saracen。这个词在中世纪指称的是现今的阿拉伯人。在早期的罗马帝国时代，撒拉逊只用以指称西奈半岛上的阿拉伯游牧部落，后来的东罗马帝国则将这个名字套用于整个阿拉伯民族。11世纪末"十字军东征"后，以基督教信仰为主的欧洲人普遍用"撒拉逊"来称呼所有亚洲与北非的穆斯林。——译者注

的陡坡，它们都能以很快地速度俯冲下去。据当地人说，不久之前，这个地区还饲养着亚历山大的坐骑——比塞弗勒斯的后裔种群。这个种群的马在出生时前额就有特殊的印记。但是这些马全部都由国王的一个叔叔管理。因为他拒绝把这些马匹交给国王而被处死。他的遗孀出于愤怒和悲伤，将所有的马都杀掉了，这种名马也就此绝种。）

山中有一种猎鹰，极善飞翔，还有很多兰纳隼。此地物产富饶，飞禽走兽数量庞大。这里还出产优良的小麦，无壳的大麦。但是不产橄榄油。当地人从芝麻、核桃里榨油。

山上有很多野生羚羊，四五百只为一群。有时，一群羚羊甚至多达六百只。虽然被大批捕杀，但是羚羊的数量并不见少。

这里的山都很高。如果想爬上山顶，一大早就得出门，从太阳还未升起一直爬到傍晚余晖西斜。到达山顶，你会看见广阔的平原。平原上满是绿树青草；清澈的泉水从岩石缝隙中喷涌而出，形成汩汩溪流。溪流中有鳟鱼、鲑鱼等其他肉质鲜美的鱼类。山上空气清新，有益健康。那些住在山下城镇、山谷、平原中的居民如果发热感冒或是患了其他炎症，搬到山上修养两三天，换换空气，很快就会康复。马可·波罗称他的经历就是最好的证明：他在这个地方被病痛折磨了将近一年，有人建议他搬到山上去住。他住了没几天很快就痊愈了。

在这个王国里有很多的天险和关隘，所以当地居民不用担心外敌入侵。他们的城镇、村落都建在险要的高处，易守难攻。男人们都是出色的弓箭手，擅长捕猎。他们穿兽皮制成的衣服，因为当地制作衣物的布料非常昂贵。上等阶层的妇女有很特别的装束，下面就为大家介绍一下她们的服饰！她们穿着由60、80，甚至是100厄尔棉布缠成的罩裙，这使得她们的臀部看起来很臃肿——因为男人们认为女人的臀部越大越漂亮。

离开巴达哈伤之后，向南走10天，便到了白沙瓦（Pashai）①地区。这里的居民讲当地方言，膜拜偶像，皮肤呈棕色。他们擅长巫术和招鬼术。男人的耳朵上戴着镶有珍珠和宝石的金银耳环。此地居民性格刁蛮，性情粗暴。居民的食物是肉和大米。这里气候炎热。

克什米尔（Keshimur/Cashmere）距白沙瓦有七天的路程，在它的东南方向。

克什米尔人也崇拜偶像，说他们当地的语言。他们对巫术的通晓令人吃惊。克什米尔人能让偶像开口说话。他们还能改变天气，使晴空万里瞬间变得天昏地暗。他们还会很多令人吃惊的幻术，要是没有亲眼见过，你是绝对不会相信的！事实上，这里是偶像崇拜的发源地。他们将对偶像的信仰传播扩散于世界各地。如果沿着东南方向继续前行，便会抵达印度洋。

当地居民有棕色的皮肤，身材瘦削；妇女的皮肤呈深棕色，非常漂亮。他们的食物是肉、牛奶和大米。当地气候温和，不是太热，也不会太冷。这里有大量的城镇、村庄环以城垣；除了成片的森林、荒地，还有险隘要塞。所

---

① 白沙瓦（Pashai）：世界上最古老的城市之一，位于今天巴基斯坦西北边境。由于地处中亚多条贸易要道，几个世纪以来一直是南亚次大陆与中亚之间的贸易重镇。——译者注

以当地居民能够保持独立自主，而不用担心外族入侵。他们的君王能够自行法治，公正裁决。

在这个国家有一个特殊的群体——隐士。他们生活在隐蔽地方，饮食上尤其严守清规戒律。隐士们对自己要求极为严格，禁止任何淫欲杂念，被当地人看作圣人。他们都很长寿。

当地有不少寺院、修道院。当地居民不杀生。如果他们想吃肉了，就请撒拉逊人（Saracens）宰杀动物。从欧洲带来的珊瑚，在当地出售的价格高于其他地方。

现在我们将要离开这里，不再向东南方向前行。如果我们继续按照这个方向叙述，就会到达印度；可是现在我并不想介绍印度。我是说，我会在回程的叙述中告诉您有关印度的一切。现在让我们回到巴达哈伤，从这里，继续我们的行程。

离开巴达哈伤，向东北偏东的方向溯流（奥克苏斯河）骑行12天，该河流所经之地都归巴达哈伤君主的兄弟管辖。境内有大量城镇、乡村，还有散落在各处的房屋、民舍。在第12天到达一个叫作瓦罕（Vokhan）①的地区，该地幅员皆有3天路程。当地居民操本族语。他们都是英勇的战士。他们的首领被称作那奈（None），等同于英语中的伯爵（Count）。他们都是巴达哈伤君王忠实的部下。

此地常有野兽出没。离开这里朝东北方向骑行3日，就会到达该地的制高点。站在那里，你会以为自己站在了世

---

① 瓦罕（Vokhan）：地名，位于帕米尔高原南端和兴都库什山脉东段之间，属于瓦罕走廊的一部分。这里曾是华夏文明与印度文明、中亚文明、波斯文明以及欧洲文明往来交流的重要通道。——译者注

界上最高的地方！向群山处远眺，能看见两座山脉之间静静夹卧着一汪湖泊。这汪湖泊被一条美丽的河流贯穿。河流蜿蜒缓行，流向肥沃而广阔的原野。原野上水草丰美，即使是骨瘦如柴的牲畜，在这里吃上十天草就会膘肥体壮。这里野兽种类繁多，数量巨众。野生绵羊体型庞大，羊角有六掌长。牧羊人用这种羊角制成盛放食物的器皿，还用这种羊角搭建夜晚用来圈牲口的围栏。马可先生被告知这一带经常有狼群出没，吞噬了无数野绵羊。吃剩的羊角、羊骨遍布山野。有人把这些骸骨堆在路旁，以便在大雪封路的时候为商旅指引方向。

沿着这片名叫帕米尔（Pamir/Pamere）的高原骑行12天，沿途既没有植物，也没有人烟，视线所及之处尽是荒漠、戈壁，因此必须在出发之前准备好一切所需之物。这里海拔高，气候寒冷异常，连鸟的踪迹都看不见。值得一提的是，因为这里太冷，火焰达不到在低地燃烧所释放的热量，烹煮的食物无法全熟。

我们朝着东北偏东的方向继续前行，走了40天。一路跋山涉水，穿过高山峡谷，以及数不尽的河流、戈壁。沿途渺无人烟、寸草不生。所有物品都是在出发前置备齐全的。这片区域被称作贝洛尔达格（Bolor/Belur/Bielor Dagh）①。居民生活在深山之中。他们崇拜偶像，靠打猎为生，穿兽皮，是野蛮、未开化之民。

东北偏东方向的地区被称为喀什噶尔（Cascar/

---

① 贝洛尔达格（Bolor/Belur/Bielor Dagh）：Bielor Dagh，意为"空山"；Dagh，意为"山峰"。

Kashgar）。据说以前是个独立的王国，但现在已经并入了大汗的版图。这里有很多城镇、村庄，但是最大最美的还是喀什喀尔市①。居民从事商业和手工业。他们拥有美丽的花园、葡萄园，还有大产业，棉花产量极高。世界各地的商人聚集于此地。当地人生活困窘，饮食粗鄙。除了穆斯林外，这里还居住着聂斯托利派基督教徒（Nestorian Christians）。他们有自己的教堂。当地居民有自己的语言。走完整个喀什喀尔地区需要五日。

叶尔羌（Yarcan）②地区有五日行程。居民多信奉穆罕默德，但也有少部分聂斯托利派基督徒和雅各宾派基督徒（Jacobite Christians）。这里受大汗的侄子——前面提过的君主统治。叶尔羌物产富饶，尤其盛产棉花。居民都是熟练的手艺人。但是，因为水质的问题，叶尔羌这一带流行腿肿病和大脖子病。除了这些，再没有什么值得讲的事情了。

在东北偏东的地方，有一块狭长的区域，也就是忽炭（Cotan/Khoten）地区。横穿该地需八日。忽炭归大汗统治。该国有很多城镇、村庄，但是最有名的还是忽炭市③——该区首府城市与省名相同，都叫忽炭。该地物产富饶，盛产棉花、亚麻、大麻、小麦、葡萄酒。居民拥有葡萄园、花园、果园等产业，靠商业和手工业为生。该地不尚武，没有士兵。

---

① 喀什喀尔市：今中国喀什。——译者注
② 叶尔羌（Yarcan）：位于今中国莎车县一带。——译者注
③ 忽炭市：今中国和田市。——译者注

媲摩（Pein）①位于东北偏东的方向。横穿该地需五日。当地居民受大汗统治。媲摩有很多城镇、村庄，但是最有名的还是该地治所——媲摩。该地有一条横贯全区的河流。在河床中可以采掘到丰富的碧玉和玉髓。这里物产丰富，盛产棉花。居民靠手工业和商业为生。当地有一种风俗，凡是已婚男子离家外出超过20日，家中的妻子如果不再想继续婚姻关系，就可以改嫁；男人也享有同样的权利，可以另娶妻室。

我必须再次强调，前面提到的所有地区，从喀什噶尔到罗布市全都臣服于大汗。

阇鄽（Charchan/Chachan）也是大汗治下的一个地区，位于东北部偏东的方向。该地区有大量城镇、村庄，首府城市也以阇鄽命名。当地河流蕴藏碧玉和玉髓。将之销往汉地，价值不菲。从媲摩到这里沙漠广布，沿途水质不佳。水源大都苦涩且难以饮用。偶尔能发现清爽、甘甜的水源。每当有军队经过，居民都会提前携家带口、赶着牲畜躲避兵患。他们在离家两三日行程远的绿洲中安顿下来，等军队离开后再回家。这些绿洲往往隐匿于沙漠深处，躲避在那里不会被人发现，因为风沙会立刻湮没避祸者的足迹。

离开阇鄽，骑着马在沙漠中行走五日。沿途只有苦涩的劣质水。到了第五天才走到一个有着甘甜水源的地方，这就是罗布镇（Lop）。罗布镇是塔克拉玛干沙漠的入口，商旅进入沙漠之前会在这儿稍作休整。

---

① 媲摩（Pein）：位于今中国和田地区。——译者注

罗布镇靠近沙漠的边缘地区。它附近的沙漠被叫作罗特沙漠（现代地图中将其标记为戈壁，或者沙漠）。罗布镇地处东北偏东的方位。这里也是大汗的属地。凡是要穿越塔克拉玛干沙漠的人都会在罗布镇停留一星期左右，一方面养精蓄锐，另一方面为接下来的旅程备足物品——通常要准备一个月的口粮。离开这里就进入沙漠了。

沙漠是如此广阔。据说从沙漠的一端到另一端，骑行的话，也得用一年的时间；即使是从最窄的地方穿过，也要花费一个月。举目环视，四处都是沙山、沙谷、沙丘，找不到一丁点儿吃的东西。在骑行了一天一夜之后，我们发现了甘甜的水源——差不多够50~100人和他们的牲畜饮用，再多了就不行了。在接下来的行程中，我们又发现了几处类似的优质水源。听当地人说沙漠中大概有28处甘甜可口的水源，但是水量有限。另外还有四处劣质水源，口感苦涩。

这一带看不见任何飞禽走兽，估计是因为难以觅食。在这片沙漠中流传着一个广为人知的故事。故事听起来让人觉得不可思议，甚至会感觉到毛骨悚然。我们知道商队经常不得不在夜晚赶路。如果有人掉队或是睡着了，在他醒来之后就会想要去追赶他的同伴。这时候他的耳边会出现熟悉的谈话声。他会误以为那是自己的同伴在交谈，甚至有些时候他还会听到有人叫自己的名字。如果寻声而去，就踏上了一条通向死亡的路。他会渐渐偏离大道，最后再也找不到自己的队伍。有时，熟睡的旅者还会听到大队人畜在道路两边行进的声音。他们会以为是同伴离开的脚步声，于是跟着向前走，等到天亮才发现自己已经误入歧途，身处险境。有时，甚至是在白天都能听到幽灵的声音。还有些时候，沙漠中会出现各种各样的乐器声、锣鼓声。为了安全，商队不得不聚拢自己的队伍，密集前进。为了不被这些幽灵所迷惑，商队在牲畜的脖颈处挂上铃铛，这样它们就不容易掉队。晚上休息之前也会提前做好标记，指明第二天前进的方向。

这都是在穿越这片沙漠时不得不面对的。

以上内容节选自《马可·波罗游记》。游记中提到的地名，不管是巴达哈伤地区，还是奥克苏斯河沿线城市、鞑靼王国所属地域，一直到中国的西部边界——长城，全被后世所证实。值得一提的是，马可·波罗在游记中提到的风俗与习惯，在很多地方时至今日都保留着——这也被后来的旅行家们所证实。考虑到马可·波罗并不是边走边记录，而是在他旅行结束25年之后才整理出来的，在这中间还掺杂了那么多冒险经历以及后来生活印记的干预，其叙述还能如此准确，真是令人折服。

自马可·波罗游历中亚已过去将近600年。在这之后，中亚的土地上又陆续留下了其他欧洲探险者的足迹。

●●● 第三章　近代探险

两个世纪后，踏着马可·波罗的足迹，瓦斯科·达·伽马(Vasco de Gama)① 彻底改变了欧洲和印度之间的贸易路线。漫长的陆路交通艰辛且费力，充满了危险，已被人们所废弃。通向伟大东方的航线开始了新的征程。

英国人征服印度群岛之后，从喜马拉雅山脚下沿着印度河一路向西，最终将路线推进至克什米尔、阿富汗诸地。1830~1840年，东印度政府认为国土的重要性远远大于政事干预。由此产生

---

① 瓦斯科·达·伽马（Vasco de Gama）：15世纪末16世纪初葡萄牙航海家、探险家，开拓了从欧洲绕过好望角通往印度的新航线。——译者注

了灾难性后果：喀布尔（Cabul）①、哥疾宁（Ghuznee）②、坎大哈（Kandahar）③、赫拉特（Herat）④ 等地尽数被英国占领。尽管有兴都库什山脉阻隔，阿富汗还是从鞑靼分离了出去。

驻印度的英国官员中有一个叫约翰·伍德的中尉（Lieut. John Wood）。他于1837年秋天到巴尔赫执行任务。那一年的春天来得非常晚，伍德不得不在巴尔赫待了一整个冬天。他决定在回喀布尔之前去奥克苏斯河上游看看。这次探险大胆而且成功，跟设想之初一样。伍德在离开巴尔赫的时候，只带了少量的随从和必要的补给。他就这样轻装上阵，沿着马可·波罗的足迹开始了冬日探险之旅。他们沿着奥克苏斯河谷逆流而上，还在去法扎巴德（Fyzabad）⑤ 的路上发现了闻名遐迩的红宝石和绿松石矿。1838年2月，在克服了种种艰险崎岖的山路和残酷恶劣的天气状况之后，他们终于到达了奥克苏斯河的源头——瑟伊库尔湖（Sir-i-kol）。该湖位于帕米尔高原，海拔15630英尺。湖水不易结冰。夏季的时候是牧场，吉尔吉斯人

---

① 喀布尔（Cabul）：古丝绸之路重镇，位于阿富汗东部的喀布尔河谷、兴都库什山南麓，是一座拥有3500多年历史的名城。"喀布尔"在信德语中是"贸易中枢"的意思。它是连接中亚和南亚往来交通的重要枢纽，也是东西方文化交流碰撞之地。——译者注

② 哥疾宁（Ghuznee）：据《世界境域志》载，哥疾宁是今阿富汗境内一座位于山坡的城市，极其惬意。它是商人汇集之地，拥有大量财富。——译者注

③ 坎大哈（Kandahar）：位于今阿富汗境内。公元前330年，由亚历山大大帝所建。——译者注

④ 赫拉特（Herat）：阿富汗西北部历史名城，始建于6世纪。自7世纪后期，先后被阿拉伯、波斯、中亚诸王朝所占据。帖木儿以中亚为中心建立帖木儿帝国时，此城为伊斯兰文化和学术中心之一。历史上，赫拉特是中亚、南亚同西亚各地区进行交通、贸易往来的枢纽，战略地位显要。——译者注

⑤ 法扎巴德（Fyzabad）：位于阿富汗东北部。——译者注

在此地游牧；冬季则被大雪所覆盖，牧民也就离开了。

伍德中尉是近现代第一个踏上"世界屋脊"的欧洲人。他第一次证明了这个著名的高原是由贝洛尔达格、兴都库什山脉、喀喇昆仑山脉所构成。后来的研究进一步证明：帕米尔是一个宽广、巨大的高原，从北到南将近两百英里，海拔16000～18000英尺。还不能确定它确切的宽度，但应该是60～70英里。

1870年，海沃德先生（Mr. Hayward）[①] 在克什米尔西北部境内的吉德拉尔（Chitral，位于克什米尔西北方向）[②] 山区被刺杀，他曾和罗伯特·肖（Robert Shaw）一同前往叶尔羌和喀什噶尔，并且站在英吉沙描绘了世界屋脊的东部地区。海沃德在他的书中写道

> 按照通常的说法，帕米尔高原的东部平缓下降，与中亚两河流域大平原相接。但是实际上，组成东部山脊的是一系列将近21000英尺的险峰。中亚腹地平原东部低地前的这些山峰巍峨、险峻，帕米尔高原上的这些湖泊似乎没有可能打开缺口流向东部。仅凭视觉判断，所有的湖水都只能西流汇入奥克苏斯河。山顶上的冰川被茫茫白雪所覆盖，在湛蓝天空的掩映下，发出耀眼的光芒，犹如空中的塔，是那般崇高、庄严。群山耸立，就像一道道壮丽、辉煌的高墙，散发着无与伦比的神圣之光。

---

① 海沃德先生（Mr. Hayward）：英国前陆军军官乔治·海沃德（George Hayward）。他受英国皇家地理学会资助在中亚进行探险活动，从事地理考察。——译者注

② 吉德拉尔（Chitral）：也译作"奇特拉尔"。巴基斯坦北部城市，位于吉德拉尔河右岸。——译者注

第三章　近代探险

　　与此同时，伍德中尉也正忙于自己的探险之旅。维涅先生（Mr. Vigne）则追随着地理协会处于克什米尔—巴尔蒂斯坦（Baltistan）①—拉达克（Ladâk）②探险之旅中。在这之前，东印度公司的官员、欧洲的一些探险家们已经去过两三次克什米尔。但是，只有维涅先生抵达印度河上游的斯卡杜（Iokardo/Iskardo，巴尔蒂斯坦首府），深入土伯特地区。以下章节摘自维涅的叙述。

　　1834年，锡克（the Sikhs）③军队征服拉达克之后，为欧洲人的探险带来极大便利。在英国的干预之下，拉达克王室被允许保留部分王权。在这之后，有一个英国人定居在拉达克首府——列城（Leh）。从此，通往喜马拉雅山的路相对安全了一些；但还是没有大规模的探险活动，直至1856年斯拉金特维特兄弟出现。

　　年轻的巴伐利亚人赫尔曼·斯拉金特维特（Hermann Schlagintweit）、阿道夫·斯拉金特维特（Adolf Schlagintweit）和罗伯特·斯拉金特维特（Robert Schlagintweit）是三兄弟，他们一直专注于研究地质和自然地理。他们的著作，尤其是赫尔曼关于阿尔卑斯山脉自然地质状况的书曾吸引

---

① 巴尔蒂斯坦（Baltistan）：唐代称大勃律，清代称巴勒提。其地，位于喜马拉雅山脉、喀喇昆仑山脉与兴都库什山脉的交会处，印度河上游河谷之中。——译者注
② 拉达克（Ladâk）：位于克什米尔东南部，北有喀喇昆仑山脉，南有喜玛拉雅山脉，西南则是克什米尔山谷，全境居世界屋脊之上，介于海拔3000～6000米。拉达克传统上是藏区同中亚和南亚交通、贸易的中心和门户，居民信仰噶举派藏传佛教，无论地理、民族还是宗教与文化，皆接近我国青藏高原西南部地区。——译者注
③ 指信仰锡克教的旁遮普人。

洪堡（Humboldt）①的注意。1854年，在洪堡的引荐下，他们被普鲁士国王派往印度进行科学探险，并由东印度公司提供物质资助。

三兄弟于 1854 年底到达孟买，开辟了一条从德肯（Deccan）到马德拉斯（Madras）②的新的道路。兄弟三人于第二年春天在马德拉斯分手。阿道夫和罗伯特继续向印度的西北方前进，考察沿途路线以及喜马拉雅山脉的冰川和山系。他们一直走到拉达克，试图攀登艾比加敏峰（Ibi-Gamin Peak）③——世界上最高的山峰之一。虽然没能成功，但已经攀登至海拔22000英尺的地方，这是当时人类所能够到达的最高的海拔高度。与此同时，赫尔曼也在想方设法到达锡金（Sikkim）④和阿萨姆（Assam）⑤。他探险的地域位于前人鲜有涉足的热带低地，处于雅鲁藏布江（Brahmapootra）河谷之间的

---

① 弗里德里希·威廉·海因里希·亚历山大·冯·洪堡（Friedrich Wilhelm Heinrich Alexander von Humboldt，1769 年 9 月 14 日~1859 年 5 月 6 日）：德国著名自然科学家、自然地理学家。——译者注
② 马德拉斯（Madras）：今印度金奈，但旧称马德拉斯仍被广泛使用。它坐落于孟加拉湾西岸、印度半岛东南部的科罗曼德尔，是一座港口城市。——译者注
③ 艾比加敏峰（Ibi-Gamin Peak）：位于喜马拉雅山脉的中心。
④ 锡金（Sikkim）：位于喜马拉雅山南坡，与不丹、尼泊尔以及中国西南边疆接壤。其境内多山，平坦地区很少。——译者注
⑤ 阿萨姆（Assam）：地处亚洲南部，雅鲁藏布江中部流域，气候温和，雨量充沛，是个美丽富饶的地方。公元前 100 年，阿萨姆开始为世界其他地区的人们所知。《红海环航记》中描述了在基督教出现以前中国丝绸从阿萨姆邦被运到埃及和罗马。玄奘编著《大唐西域记》将其称为"迦摩缕波国"。13 世纪，缅甸东北部、中国云南一带的傣族越过阿萨姆东部山脉，征服迦摩缕波国各族人，建立阿萨姆王国。1826 年，英国殖民者进入阿萨姆地区，阿萨姆成为英属印度的一个省。——译者注

山区。

1856年5月,兄弟三人在印度北部的西姆拉(Simla)①重聚,之后一起奔赴克什米尔。他们在抵达斯卡杜之后,历经数次艰险,终于顺利穿越印度河上游地区以及帕米尔高原中间的无人区,成功抵达位于小土伯特的喀喇昆仑山脉南坡。他们证实了达普桑峰的高度是28278英尺,为世界第二高峰。他们穿过了海拔19000英尺的喀喇昆仑山,成为第一批看见昆仑山壮丽峰峦的欧洲人。我们知道昆仑山是守卫中亚的最后一道屏障。他们还成功将探险路线向前推进,越过昆仑山。但是,他们同时也发现,尽管探险极具诱惑,回程却危险且艰难,必须谨慎小心。回到印度后,赫尔曼和罗伯特于1857年春天返回欧洲。

阿道夫·斯拉金特维特却做了另一个决定。他取道欧亚大陆腹地,准备去被俄国占领的天山北部——那本是一项已经被废止的探险方案。阿道夫顺利穿过喀喇昆仑山和昆仑山脉,准备去叶尔羌,但是没能如愿,不得已转去喀什噶尔。途中,他的印度侍从、翻译都先后离开,各种危险威胁着他。但是这一切都没能使他放弃。阿道夫最终到达喀什噶尔。之后发生的事情无从知晓,但可以肯定的是,这位不幸的探险家被倭里罕(Wallé Khan)②杀害了。他所有的手稿也就此失传,多年心血全部毁于一旦,付诸东流。

---

① 西姆拉(Simla):印度北部城市,位于德里以北280公里的喜马拉雅山地,始建于1819年。原为英国军队营地,1865年后逐渐成为避暑胜地,1947~1953年为旁遮普邦首府。——译者注
② 倭里罕(Wallé Khan,1822~1866):又称倭里罕和卓,为张格尔弟巴布顶之子。清道光、咸丰年间多次入侵中国西北边疆,煽动叛乱,曾短暂统治喀什噶尔地区。——译者注

第四章 维涅的克什米尔之旅

戈弗雷·托马斯·维涅（Godfrey Thomas Vigne）[①] 是第一批真正到达克什米尔谷地、中亚边境以及印度河上游荒野山区的探险家之一。他于1832年从英国出发，经君士坦丁堡（Constantinople）、亚美尼亚（Armenia）、波斯（Persia）到达印度。维涅的旅途看起来悠闲自在。他在向周遭地区深入探险之前，游历了印度各大著名城市，甚至去了阿富汗。

---

① 戈弗雷·托马斯·维涅（Godfrey Thomas Vigne，1801~1863）：英国探险家和旅行作家。他于1832年末开始了游历英属印度以西和西北地区长达7年的旅行，走过波斯、阿富汗以及中亚部分地区。其旅行经历记录在《关于加兹尼、喀布尔和阿富汗之旅的个人记事》（1840）和《克什米尔游记》（1842）两本书中。——译者注

第四章 维涅的克什米尔之旅

　　1835年夏天,维涅从印度北部城市卢迪亚纳(Loodiana)出发,去往克什米尔。探险旅程并不顺利,行程缓慢。沿途经过比拉斯布尔(Bilaspore)、苏丹布尔(Sultanpore),逐渐深入兰季德·辛格(Runjeet Sing)①统治的萨特累季河(Sutlej)上游区域。当时旁遮普并不属于英国,②但是因为英国军队在阿富汗取得暂时性胜利,这也就使得维涅的旅程有了一定的安全保障。

　　探险从喜马拉雅山脚下的开阔山谷地带开始,印度人将其称为"度宏"(Dhoons)。山脊之间交错穿插着几英里宽的空地。这些空地很宽阔。在空地上散乱分布着砂岩堆成的小山丘,间或掺杂错落着深山峡谷。葱绿色的冷杉遍布山丘。可以看见从峡谷缺口处淌出的涓涓溪流。这些溪水奔腾欢笑着汇入印度河,飞溅起来的银白色泡沫,在阳光下闪闪发光。从德里(Delhi)③到克什米尔的山路还是莫卧儿帝国时期修筑的。几个

---

① 兰季德·辛格(Runjeet Sing,1780~1839):19世纪上半叶统治印度西北部的锡克帝国领袖,21岁正式宣布成为"旁遮普王公"。此时英国人已经控制了除旁遮普以外的整个印度。兰季德·辛格个子瘦小,独眼,勇敢而善骑射。他采取灵活策略,同英国人结盟。在他的推动下,英国于1809年4月同锡克签订《阿姆利则条约》,双方以萨特累季河为界划定统治疆域。在这期间,他还让英国人为他训练军队,发展武装。但到后来,英国人公然违约,兰季德·辛格只好被迫对英宣战。——译者注

② 1839年6月27日,兰季德·辛格逝世。其6岁幼子达立普·辛格继位。此后,旁遮普陷入动荡,内部四分五裂,被英国人利用。锡克军与英军作战,一败涂地,达立普·辛格被俘,押送英国。从此英国人开始了对旁遮普地区的统治。1947年印度独立后,根据《印度独立协议》,旁遮普邦被分为两部分,西部属于巴基斯坦,东部属于印度。——译者注

③ 德里(Delhi):印度城市。德里本是一个古都,后来在古都旁边扩建了一座新的城市。人们将这个新城区称为新德里,以区别于老德里。新德里和老德里中间隔着一座印度门(the Indian Gate),印度门以南为新德里,印度门以北为老德里。——译者注

世纪以来,丛林灌木杂生,道路缺乏养护,如今已残破不堪。有的路段平坦且较为宽阔,马儿可自由奔驰不受阻碍;有的路段却崎岖不平,布满坑洼,路人不得不下马步行。

维涅先生写道:

当我从山谷对面观望的时候,发现当地地貌跟我以前想的完全不一样,而且这种不一样一直在持续。群山耸立,一座山峰被另一座山峰所遮掩,山谷幽深处亦被层林所覆盖。我总觉得面前的这座山峰是最后一座;可是一翻过山头眼前立马又出现了另一座,而且风景比前一座山头还要壮丽。眼前便是山峦河流的出口,也可能是旁遮普某条河流的出口。河水就从这里流出,形成峡谷平原。此地可以看作雪山的尽头。旁遮普-喜马拉雅山消失在远方,只有昆巴山(Chumba)和布德拉瓦尔山(Budrawar)绵延至天的尽头,布里希玛山(Brihma)也已经隐入了远方的云层。

昆巴河平原与瑞哈瑞斯(Rihursi)城堡静静地环抱在崔库塔尔(Trekotar)群山之中。崔库塔尔山因其三座山峰而引人注目。当一座山峰平缓下沉的时候,另一座山峰又冲破而出,甚是奇美。我看见山谷南部的本贾尔岭(Panjal)向北蜿蜒,围绕山谷形成一个巨大的环形,犹如一堵高墙。

夏天,山谷是鲜花的海洋,
躺在这里,有花香萦绕。

巍峨、绵延的砂岩山脉缓缓流入平原,形成低处山脊。前方每隔五英里有一处古时堡垒、要塞的废墟。这些堡垒、要塞是当地酋长、首领修筑的。当时仍处于莫卧儿帝国的统治之下。锡克人的大本营建造得非常具有科学性，塔楼、窗户、通气孔一应俱全。营寨基本围绕在悬崖峭壁之下，一般人很难进入。山脚下是茂密的丛林和汹涌的急流。

山谷里种满了玉米、水稻，这都得益于山上溪流的灌溉。田地一直蔓延到高原的斜坡之上。当地农民通常是两到三个村舍组成一个合作组，大家一起用泥土、石块，或者是木头、竹子搭建起平顶的房屋；或者是用稻秆搭建茅舍。屋舍看起来俨然有序，非常整齐，这让我想到了英国的农庄。路两边是灌木树篱，村舍就环抱在仙人掌、枣树、阿拉伯胶树、车前草、竹林以及一种有乳白色汁液的树木的包围之中。造型独特的圆顶塔、枝根缠绕成丛的高大树木星星点点散布于城池各处。那些圆顶塔可能是提毗（Devi）①神庙，也可能是印度教的其他神殿。老牛悠闲地咀嚼着草叶。芒果树高大、葱翠，并慷慨提供绿荫。曾频繁出现于弥尔顿（Milton）②散文诗作中那些美丽的榕树伸展着枝叶，蓊郁繁茂。从榕树肢体各处伸出的支柱根错节缠绕，一头扎进层层砂岩，另一头再次冲破阻碍，长成新的树冠，甚是壮观。

---

① 提毗（Devi）：梵语"女神"之意。印度教性力派认为象征了神圣女性面的提毗与提婆（男神）是相互不可或缺的一对存在。——译者注
② 约翰·弥尔顿（John Milton，1608年12月9日~1674年11月8日）：英国诗人、政论家。英国文学史上伟大的六大诗人之一，深刻影响了18世纪英国古典主义文学。其代表作品长诗《失乐园》《复乐园》《力士参孙》等表现出人的奋争和救赎，是诗人对人类最深层道德、精神和信仰的探索，折射出弥尔顿对人、人性以及人类存在价值意义的思考。——译者注

合作组的存在并不只是体现在眼前这些看得见的房屋、茅舍上。当我走进村子的时候，常常能听到高亢、杂乱的歌声，那是十几、二十个妇女在合唱。她们一个挨着一个站成一条线，胳膊搭在彼此的肩头，扯开嗓门放声高歌（这声音……我实在不能说是歌声）。我认为，这应该是当地妇女对来此地拜访的客人们的一种特殊的欢迎方式。仪式中蕴含着生命的博爱与仁慈。

维涅先生花了四五天时间游览了一些面积不大却清澈恬静的湖泊。这些湖泊被视为印度教的圣地。而后，他启程前往位于克什米尔边境的城镇查谟（Jamu）①。在离查谟还有段距离的时候，当地拉贾（Rajah）②戈拉布·辛格（Golab Sing）派人来迎接维涅，并为他提供了轿子。但维涅拒绝了拉贾的好意，仍旧骑马前行。到达查谟以后，维涅被安排住在山脚下的公园里。拉贾的宫殿就建在山上。

他写道：

傍晚拉贾的小儿子乌尔辛姆·辛格（Urjum Sing）来拜访我。他有点偏胖，中等个头，圆脸，看起来很严肃。据说他是一个很有才干的年轻人，但是在我们交谈的过程中却显得愚笨、不自然。我曾试图通过翻译把他从这种紧张的气氛中拉出来。我发现，在东方，只有当权者谈笑从容，类似于欧洲人。从容镇定，遇事不慌张似乎是贵族精

---

① 作者拼写有误，应为Jammu。查谟，位于南亚次大陆西北部，克什米尔南部城市。——译者注
② 拉贾（Rajah）：印度的王侯、首长。——译者注

英阶层的责任。权力越大，级别越高，在言谈举止方面受到的约束、限制也就越少。

第二天早上，我费了很大劲儿，走了很长的一段路才爬上山，进入宫殿。旁遮普平原被一个狭窄的山谷劈成两半。裂缝处，塔尼河（the Tani river）奔腾而出，汇入木纳布河。查谟就建在峡谷的右边河岸上。左岸是白色的宫殿和堡垒。它们在阳光的照耀下熠熠生辉。

宫殿门前的广场上站满了盛装的官员、侍从。他们穿着红色骑马服，佩戴黄色披巾，手持标枪、刀剑、盾牌等兵器。当我走过的时候，两名侍卫便高举枪向我行军礼致敬。戈拉布·辛格在大殿里接待了我。并且解释道，因为风湿他四肢疼痛，没有办法亲自去拜访，请我原谅。他告诉我，辛格家族已经统治查谟5000年了。并且声称他所说的一切，我都应该相信。

后来他又问我，法国国王是不是真的需要给英国国王敬献贡品，还有其他一些诸如此类的愚蠢问题，以此确定我是不是在欺骗他。戈拉布向我展示了他的军队，还自豪地吹嘘他手下士兵多么英勇善战。我看见一部分士兵拿的是短程散弹枪。戈拉布装上子弹，向我表演了射击。说实话，水平很一般。拉贾表演完得意扬扬地等我鼓掌。他对边上的人说，这样的枪是很具有杀伤力的。可我却丝毫没有赞赏的意思，这使他显得有点困惑。

维涅先生要去的下一个地方是瑞哈瑞斯（Rihursi），这是山脚下的一个小镇。瑞哈瑞斯镇的山跟崔库塔尔相连，也就是我们在南边看见的那个因三座山峰而著名的山脉。当地人居然在那些高达 5000 英尺的山坡上建造了几座塔。据说山顶有印度教神殿，在神殿内供奉着椰子。① 眼前这条山脉是通往克什米尔所要穿过的第一座山，离瑞哈瑞斯镇 4 英里远。平原上有个气象台，修建在海拔 1000 英尺左右的地方。再往前走就是木纳布河。河上只有一座绳索吊桥，马匹无法通过，只能涉水游过去。

山路越发难走。险峻崎岖，且高低不平、晦暗难明，时不时地还得穿越峡谷。这一路遇见的都是前面那种危险、单薄的绳索吊桥。他们还遇见了三个女人。这三个女人像猴子一样灵巧，她们可以在树林间穿梭攀爬。维涅先生本想画下来，可她们一转眼就消失了。不管你再怎么引诱，她们就是不下来。维涅先生对当地土著做出如下描述：

> 他们过着群居生活，住在圆顶的小屋里，看起来很脏，墙上还有烟熏的痕迹。把牛粪烘干或是晒干，就成了燃料，可以用来生火。如果有新的、干净的泥墙，这个屋子就算是很不错的了。如果不是有个烟囱，从屋顶上看，还真像个圆形的洞穴。墙上的缝隙就是窗户，门高不到五英尺。首领的屋子要高一些，门口空地面积也大一点；窗子比一般人家的要大，数量也更多。有的首领住在两层的屋子里，也就是在原有屋子的基础上又加盖了一层。站在顶楼上可以看见整个村庄。
>
> 如果站在屋顶，就可以俯视整个村子男女老少的活动：男人们几乎赤裸着身体，坐着、躺着，或是在做饭、

---

① 在印度，椰子有很多别名，梵文名那利蓟罗，还被称为"Shrifala"（吉祥果之意）、"Mahafala"（祭神之果）。——译者注

吃东西；女人们纺羊毛、揉面、编织布料和毯子，还有梳头、扎辫子的。她们的头发乌黑顺滑，非常有光泽感；孩子们吵吵嚷嚷地追逐打闹，或是趴在地上和小狗、鸡鸭玩耍；商人穿得最体面，他们悠闲地坐在柜台后面，看着来往的人群。柜台边上摆着装满铜币、贝币的碗——那些铜币、贝币是用来找零的；还有面粉、印度玉米、辣椒粉、香料等其他调味品。

离山谷不远的平原上遍布马匹、牛羊的骨架残骸，十几、二十只秃鹫围在上面，其他动物都不敢靠近。猴、鸽子、老鸦全都跃跃欲试，它们围绕在动物内脏周围，发出各种凄厉的嘶吼、鸣叫声。然而，在不远处的草原上却是另一番祥和的景象：成群的牛羊躲在绿荫下悠闲地喝水、啃啮青草。在它们身后是涓涓的细流，茂密的榕树和芒果树。

旅者不得不停下脚步，不管他们信仰什么，来自哪里，如何称呼，都得在水源附近停留、夜宿。商队停下来准备晚饭，即使是晚上睡觉也得谨慎守护着货物。从某种程度上说，军队也是强盗，是穿着光鲜军装的强盗。穆罕默德的信徒在傍晚做祷告。他们一遍又一遍跪拜、鞠躬，每个人都极其虔诚。婆罗门①以"项带"作为自己种姓的身份象征。②

---

① 婆罗门（Brahmin）：祭司贵族，为印度社会阶级制度中的一个阶级，位居四姓（四种阶级）之最上位。此一阶级自认为是梵天的后裔，掌握神权，行祭祀，占卜祸福，垄断文化和报道农时季节，在社会中地位最高。印度以婆罗门阶级最具势力，故该国又有婆罗门国之别称。——译者注
② 13世纪末，元代人周达观奉命出使真腊（今柬埔寨），回国后撰写《真腊风土记》，曰："为儒者呼为班诘……于颈上挂白线一条。……颈上之线终生不去。"由于他们是婆罗门教士，所以他们颈上那条标志婆罗门身份的白线终生不去。——译者注

他们在洗礼时祈祷,唱颂吠陀。印度苦行僧经常出现在水源附近的同一个地方。这些僧侣的脸部涂着厚厚的一层泥浆,面目野蛮、凶残——这都是麻药、罂粟的作用。因为他们觉得这样更能显示出自己的尊严与圣洁,从而保证有足够的贡品。

维涅先生到达的下一个地方是瑞加乌尔(Rajawur)。在那里,他受到当地首领的盛情款待。首领是个强壮、有智慧的男人。他有六个脚趾。维涅写道:

"在我们入住的第一个晚上,半夜,我正睡着,突然被什么声音惊醒了。原来是我的印度随从——他染上了霍乱,病得特别厉害。早些时候,他和我们一起在花园里,趁我们说话的时候生吃了一些不知名的树根。此时他几乎已经失去了意识,似乎快死了。他的床边围了一大群人,好心的首领也在其中。我赶紧找出在孟买买的药。就在我拔去瓶塞的时候听见有人发出'酒'的声音,周围一片唏嘘,大家全都嘟囔着'酒,酒,酒……'。首领制止了我。他绝不允许我给一个穆斯林喂酒。病人自己也还有最后一丝意识。他发现我要给他灌酒,挣扎着把手移到嘴巴前面,做出痛苦的表情,仿佛已经吃下了什么令人作呕的东西。我大声强调这不是酒(只不过含有一定剂量的白兰地成分)。他终于把药吞了下去——几乎刚一把药吞下去就立刻睁开了眼睛,告诉我他能认出我来了。大家都松了口气,兴奋地谈论着这个神奇的药。不管怎么样,我很快就让他醒了过来,并且在第二天就能下地四处走动了,仿佛什么事也没发生过。最后还要再提一下这瓶药,当我准备拿着它治疗另一个病人的时候,却发现只剩下一个空瓶子了。看来,虽然瓶口塞着木塞,药还是流光了。"

"从瑞加乌尔再向前走十一英里就是塔纳(Thána)镇。塔纳镇坐落于本贾尔岭脚下。这个本贾尔岭巍峨高大,将克什米尔谷地从印度平原上分离出来。在塔纳镇有一个很大的商队旅馆。这还是当年莫卧儿可汗派人修建的,所用石料乃是稀有的红砖。这个镇的屋舍修建得很特别:屋舍参差错落,层层叠叠地搭建在任何一个可以设支点的地方:或是悬于河流的悬崖峭壁之上,或是藏于胡桃、桑葚树的树荫底下。当地居民是克什米尔人,以纺织、编织为生。该地海拔5000英尺,即使是在7月13日的上午,在阴凉处,用来观测温度的水银柱也显示为华氏74度。"

离开塔纳镇不久,就遇见了第一座屏障。仰望眼前这座深山,不禁感慨万千:有多少探险者和他们的足迹全都隐藏在这深深的密林之中啊。维涅先生这样叙述道:

"我印象最深的是一口井。用来砌井的石砖上刻画着马术浮雕。走过这口井,沿着小道转个弯儿,就看见路边散落着一些破旧的、被撕扯烂了的衣物,还有一只人的脚。我估计身体的其他部分都已经被豺狼、秃鹫、土狼吞食掉了。这些人可能是因为虚弱受伤失去抵抗力,也可能是饿死的。他们就这样成了野兽的腹中餐。我们走了将近一天,也没发现那些可怜人的遗骸。"

"两只巨大的山鹰在山顶上空盘旋。我还是第一次看见那么大的山鹰。山顶上有四五座圆木搭建的房屋。那两只山鹰就绕着那些屋子升降俯冲,徘徊振翅。回头远望,山脚下塔纳首领的屋舍就像一粒豆点;那些已经走过的细长的山路消失在平原的尽头。脚下的山路幽深曲折,从山的那头一直绵延过来,通向远方。据当地人讲,塔塔科蒂(Tata Koti)山里有大量的水晶矿藏,这使得它在众多山峦中显得与众不同。塔塔科蒂山峰高大宏伟,景色壮丽,我完全被它吸引住,根本舍不得往前走,干脆停下脚步,拿出纸笔,为它画了一幅素描。收起画笔继续前行,沿着山坡向下走,到了一个被称为'雨谷'的地方——巴鲁古鲁(Barumgulu)。我们在那里看见了雪。能这么近距离地欣赏雪,真是令人兴奋。这也意味着,我们应该能在第三天走出本贾尔岭。

前面的山头被松树林和喜马拉雅雪杉所覆盖,还有数不尽的栗子树。高大笔直的树干从中部裂开,横亘在丛林间。那景象,看起来就像美洲丛林中的山核桃木。"

"巴鲁古鲁海拔为6800英尺。克什米尔还要继续向北走,前方是一条大河的河床。这条河流从上游山涧奔腾而下,曲折环绕。河上至少有30座木桥,每一座木桥都有30英尺长。其中有三座桥是首领专门为我建造的。我们到达那里的时候最后一座桥还没有完工。我坐在河岸边上,和随从们一起安静地观看木桥的建造过程。工人们先选取高大的树木砍倒,把最粗壮的木头横架过河,搭在河岸两端,然后再用同样的方法把第二根、第三根木头也搭过去,捆绑、固定在一起,使其足够稳固——以至于马儿也能安全地从桥上通过。选取高大的树木,是为了保证有足够的长度能够横跨河流。"

"我们在波希亚纳(Poshiana)留宿了一晚。该村坐落在森林边缘,周围的树木却不多,全村大约有100座房屋。屋顶是倾斜的,能够有效减少暴风雪的破坏。村庄不远处是绿草如茵的山坡,差不多有七八百英尺高。对山羊、绵羊们来说,这是绝好不过的牧场。山坡种满了萝卜、大头菜。通常,村民在上本贾尔山之前都要准备好一头山羊或是绵羊作为贡品。羊头将被献给隐居在山顶木塔旁边石屋里的苦行僧。我的一位随从告诉我,祭司说为了明日登山的安全,我们应该准备祭品做祷告。我接受了随从的建议。随后,按照当地风俗,人们在我的门前宰杀了一头山羊。在死去山羊的喉咙处插着一面白旗。"

"还有另一条路可以上山,但是离山谷还有段距离。如果从那里走,沿途没有可以休息停顿的地方,必须一直走,直到本贾尔峰顶。好在路况不错,易于通行。我几乎一直骑在马上。从波希亚纳出发,走了差不多一个小时就到了有雪的地方。树林不再稠密,但是植被草木还是很茂盛,大束的野花灿烂绽放,充满了生机。山峰附近的小山包上几乎没有树木,融化的冰雪之下是新萌发的嫩绿色草芽。在又翻过一个山头之后,我突然意识到自己脚下的正是比尔·本贾尔岭(the Pir Panjal)[①]。"

"在峭壁的边缘矗立着一座八角形的木架塔。这座塔

[①] 比尔·本贾尔岭(the Pir Panjal):旁遮普喜马拉雅山脉西段的一座山岭,位于印度西北部和巴基斯坦北部。平均海拔逾4000公尺。山脉南面为查谟山,北面是克什米尔谷,越克什米尔谷即为大喜马拉雅山脉。——译者注

有20英尺高。塔身由一些破碎的岩石堆砌而成。紧邻木架塔的石头屋子就是苦行僧的居所。屋子里一般放着旅者带来的面粉、面包、烟叶，还有一些水。苦行僧愉快地接受了我带来的山羊头以及钱币，并且表示感激。他看起来很和善，是个幽默的人。苦行僧个头不高，圆圆的脸，没有刮胡子，看不出有什么出众的智慧，但是眼睛明亮有神采。冬天，因为积雪覆盖，苦行僧无法留在本贾尔岭上；夏天，他就拿一块巨大的毯子，把自己从头到脚裹在里面。此时，他就裹在那块巨大的毯子里。看起来很臃肿，整个人几乎分不出长和宽。"

"据1714年路过本贾尔岭的耶稣会传教士希波利特·德斯戴瑞神父（Pere Hypolite Desideri）所述：'异教徒对这座山有着深深的敬意，这源自对一位老者的崇拜。据说，这位老者被囚禁在这座山上——这无疑是另一个版本的普罗米修斯（Prometheus）。在希腊神话中，普罗米修斯因为盗取天火被宙斯锁在高加索山的悬崖之上，且日日有恶鹰啄食他的肝脏。'"

"为了使羔羊和婴孩得以饱食
他与山岭融为一体
变贫瘠为富饶
那游荡在鞑靼边界的山脊是他雪白的脊梁
山脊之上，流淌着来自恒河的泉水、印度河的溪流
生命得以滋养"

"如此说来，我们在本贾尔岭山顶见到的那位苦行僧

是成不了普罗米修斯的。"

"从山顶俯视整个平原，美景尽收眼底，甚是壮丽。回望远处，是我们一路走过的山脉。凭借望远镜，我看见了波希亚纳村的屋顶，找到了我留宿过的屋舍，还看见了瑞加乌尔的建筑和炊烟。此时，平原上遍布青灰色的烟雾，尽管我尽力想要分辨出拉合尔（Lahore）①宫殿的尖塔，但还是徒劳。如果天气晴朗，即便不使用望远镜也能看得到，王宫离这里只有130英里距离。"

"霍奇逊（Hodgson）等人通过观察印度高山区的植被提出：森林树木的生长是有海拔限制的，超过这个范围，树木就不会再生长。以苏特勒兹山（the Sutlez）东部为例，到了海拔11500英尺的地方就看不见森林树木了。在本贾尔岭山顶，我的测量计显示的海拔高度是12000英尺；从我们最后看到森林树木到山顶这段高度差不多有300英尺。也就是说，在比尔·本贾尔岭，森林树木生长在海拔11800英尺左右的地方，超过这个高度，就不再有森林树木。当日为7月16日，正午温度华氏66度。桦树和冷杉的生长海拔最高，特别是桦树。再往上走，好像就只有矮小的杜松。在土伯特以及克什米尔周边的其他高山上，杜松的生长海拔又不一样了，差不多能到12000英尺。从本贾尔岭到克什米尔谷地是个下坡，很平缓。山顶覆盖积雪，其他地方却是翠绿

---

① 拉合尔（Lahore）：位于印度河上游冲积平原，属亚热带大陆性气候，雨水充足。市内树木蓊郁，芳草如茵，繁花争妍，素有"花园城市"之美誉。拉合尔是巴基斯坦的文化和艺术中心，有2000多年历史。630年，中国唐代高僧玄奘曾来此地访问。1525～1707年为莫卧儿帝国首都。18世纪，为旁遮普锡克帝国首府。今属巴基斯坦旁遮普省。——译者注

草地,盛开着各种各样的野花。眼前的景色又让我想起了英国。当我踩在草地上的时候,阵阵青草的香甜味儿扑鼻而来,仿佛回到了英国那大片大片的三叶草田之中。"

"向北走的路越来越窄,河流占了大部分空间。突然一个转弯,眼前立马开阔起来,映入眼帘的是美丽的青草地。河流在这里转变了方向,从路下面的低地流过。两岸的山壁仍然陡峭、险峻,山上有成片的冷杉林。穿过河上的木桥,我才知道,我们已经到了呼芮博乐(Huripore)村。从这儿开始,山路就不那么险峻了。第二天早上,在穿过树林两三英里之后,就看见了克什米尔平原。在山谷的另一侧,30多英里外,仍旧矗立着高耸入云的群山。一座座孤立的山峰遥遥相望,山头落满积雪。"

"下一个落脚点是一个名叫舒博阳(Shupeyon)的镇子。在通往该镇的路边有一座寺坊。从那里可以看到克什米尔的城市。这座寺坊跟我后来见过的那些寺坊差不多,在结构上跟中国的宝塔很像,但是屋顶是直的,没有向上的翘角。该寺的建筑材料主要是石头和木头,架在高出地面几英尺的平台上,占地10~20平方码①。寺坊有8根或者10根立柱,立柱底部雕刻着精美的花叶图案。立柱与立柱之间有较大的空间,就像个小型广场。这可以看作是木制建筑的代表。窗户和门是撒拉逊式的,用丰富的格子板代替了玻璃。"

"如今,舒博阳镇没落了;但即便如此,从那仅存的两三间屋舍上还是可以看得出昔日的繁荣。四层小楼有三

---

① 1码=3英尺。

角形的地基和倾斜的木制屋顶。用来种花的桦木架几乎没有受潮,歪斜着压在椽子上,落满尘土。墙是用干燥的砖头砌成的,为了防震还打了木头框架。"

"通常,农舍最上面的那层完全是用木头建造的。有很多矩形的窗户,并列排开,跟欧洲的一样。窗户框架采用格子式样,呈现出摩尔式建筑风格①;窗框上没有玻璃,糊的是纸,有利于保温,但是采光受到很大影响。多数屋舍内部都有生火的地方,但是没有烟囱。炊烟只能从墙面上凿开的洞口扩散出去。农舍都是独立的,有自己的果园。果园里种植着桑树、苹果树、梨树、桃树、杏树等各色果树;还有玫瑰花,到了花期,这些玫瑰盛开得极为绚烂。"

"舒博阳镇坐落于平原。离这里一英里外有个小山丘,主要由黑色火成岩构成,高约350英尺。山丘周围被积雪的群山所环抱,我站在这里可以欣赏到整个山谷的美景。左手边,也就是西北方向,是山谷的尽头,杜拉乌尔(Durawur)峰傲然挺立。广阔的平原上有两三座丘陵,极为显眼;它们介于比尔·本贾尔岭之间,从积雪带往下直到山谷全是层层叠叠的松树林,足足有30英里长,3~7英里宽。

克什米尔谷地基本上是一个青翠的大平原。长90英里,最宽的地方有25英里。放眼望去,净是葱翠的草甸。在平原的南部,是阿哈布勒(Arabul)大瀑布与荒废的太阳神庙。平原四周矗立着巍峨挺拔的高山。山顶有皑皑白雪。

---

① 摩尔式建筑是伊斯兰建筑的一种。——译者注

山与山之间形成许多大小不同、深浅不一的峡谷。这些深山峡谷之间也都有狭窄的通道。眼前的景象让我觉得克什米尔谷地是由火山岩形成的。"

"我对克什米尔谷地的关注大多集中在高山植被上。从这一点上来说，我似乎更像是个农学家。但是，对森林的研究不着眼于高山又该着眼于哪里呢？虽然除了数量巨大的喜马拉雅雪杉之外，其他树种在欧洲也都有。但是，无论如何，这里植被所呈现出的翠绿与热带地区的碧绿完全不同，这跟生长在欧洲的树木也还是有很大区别的。

从山顶俯视舒博阳镇，数不尽的村庄散落于广阔的平原之上。这些村庄因周围所环绕的树木而突出，从而更易于分辨。树木遍布整个山野，甚至是在那些落有积雪的山顶上。我吃惊地凝视着它们，激动、兴奋、钦佩之情溢满胸膛。"

第五章　克什米尔谷地和太阳神庙废墟、遗址

维涅先生的叙述常常让人感到困惑。艰辛的旅途使他没有记录太多的地理细节，还丢失了一些详细资料。有些地方的记录是混乱的，把几次旅程的见闻、不同季节发生的事记录在了同一个地方。我们只能从这些冗杂的记录中找出关于克什米尔谷地有价值的内容。以下段落，就摘自于符合这一主题的叙述。

穿过山谷，来到一个被遗弃了的村庄。眼前破败、萧条的屋舍与生机盎然的树木花草形成鲜明对比，这让维涅感到莫名的忧伤。地震、霍乱、饥荒以及锡克人的入侵摧毁了这里。众多居民背井离乡、流离失所。无数空荡荡的屋舍孤零零地被遗弃在这里。地上落满了熟透的果实，却

没有人拾捡。果园里杂草丛生，大麻、野槐兰肆无忌惮地蔓延繁殖；然而，墓地里却长满了蓝色、白色的鸢尾花。看见这些，无不让人摇头叹惋，唏嘘感叹。你都可以想象得到，这里曾经也曾秩序井然、舒适祥和。

碧绿的青草地上流淌着清澈的小溪。溪流边长满了胡桃，以及类似于英国榆的植物（bryn）。高大的秦纳树①下安置着用木头或是石头打制的长凳。这里以前应该是供村民休息闲聊的地方。石凳、木凳上零零落落躺着几个人，还有几个坐着祈祷，或是抽烟的人——他们都是些不愿意离开故土的村民。

沙哈巴德（Shahabad）②是克什米尔谷地南部最大的城市，如今已成废墟，看不见一座莫卧儿时期宫殿的影子。沙哈巴德盛产苹果、小麦。这里的小麦被认为是克什米尔地区最好的。当地居民尤其爱吃荞麦面做成的面包。可是如今，到处都是疯狂蔓延的荨麻以及野生的大麻。离这几英里是著名的威瑞纳（Verinag）喷泉③，也是莫卧儿皇帝最喜欢的地方。

维涅写道：

这个宫殿，已经完全破败，看不出一点儿昔日的繁华。废墟之上杂草丛生。但是，无论是时间还是战乱都没

---

① 秦纳树（chunar-tree）：印度特有树种。
② 沙哈巴德（Shahabad）：印度北方城市。——译者注
③ 威瑞纳（Verinag）喷泉：据说它既不会干涸也不会泛滥，如今为克什米尔谷地著名旅游景点。——译者注

能影响威瑞纳喷泉的泉水。昔日,贾汉吉尔皇帝(Emperor Jehangir)①将泉水引入一个八角形的石盆,周围有一个拱廊。石盆周长125码,拱廊高8英尺。石盆内水深25英尺。泉水清澈见底,水中有成群的喜马拉雅鲑鱼。墙上刻着以下文字:

这个绝美的人间圣地是皇帝贾汉吉尔·沙赫修建的。

宫殿建于1029年(回历)也就是1619年。出口处的墙上刻着:**"此泉水引自天堂!"**

"我在降雪之后去过两次克什米尔。"维涅先生对其他山脉的情况也做了适当地描述:

本贾尔岭从12月10日左右就开始出现厚厚的迷雾。一般在12月20日之前就会出现大规模降雪。雪特别大,把路都堵住了。提前三四个星期降雪的事情时有发生。降雪通常持续3~4天。我现在说的是克什米尔平原的降雪情况。通常山里在9月就出现降雪。气温骤降,给庄稼带来巨大灾难。

在这些地方有一个传统,从某些方面看,很像我们的愚人节。每年下第一场雪的时候,人们会互相开玩笑取乐。一个人抓一把雪藏起来,然后让另一个人猜雪被藏在了哪儿。当然,他会给一些线索,比如说衣服碎片、树枝、苹果,或者书页、信纸碎片等。如果那个人猜中了,藏雪的人就得把雪交出来。可是,交雪的方式却很特别。

---

① 贾汉吉尔皇帝(Emperor Jehangir, 1569~1627):莫卧儿王朝第四代皇帝,爱好艺术。——译者注

他可以把雪团成一个球，扔到对方的脸上、身上，边扔边喊："新雪无罪！"当然，作为娱乐的回报，也要给对方以补偿——送对方小礼物，或是表演舞蹈。最令人疯狂的是，所有人都会在那一天参与进来。场面热闹而欢乐。来自小土伯特的艾哈迈德·沙赫（Ahmed Shah）告诉我，曾经有个人骗他说雪藏在枪筒里，但是他很快识破，并且发现雪藏在桶里。最后，那个人不得不按照指示倒骑着驴在街上游行。

伊斯兰堡（Islamabad）①是克什米尔谷地中除了首府以外最大的城镇。可是如今，只剩下一个华丽的浮影。这座城大概有六七百座房子，房屋里装饰着典雅的格子框架和晶格构造。掉落的窗棂、残缺的屋舍与曾经的辉煌形成鲜明对比。想到以前的欢乐场景，更让人觉得可惜、可叹。由于锡克王国无耻地掠夺，光明与欢乐远离了这里。

南部高山处便是山谷的尽头。伊斯兰堡坐落在一座小山丘的西面。山丘有350英尺高，居高临下地俯视着整个平原。高大的秦纳树下有一口石头围成的小池塘。透过水面可以看见斑驳的树影。池塘中的水，来源于南部高山脚下圣洁的阿娜娜格泉（Anat Nag）。池塘周遭人头攒动，有流浪汉、克什米尔人、锡克士兵，甚至还有印度苦行僧。他们围绕在池塘附近，享受着绿荫与池水的清凉。夕阳斜洒，落日的余晖中，我看见两三位年老的梵文学者缓缓往矗立于宫殿一侧的岩石处走去。在那些岩石的缝隙处，有

---

① 伊斯兰堡（Islamabad）：今巴基斯坦伊斯兰共和国首都。伊斯兰堡地处内陆，背依喜马拉雅山，面向宽阔的印度河大平原，东侧为拉瓦尔湖，西侧是一片开阔的河谷地带，是一座风光秀丽的花园城市。——译者注

清澈的泉水向外涌出。老者们长跪在泉水边，默诵经文，虔诚祷告——一如他们的父辈。

从伊斯兰堡骑行半个小时就到了太阳谷（the village of Martund）。这里的泉水被认为是整个克什米尔地区最圣洁的泉水。据说，很久以前，克什米尔谷地干涸，山岭、洞穴寸草不生。一天，圣人卡什夫（Kashef Rishi）行走在山谷里，无意中拾得一枚闪闪发光的鸡蛋。这枚散发着奇异光彩的鸡蛋一落入圣人手中就裂开了，并且从裂缝处流出了甘甜清澈的泉水，从而解救了整个山谷。从裂缝处流淌出来的泉水被称为圣日之泉（the springs of Maha-Martund）——献给神圣的毗湿奴（Vishnu）①。眼前这汪挤满了喜马拉雅鲑鱼的清泉，就由传说中的圣日之泉形成。我本想捞一尾鲑鱼，却被身旁虔诚的梵文学者所制止。其实在我看来水池里有那么多鱼，捞一两条完全无碍。水池边有不少屋舍，还有许多印度人。

在平原的最高处，山脉交会的地方，坐落着印度教神庙——太阳神庙（Martund，Surya 意为"太阳"），当地人称之为"巨人的居所"（Pandoo-Koroo 或者 the house of the Pandoos and Koroos）。盘杜（Pandoo）和科罗（Koroo）是传说中的独眼巨人，相当于希腊神话中的库克罗普斯（Cyclopes）②。居住在这些古老建筑里的居民，大部分属

---

① 梵天、湿婆、毗湿奴为印度教三相主神。梵天主管"创造"，湿婆主掌"毁灭"，而毗湿奴乃"维护"之神。将泉水献给毗湿奴，寄托着人们祈祷泉水不干涸之愿望。——译者注

② 库克罗普斯（Cyclopes）：希腊神话中的独眼巨人。库克罗普斯是只有一只眼睛长在前额正中的巨人族，群居于库克罗普斯岛。库克罗普斯巨人住在洞穴之内，以岛上的野生动植物和他们豢养的羊群为食。——译者注

于印度最低等的阶层，据传他们是库克罗普斯巨人族的奴仆。关于这些建筑的记录非常少，几乎寻不到相关信息，相传由盘杜所建。作为为数不多、庄严神圣的古老遗迹理应得到保护；这不仅仅因为建造它们的年代悠久遥远，还因为它们在建筑学上所体现出来的典雅与高贵。我望着这些坐落在山脚下的古老建筑，不由自主地想起了埃斯科里亚尔建筑群（Escorial）①。这里虽然没有软木树林②环绕，也没有苍翠的橡树相掩映，在规模上更没有办法跟那些宏伟建筑相提并论。但是，无论你站在哪里，远远地就能观望到它。即使是西班牙的塞艾拉山（the Spanish Sierras）也无法与眼前青翠的克什米尔谷地相媲美。

在北面，离神庙150码远的地方，有几棵杏树。杏树下有一口井。这口井被称为"哈鲁特－马鲁特之井"（Harut-Marut）。据当地居民介绍，哈鲁特和马鲁特是两个天使，代表全能的神来到人间。当时，人间被邪恶所统治，世人道德败坏。两位天使被派往人间，洗涤世人的罪恶，提升世人的善念。但是，这两位天使降落错了地方。他们落到了一个妓女的家里。妓女荒淫、糜烂的生活使天使们完全震惊了，他们竟然忘记了自己的任务。神很生气，于是把两位天使囚禁于深井之底。按照克什米尔人的说法，这口井就是囚禁两位天使的地方。而当地苦行僧的职责，就是看守这口井。

---

① 埃斯科里亚尔建筑群（Escorial）：建于16世纪，位于西班牙马德里市西北约50公里处的瓜达拉马山南坡。为修道院、宫殿、陵墓、教堂、图书馆、慈善堂、神学院、学校八位一体的庞大建筑群，也成为中世纪后西班牙建筑的缩影。——译者注
② 作者书中使用的是cork-trees，应当是一种木质较软的树木。——译者注

第五章　克什米尔谷地和太阳神庙废墟、遗址

　　太阳神庙朝向伊斯兰堡的正东方。目前保存下来的是一个由中轴构成的矩形向心建筑，周围环绕着方形院子和柱廊。大殿内有三个通道，分别通往院子。神庙的主要构建材料是6~8英尺的石灰岩石板。这样建构比较坚固。缝隙由灰泥涂抹、黏合。柱廊往里走就是内殿。内殿内应该有20根石柱。柱身高6英尺，底座高两英尺。柱子与柱子之间的墙上刻有三叶植物纹饰。殿内墙壁在完好的时候应该有15英尺高。门口的围墙应该有8英尺高。

　　在西面，每个大门两侧各有6根石柱；东边则堆满了已坍塌的建筑废墟。石柱、城墙全都风化、倾塌。巨大的石柱上装饰着齿状纹络，在中轴处刻有沟槽。石柱底部被严重损坏，无法推测出它当年的样貌。装饰在拱门顶部的三叶植物纹络跟石柱上的图形一样柔美。这里本该是通往门口的台阶，如今却堆满了石块和垃圾。虽然没有任何迹象表明这里曾经是台阶，但是克什米尔神庙的结构差不多，所以毫无疑问，这里应该是台阶。

　　最大的一块石头倾斜地倒落在通往内殿的入口处。这块石头至少有10英尺长，1码厚。内殿的屋顶已全部坍塌，整个大殿内部堆满了碎石块。据当地向导介绍，在内殿的角落，曾坐落着一眼喷泉；如今喷泉已经被石块所掩埋。神庙基本是用石灰岩石块建成的。内殿里的建筑曾经有两层楼高，现在的高度应该不会超过40英尺。由院子里四散堆垒的石板、石块，不需要过多证据就能推测出这里曾经发生过震级强烈的地震。我通过比对其他遗址，特别是通过对城市附近的潘丁顿（Pandrynton）遗址做出的推测，这个建筑的上半部分应该是一个锥体。这个建筑现在大约有

40英尺高，如果不是地震，应该更高。虽然没有人记得曾发生过那场大地震，但眼前活生生的场景便是历史中所发生事件的最好证明。院落几乎被巨大的石灰岩块所铺满。而建造这座建筑的原料正是石灰岩。

太阳神庙在建筑风格上的特点是很明显的。顶部呈锥体，让我想到埃及的金字塔和圣火祭坛。飞升的拱壁，就像是主体建筑的翅膀，明显具有哥特式建筑特点。正如惠威尔教授（Whewell）曾告诉我的那样，列柱廊里那些圆柱上的水平楣沟与希腊式风格相类似。但是，大门口的圆柱又跟列柱廊里的圆柱完全不同。门前的圆柱应该是埃及或者印度特色的，却单单不是希腊风格。

克什米尔历史上最辉煌的建筑出现在阿育王（Asoka，250B.C.）①到阿万特·维玛（Avante Verma，875A.D.）统治时期。在这期间，克什米尔建筑的风格基本没有发生改变，拱门结构一直延续下来。众所周知，欧洲宗教建筑在前1000年是罗马式的。惠威尔教授曾向我详细介绍过那些建筑的特点。而教授所说的那些罗马式建筑的特点无一例外地体现在这些克什米尔建筑身上。这些遗迹几乎不具有佛教建筑特点。我猜想，水里或水边的那些建筑应该体现了对那迦（Naga）②，也就是蛇神的崇拜。

---

① 原书拼写有误，应为Ashoka。阿育王（公元前273至前232年在位）：古代印度摩揭陀国孔雀王朝的第三代国王。——译者注
② 那迦（Naga）：印度神话中居住在地下的蛇神。除了拥有剧毒和再生的能力外，更被人们视为掌管生死的神灵来崇拜。传说中它们居住在地下或水中，拥有世间罕有的可以照亮黑暗地底世界的宝石。在很多神殿入口处都有那迦的塑像，人们希望以此借由它的力量得到守护。——译者注

第五章　克什米尔谷地和太阳神庙废墟、遗址

令我震惊的是，神庙与记载的方舟及其周围的帷幔布局极为相似，这些设计模仿的是耶路撒冷（Jerusalem）①圣殿。有一瞬间，我开始怀疑，克什米尔神庙的建造设计是否有犹太建筑师参与，为了方便，采用了与耶路撒冷圣殿相同的设计。然而，一个奇怪的事实是，伍尔夫先生（Mr. Wolff）曾告诉过我的阿比西尼亚（Abyssinia）②基督教堂风格与克什米尔建筑的风格完全不同。

克什米尔与世隔绝的地理位置、特殊的气候条件，以及其他独特的优势，使其在很早的时期就成为一个重要的地方。所以，依据我的判断，就像埃及一样，这里的建筑，或者说建筑的特点，应该是自己的风格，而不是从其他地方借鉴过来的。这里的建筑，应该是克什米尔谷地独有的。至少，我在印度没看见过这种建筑，在印度河以西的地方也没有见过。

这样一座庞大的建筑，承载着对其所珍视宗教的敬重，同时彰显出这个古老国度曾经的繁荣。印度太阳神庙所处的位置，使以上两点尤为突出。毫不夸张地说，与巴尔米拉（Palmyra）③太阳神庙以及波斯波利斯

---

① 耶路撒冷（Jerusalem）：历史文化名城，位于犹大山地，海拔790米，是古代宗教活动中心之一。犹太教、基督教和伊斯兰教分别根据自己的宗教传说奉该城为圣地。——译者注
② 阿比西尼亚（Abyssinia）：古代埃塞俄比亚（Ethiopia），又被称为库施王国（Kush）。——译者注
③ 巴尔米拉（Palmyra）：叙利亚沙漠上的一片绿洲，位于大马士革东北方，是古代最重要的文化中心之一，保存了其作为大都市的许多纪念性建筑。——译者注

（Persepolis）①遗址相比较，巨人太阳神庙（the Pandoo-Koroo of Martund）的选址毫不逊色。巴尔米拉是沙漠中的一片绿洲，在其周围环绕着茫茫沙海；波斯波利斯则高耸于湿地之上，俯瞰之处乃是片片沼泽。只有印度的巨人太阳神庙，建造在一个自然形成的平台之上，坐落于数座群山的环抱之中。毫无疑问，这是人间的仙境，画儿一般美丽的地方。傍晚，明晃晃的太阳变成了柔和的橘红色圆盘，逐渐收拢刺眼的光芒，慢慢向天边移动。落日的余晖静静洒落在本贾尔岭众多的山脊之上，给山头的积雪涂抹上一层淡淡的橘红色。阳光下明晃晃的秦纳树不再闪耀光辉，村庄逐渐笼罩在一片朦胧之中。灰白色的石墙仿佛要抓住这最后一缕阳光，以此显示自己作为神庙遗迹的勇敢无畏。静默于荒原上的这些残破屋舍，都曾是僧侣们居住的地方。看不见普通百姓的屋舍遗迹。远处有个放牧人。也许，他只是一个独居的村民，赶着牲畜从一个地方走到另一个地方。还有一两个牧羊人，看起来是在

---

① 波斯波利斯（Persepolis）：是一座依山而建，拥有众多宏伟宫殿群的建筑城。该城位于伊朗扎格罗斯山区一盆地中，是波斯帝国大流士一世即位以后，为纪念阿契美王朝历代统治者而下令建造的第五座都城。希腊人称之为"波斯波利斯"，意思是"波斯之都"；伊朗人则称之为"塔赫特贾姆希德"，即"贾姆希德王座"。这座显赫一时的都城规模宏大，历经三朝，花费60余年才得以建成。大流士一世时代只完成了大流士一世宫殿、宝库、觐见大殿、三宫门等建筑的建造，其余部分由后继的两位君主在其统治期间逐渐修建完成。130多年以后，即公元前330年，亚历山大大帝攻占波斯波利斯，在疯狂掠夺之后将整个城市付之一炬。传说"他动用了1万头骡子和5000匹骆驼才将所有财宝运走"。然后那些用黎巴嫩雪松制作的精美圆柱、柱头和横梁熊熊燃烧起来，屋顶坠落，烟灰和燃屑像雷阵雨一样纷纷落在地上。大火烧了几个昼夜，昔日一座宏伟壮丽的艺术殿堂由此消失。——译者注

集合羊群回家。羊儿咩咩的叫声在草原上空回荡,打破傍晚的宁静。

在克什米尔谷地至少有七八十座古老的印度建筑。但是当你去完巨人太阳神庙之后,值得一看的也就只剩下四五座了。

- - - 第六章 克什米尔首府斯利那加——
城市、郊区，披巾和居民

伊斯兰堡是杰赫勒姆河（Jelum）边的一个镇。杰赫勒姆河横穿克什米尔谷地。如果坐在小船上，再有一个很棒的桨手，从杰赫勒姆河顺流而下只需两个小时，就能到达克什米尔首府——斯利那加市（Srinagur）。然而河流两岸全是十几、二十英尺高的泥墙，向外眺望，除了高出泥墙的山头，再也看不见任何风景。维涅先生写道：

> "在进入斯利那加市之前，山谷中心的风光也别具特色。可以看见生长在高原的稻田，开阔的牧场、玉米地，还有被树木所环绕的村庄、冲积平原，等等。因为所处地理位置特殊，又或者是受底层岩石的保护，地表的泥沙并

第六章　克什米尔首府斯利那加——城市、郊区，披巾和居民

没有被河水冲走，而是形成了一层一层的沟壑，久而久之竟成了肥沃的冲积平原。沿着河流，通通是沃野。一层一层的厚土，形成高低错落的梯田。每一层梯田的厚度在60～120英尺。我看见不远处的山丘上有东西，特别显眼，可能是一座神殿、寺院，也可能只是一丛杉树，不管怎么样，在这块鲜有森林的地方，能看见这样的东西总是让人心情愉快的。"

"在我们即将进入斯利那加市的时候，我被图克-依-苏里曼山（Tukt-i-Suliman，意为'所罗门王位'）所吸引。这是一座孤立的山丘，连绵0.75英里，高450英尺。山上没有树木，只有生长得极为茂盛的高草。图克-依-苏里曼山本来可以与后面的山脉连成一体，但是被一道很宽的山涧所切断，故而成为一座孤立的山丘。从山脉的缺口处可以看见位于斯利那加市里的湖泊。那里终年刮着奇异的风，似乎连流水都停止了涌动。印度祭司（Siva's head）将这座独特的山称为哈瑞山（Huri），或者毗湿奴山（Vishnu）。"

"山顶有一座古老的印度教神庙。神庙内部被锡克人重新粉刷过。据说庙堂下埋藏有古代双铭文中的其中一方（另一方在波斯）。据铭文记载，这里居住着一位每天去湖边汲水的苦行僧，他自称是所罗门王的汲水使者。

城边有一条小径直通山顶。我非常熟悉这条路。曾经有一个月，我为了完成山谷的素描，几乎每天从那儿上山。当然，你也可以选择骑一种善于走山路的矮种马。"

"柔美，是克什米尔风光最典型的特征。森林、草场，视线所及，一望无际的碧绿色向北延伸，与山巅之上

的积雪交相辉映，美得令人心醉神迷。平原仿佛没有尽头，可爱的绿色溢满整个山谷。空气是那样新鲜，有股甜甜的味道；深吸一口，沁人心脾。真不愧于人间天堂的美誉！东方人是这样形容克什米尔的：

克什米尔，bi-nuzir，——无与伦比；
克什米尔，junat puzi，——人间天堂。

站在图克－依－苏里曼山顶眺望，远处的美景与近处的美景穿插、映衬，令人目不暇接：

远方山丘、山谷中河流回环，由远及近，
树木平原葱翠蓊郁；
近处的沃野、湖泊，还有环抱着森林的堤岸，
岩石，巢穴，以及山洞。"

"斯利那加市位于图克－依－苏里曼山的西北方向，据说是从图克－依－苏里曼山的山脚下发展扩建起来的。向北两英里，哈瑞－波巴特山（Huri Purbut）①，海拔250英尺处，坐落着克什米尔堡垒。堡垒四周，群山环绕。"

"这座城市看起来很古怪，但也不至于让人无法接受。寺坊与居民屋舍混建在一起。密密麻麻的三角形屋顶之间错落点缀着高高低低的寺坊尖顶，间或穿插着瓜田、长满莎草的入河口以及由柳木和白杨木作为边饰的狭窄水道。湖面很

---

① 作者拼写有误，应为 Hari Parbat。——译者注

第六章 克什米尔首府斯利那加——城市、郊区，披巾和居民

平静，只有当飞禽掠过湖面时才会溅起跳动的水花；而那一圈圈荡漾开的波纹，则是小船划过的痕迹。这一切都像是《拉拉·罗克》（*Lalla Rookh*）①诗中所描绘的画面。"

"绕湖一周，从北到南将近5英里长；湖泊最宽阔处将近2.5英里。湖水不深，但碧绿、澄澈。湖边生长着柳树、白杨，还有其他树种。绕湖行进过程中，每隔一段距离就能看见一个小树林。树林中不同的树木参差错落，渲染出稠密的翠绿色。在这些翠绿色周边儿又进一步围种花草，形成大大小小的花园。其中最著名的便是贾西玛（Shalimar）花园。湖中银光闪耀的是坐落于纳尔岛（Chunar）的白色亭子。纳尔岛又称银岛。在纳尔岛旁边还有一小块绿洲，那便是金岛。湖岸南边有一个很大的平台遗址；北边则是另外两个园子的遗址，看起来已被遗忘许久，早已残破不堪。这附近有许多村落。每个村落的外围都种满了胡桃树与秦纳树。最吸引人的是一条延伸至远方的绿色堤道。站在那儿可以看见克什米尔著名的水上花园——那些花儿不知道是自然形成的，还是人工种植的。不过，那都不重要。"

"离湖1英里，环绕着险峻且青翠的山峦。那些山峰高约2000英尺，一路向北绵延而去，最终与图克-依-苏里曼山融为一体，向贾西玛花园延伸。跟围绕在克什米尔谷地四周的多数高山一样，这些山峰顶上也都落满了皑皑白雪。"

"我记得我们是站在山谷一侧的中心——海拔90英尺的地方。山谷四周遍布高耸的山峦，犹如一堵堵巨大的高墙。

---

① 《拉拉·罗克》（*Lalla Rookh*）：爱尔兰诗人托马斯·穆尔（Thomas Moore，1779~1852）的作品。——译者注

山头上全都覆盖着积雪。山谷中遍布绿色的梯田、牧场，黄色的稻田、玉米以及沼泽地，各种颜色交相辉映，绵延至天的尽头，最终融汇至天宇，成为澄澈的蓝。山冈、村庄零零星星散落在一起。杰赫勒姆河蜿蜒流向远方。眼前的景色与传说中希达斯皮斯河战役（the fabulosus Hydaspes）①所描绘的场景是那样相似，甚至比传说中的更令人心醉。那种美景不是语言所能够描绘得出的。"

"一条河流自图克－依－苏里曼山脚下蜿蜒而出，流入斯利那加市。河流在进入市里之前有250码宽。婀娜的柳树沿河岸分布。岸边有一座锡克人建造的圆顶小屋，白色的屋顶在阳光下甚是光亮耀眼。成片的玉米地广布原野。一条栽种着白杨树的林荫大道自图克－依－苏里曼山脚下一直延伸到埃米尔大桥（Amir's bridge），检查站就设置在埃米尔大桥边。通过检查站后，再往里走就是斯利那加市。河流从这里变窄，只有80码宽，进城后朝西北方向蜿蜒20英里左右，形成巨大的湖泊。本贾尔岭的那些古老山脉与基什特瓦尔（Kishtawar）②南部山脉在这里交会。印度河左岸的杜拉瓦尔（Durawar）峰险峻、陡峭，终年落满积雪。它那铜墙铁壁般的山体，作为世界上最著名河谷的边

---

① 希达斯皮斯河战役（the fabulosus Hydaspes）：又称"海达斯佩斯河会战"。公元前328年，亚历山大大帝击败阿契美德帝国军队后，于公元前327年进军印度扩大疆土。此战役发生于公元前326年希达斯皮斯河东岸，即今巴基斯坦旁遮普地区。希达斯皮斯河战役是亚历山大大帝最后一场，也是代价相当高昂的一场大型会战。这场战役由亚历山大获胜，但战后不久军队发生哗变，士兵们拒绝继续深入印度内陆进行远征，亚历山大不得不返回巴比伦，并往印度河口前进。希达斯皮斯河即文中所指的杰赫勒姆河，是印度河的上游之一。——译者注
② 应写作Kishtwar。位于查谟和克什米尔地区。——译者注

第六章 克什米尔首府斯利那加——城市、郊区，披巾和居民

界，是极为合适、相称的。"

"我们从图克-依-苏里曼山下来之后很快通过了德罗郡桥（Drogjun bridge）。桥下有一条运河将城里的湖泊与杰赫勒姆河相连通。当地人把这条运河称为'苹果树运河'。水闸开合有严格规定。通常情况下，当湖面水位高于河流水位的时候，水闸呈打开状态。如果河水上升，即将溢满，水闸就会关闭。这样做的目的是防止河水灌入湖中。如果湖水溢满就会酿成水灾，甚至淹没村庄。运河两岸长满了高大的芦苇，河水澄澈见底。成群的鱼儿在水里游来游去，与落入水中的芦苇嬉戏玩闹。当地有个官员命人在河上搭起架子，同时在河岸两边种满葡萄。破土而出的葡萄藤顺着架子生长、攀爬，最终在艳阳高照的明媚夏天于溪流之上形成了绿色的荫棚，甚是清爽。"

"斯利那加市有很多印度教神庙废墟。这些残垣断壁跟太阳神庙宫殿里的那些石块一样，几乎全部都是矩形的石灰岩石块。充当平台的两块巨石保存的最为完整。一块儿有20平方码；另一块儿宽44码，长68码。两块巨石叠摞在一起。由这两块巨石可以推测出这座神庙的规模，至少有24英尺高。河边的房子也都是由石灰岩石块建成的。房屋已经坍塌，可以看见断裂的房梁。残破的基架深深嵌入墙体。这里一定有很多印度教神庙。河流从这里经过，只有80码宽，但是水很深，比其他河段都要深，流得也最急。"

"努尔·贾汉（Noor Jehan）[①]是拉拉罗克宫殿最为耀

[①] 努尔·贾汉（Noor Jehan）：印度莫卧儿皇帝贾汉吉尔（Jehangir）宠后。闺名米赫尔·温·妮萨，1611年进入莫卧儿后宫，由贾汉吉尔改名为努尔·贾汉，意为"世界之光"。——译者注

眼的光芒。她和那位令人敬畏的国王贾汉吉尔的名讳是这山谷里最响亮的名字。在这里我们听到了关于她出生的故事。当地人还希望我们相信她是土生土长的克什米尔人。这座新的寺坊就是她建造的。事实上，这也是唯一一座能够与阿格拉（Agra）①那座光彩夺目的珍珠状寺坊相媲美的高大建筑。寺坊殿内高64码，宽度适中。屋顶由两排粗大的方形柱子支撑。柱子与柱子之间呈拱形的隔间。这些隔间为数众多，用来储存粮食。"

"沙赫·哈马丹寺坊（Shah Hamadan Mosque）②位于城市中心，占据着河岸边最好的位置。在周边居民中流传着沙赫·哈马丹的故事。据说有一天夜晚，帖木儿（Tamerlane）③微服出行，游荡在首都撒马尔罕（Samarkand）④街头，无意中听见一个老者对他的妻子说他们实在是太穷了，没有

---

① 阿格拉（Agra）：位于印度北方邦西南部，亚穆纳河（Yamuna）西岸。分别于1566~1569年和1601~1658年两度作为莫卧儿帝国首都。——译者注
② 沙赫·哈马丹寺坊（Shah Hamadan Mosque）：建于1400年，是克什米尔寺坊风格的代表。——译者注
③ 帖木儿（Tamerlane，1336年4月9日~1405年2月18日）：1370年建立帖木儿帝国。自1380年，帖木儿帝国先后夺取波斯和阿富汗，进而攻占两河流域，1388年征服花剌子模，1389~1395年多次进攻钦察汗国，统治亚美尼亚和南高加索，1398年进攻印度德里苏丹国首都德里，占领印度北部。1402年安卡拉战役大败奥斯曼帝国，使其帝国疆域成为从印度德里到小亚细亚、美索不达米亚的大帝国。其孙兀鲁伯格在1411~1449年统治中亚，曾孙巴布尔创建莫卧儿帝国。——译者注
④ 撒马尔罕（Samarkand）：位于今乌兹别克斯坦东南部泽拉夫善河谷地。乌兹别克语Samarqand或Самарканд，意为"肥沃的土地"。中国古代称之为"康居"。撒马尔罕是中亚历史文化名城，为古丝绸之路重镇，连接着中国、波斯帝国和印度，距今有2500年历史，为古代帖木儿帝国都城。——译者注

食物，不久就会饿死。于是帖木儿就脱下了一个臂环扔给他们，然后自己悄悄离开了。但是，一个自称是预言家传人的骗子诬陷这对老夫妻。骗子说这个臂环是老人从他那儿偷来的。这件事被帖木儿知道了。他非常生气。帖木儿对大家说臂环的主人肯定还有类似的臂环，然后在众目睽睽之下展示了自己的臂环，并下命令惩罚这个骗子受烙铁之刑。骗子却仍不服罪，拒不接受，最终被处以死刑。在这个事件之后，帖木儿处死了全国所有自称是预言家的人。这其中就有一个叫沙赫·哈马丹的人，他真的是预言家的后裔。在受刑之前，沙赫·哈马丹控诉帖木儿没有信仰，不虔诚。他说帖木儿会失去他的国家，而沙赫·哈马丹自己则会驾着圣洁的美德飞往克什米尔。沙赫·哈马丹死后转世于此地——也就是这所寺坊所处的地方。以前这里并没有寺坊，而是住着一位信奉印度教的苦行僧。沙赫·哈马丹让苦行僧离开。苦行僧不愿意。沙赫·哈马丹跟苦行僧打赌，如果苦行僧能带来天堂的消息，他就改信印度教。苦行僧心想自己供奉了那么多偶像，怎么会带不来天堂的消息呢？于是就答应了他，并马上派遣一位偶像飞往天堂。没想到偶像刚飞起来就被沙赫·哈马丹的拖鞋打了下来，落在地上。苦行僧很吃惊。最终苦行僧让出了这个地方。"

"或许马尔（Mar）运河是城里最有趣的地方。它从湖的东北角分流出来。河上漂着来往船只，很像威尼斯（Venice）①。运河最窄的地方超不过30英尺，河岸两边垒

---

① 威尼斯（Venice）：位于意大利东北部，是世界著名的水上城市，被誉为"水城""桥城""百岛城"，同时也是意大利的历史文化名城。——译者注

着石墙。桥梁、码头也都用的是这种石料。阴暗的甬道似乎在诉说着千年的历史。河流两岸有很多高大的多层建筑,仅以喜马拉雅雪杉木作支撑。每一次狂风刮起的时候都让人产生错觉:这些木头随时都有可能被风刮走,落入水里。房屋就架在水面上,看起来像是从水底修建起来的。这让我想起了威尼斯的古老运河。当然这两种建筑的风格完全不同。如果仅从建筑美学上来讲,这些房屋实在是不够美观;但是,它们真的很独特。"

"湖中有个名叫库特瓦尔(Kutawal)的水上浮动花园,在克什米尔地区非常有名。花园依靠抛锚固定,简单说就是在陆地上打个桩子,用绳索将其牵住。从外观上看,不管怎么瞧,都不像是拉拉·罗克风格。花园的土壤层表面并没有芦苇和灯芯草。这个花园的构造看起来很简单:长条形的,很狭窄。也许这样的结构比较容易拖动。1卢比(50美分)就可以买一个10码长、两三码宽的浮动花园。莫克罗夫特先生(Mr. Moorcroft)向我详细描绘了这种花园的修建方式:先用长柄大镰刀将杂草砍下来,放置成堆,然后像铺席子一样铺在花园的最底层;而后把淤泥和肥料散播在杂草上,再在周围搭个篱笆做防护。这样做的原因是可以防止杂草和淤泥被水冲走。然后在这个'席子'上搭建起两英尺高的圆锥形护堤,或者是野草垛;最后再把湖底的淤泥盖在上面,这样浮动花园就完成了。可以在上面种甜瓜、胡瓜之类的东西,不用再多费心照料。"

"我们在这儿过了一个充满诗意的节日——玫瑰节。我记得应该是5月1日那天,李树和玫瑰都到了花期,当地称之为Shakufeh，源自波斯语shakufan。有钱人乘坐小船来到图克-依-苏里曼山脚下，然后再攀登，在山顶举办盛大的节日庆祝活动，吃一种很特殊的水里长的坚果（water-nuts）。"

"湖水一般有7~10英尺深，极为清澈，透过湖面能看见湖底的水草。在湖的北边拐角处有个古迹遗址——那是曾经极为辉煌、显耀的娱乐场所。石板铺就的平台一层摞着一层，每一层都有独立的城墙。如果将其改造为花园，无论是长度大小，还是形式结构，看起来都是极为合适的。"

"夏乐美（Shalimar）坐落在湖的东岸。这是一个建在七八百码长、280码宽的大花园上的建筑。这个建筑的中间有一条黑色大理石铺成的道路。路的两旁各有两个房间。夏乐美占地24平方码，南北两边都有撒拉逊式样风格的浮雕。浮雕上刻着花式字体。夏乐美坐落在一个方形蓄水池的中心。这个方形蓄水池内部有54码长，内嵌黑色大理石。蓄水池中共有147个喷泉。每逢假日，喷泉就会开放。设计者匠心独运，将注入蓄水池的水流通过浅滩水道形成不同层级的小瀑布。输水通道从花园中心走过，经过三个小木屋，以小瀑布流水的形式衔接，最终注入湖里。水道内部也贴着大理石。流水错落有致，跌宕而下，精巧别致。水流两旁是宽阔的堤道，人可以在上面自由行走。堤道两侧栽种着高大的悬铃木①。树木伸展出的枝丫形成天然凉棚。走在树荫下甚是凉爽。草坪在灌木林处分开，从不同

---

① 分布于东南欧、印度和美洲，供观赏用和作行道树。悬铃木树形雄伟，枝叶茂密，是世界著名的优良庭荫树和行道树，有"行道树之王"的美誉。——译者注

方向形成两片开阔的绿色长毯。视野所及之处有不少李树。沿着堤道往前走，没过多久就可以看见修筑在水道边上的小木屋。木屋设计简单却不简陋，是优美的撒拉逊风格。显然，这是供国王陛下的大臣、侍从们休息的地方。木屋边也栽种着高大的悬铃木。天然的绿荫，再加上喷泉，使得这里的空气极为新鲜，即使是在最热的月份也感觉到凉爽舒服。"

"一提到荷花，人们首先想到的是它那粉色、白色的花朵；事实上荷叶也是极为引人注目的。碧绿色的荷叶深深浅浅地连成一片，犹如一层层绿色的毡毯，就连水鸟踩在上面都不必担心会浸入水里。夏天里，孩子们撑着船，采摘一片最大的荷叶顶在头上就不怕太阳晒了。如果将叶片折去，只留下叶柄，就成了一根吸管。孩子们经常拿着这种'吸管'从叶片上吸水。对穷人来说，荷叶的根部是最常吃的食物。莲蓬里的莲子可以摘出来，像珍珠一样串在一起。"

"克什米尔盛产优质纸张。用来浸渍的原料是一种长约一码的芦苇。这种芦苇生长在夏乐美附近，跟电铃线差不多粗细。制作克什米尔纸的工艺很特殊：先把米饭捣成糊状，涂在还未成型的纸张上，再在外面包上山羊毛；然后放在野梨木制成的板子上，铺开；再用一种玛瑙制成的工具磨平。克什米尔的玫瑰水也非常有名，但若说起玫瑰水的制作方法，还真没什么独特之处。玫瑰精油是从三倍的玫瑰蒸馏水中获得的：先把烧开的玫瑰水倒入一个盆子里，趁还热的时候就赶紧把盆子的2/3浸入流水中，敞口放置一个晚上。到了第二天早上，就会看见水面上有一层油状物质。这时候，用弯成 V 字形的长草仔细地把那层油状

第六章　克什米尔首府斯利那加——城市、郊区，披巾和居民

物质刮下来，装在容器里，就成了玫瑰精油。据说，七八百磅重的玫瑰花才能提炼出一小瓶玫瑰精油。"

"克什米尔人擅长制作木制品，如玩具、车工工艺、笔筒、工具箱，等等。他们能用木头雕刻出各种装饰品，还擅长把木头、象牙、贝壳等东西镶嵌在一起制成工艺品。克什米尔的能工巧匠们并不使用彩色油料。各种工艺品的装饰全靠手工雕刻。他们在物体表面刻出浮雕，或者是用合成胶把花朵、装饰物粘在物体表面，然后再上两到三遍油，直至木头表面漆油均匀。"

"城里有五六百架织披巾的机器。以前机器的数量更多。一架机器需要两名男工共同操作。六七架机器连续工作6个月，才能织出一对儿做工精细的大型披巾。辛格拉贾曾命人织一对儿披巾，要求披巾上的图案必须能够展示他的成功，除去关税后付了5000卢比。目前这一对儿披巾只织完了其中的一条。

羊绒，也就是用来织披巾的羊毛，出自拉达克高原上的山羊。拉达克高原，或者说小土伯特高原气候寒冷。为了抵御严寒，那里的动物都长着又浓又厚的毛。所以用来纺织的毛不局限于山羊毛，牦牛或者牧羊犬的毛都是可以的。这些动物的毛颜色很深，呈棕褐色或者栗色。羊绒是动物贴近皮肤的那层绒毛，无论在视觉上还是手感上，都很像棉花，英格兰的山羊也产羊绒。但是我觉得英格兰羊绒的质量越来越差了，因为气候不像以前那般寒冷，山羊也就不需要那么厚的毛来抵御严寒。"

"克什米尔商人在列城（Leh）贩卖羊毛，80把羊毛值35美分。交易成功之后现场对羊毛进行清理。只有经过清

理的羊毛才能够用来织披巾。通常，清理过后只能剩下1/4的羊毛。羊毛在运到克什米尔后又要倒手贩卖一次。两磅重的白羊绒值1.40美金。他们用四十几种材料对羊毛进行染色。从靛青可以提炼出蓝色和紫色；黄色则是用一种印度花卉和当地的草料调制而成的；铁屑和石榴皮混合能调出黑色，比例稍加改变就成了浅棕色；红色是用洋苏木和当地的一种木头混合出来的；土褐色来自核桃壳；最让人难以置信的是，最为鲜艳的绿色和淡蓝色竟然是从英国绿粗呢中提炼出来的。"

"15~20磅重的毛线可以织一对儿披巾，价值120~150卢比（约等于40~50美元）。毛线染好色后，浸泡在淘米水里——这道工序是为了加强毛线的韧性，在织披巾的过程中不容易被梭子弄断。待披巾织好后一下水，毛线就不会僵硬了。那种没有染色的披肩原料，每码卖5卢比。波斯人穿在里面的长绒衣用的就是这种没有染色的毛线。如果披巾中的图案是用针线缝的，其价值将大打折扣。"

"披巾织好后必须立刻通知检查员。按照惯例，检查员没到，任何人都不能把披肩从织布机上拿下来。检查员来了以后才能把披巾送去海关盖章、定价。如果要把披巾贩卖到外地，需要再交4卢比办理相应的手续，并重新盖章，然后再交一次关税。因为毛线在淘米水里浸泡过，很僵硬；所以必须在清水里淘洗一遍。这样，披巾就会变得柔软。湖和水闸之间有一条运河，即前面提到过的苹果树运河。那条运河淘洗披巾再合适不过。把披巾沾水打湿后，工人们光着脚站在上面来回踩踏；踩上个5分钟左右，再把披巾浸入河水里。敲打披巾可是个力气活儿。一个男

第六章 克什米尔首府斯利那加——城市、郊区，披巾和居民

人站在水里，双手抓住披巾的一端，用力地在空中挥舞，并不断地敲打在扁平的石头上。每敲打三四次就停一下，把披巾放在水里浸一浸。这个过程需要重复5分钟左右，然后就可以把披巾放在背阴处阴干了。注意，一定不能放在阳光下暴晒。强烈的太阳光线会破坏披巾的颜色！"

"放了很久的披巾需要用一种特殊的方法清洗。清洗之后，披巾的色泽便会亮丽如新。有时候一些新披巾也用这种方法洗涤：把一种名叫 krits 的寄生植物的根捣烂，和水和在一起（通常一磅重的根配三品脱水），然后再把鸽子的粪便搅和进去，配以适量的水，搅拌均匀。最后把披巾浸入这种混合的液体中，拍打、揉洗、拧干之后，再泡在运河里就可以了。"

"在披巾贸易中有一个重要角色，即连接着生产者和批发商的中间人。印度各大城市的批发商几乎都和他们有联系，他们也似乎掌握着所有贸易的信息。中间人的信息渠道极为广泛，几乎不会错失任何一个跟披巾贸易相关的消息。一旦有批发商动身前往克什米尔，他们马上就会知道。即便这些批发商来自遥远的加尔各答。如果这个批发商非常有钱，中间人就会亲自前往迎接，甚至直接跑去德里将批发商邀请至自己家中做客。试想，当你翻越过本贾尔雪山，走过漫漫长路，风雪交加，又累又饿；突然，眼前出现温暖的火堆，有人已经等候多时；递给你的是热茶、食物、烟斗，还有一封热情洋溢的邀请函。你会作何感想呢？没错儿，这就是我们的批发商所遇到的场景。炭火温暖的不只是批发商的靴子，还有那颗找寻合作伙伴的心。这份好意是任何人都无法拒绝的。深受感动的批发商

先生立刻就会接受中间人的邀请。让我们来想象一下，漫天飞雪中，那位尽职尽责的中间人早已等候在道路的尽头。朋友般的拥抱，家人般的关切，无论客人提出什么样的需求都尽可能地被满足。不出几日，远道而来的客人（指批发商）就同中间人建立起深厚的情谊。当然，这一切都不会是平白无故的。中间人自然有这样做的目的。他会把披巾生产者介绍给批发商，然后从中大赚一笔。批发商当然不会接受这个价位，他希望能够直接与生产者交涉。但是最终他会发现这个愿望是完全不可能实现的。"

"直到傍晚夜幕降临的时候，披巾商贩才被允许摆摊展示自己的商品。落日的余晖洒落在披巾上，使其散发出绚烂的色彩。年轻的批发商在观察后会发现：五颜六色的披巾旁边不只有摊主一人。中间人通常会坐在附近，看似随便看看，实际上是在变相推销。各款披巾，样式繁多，色泽艳丽。中间人不停地摸着、问着，引得批发商逗留、观望。特别是在批发商对某样商品产生兴趣的时候，中间人更会不断夸赞。批发商和摊主议价的方式很独特：双方各伸出一只手，盖在一块披巾下面，通过手势讨价还价。从100卢比到500卢比，由买卖双方商量定价，旁人是看不见的。待批发商谈成买卖后，这个曾经将其视为贵客的中间人会再让他留宿一宿；然后告诉他回去的路很安全，他可以自己返回。中间人会将批发商送出城外。剩下的路，就由批发商自己走了。"

"克什米尔首府——斯利那加有80000人口。克什米尔的农民和城里人区别不太大，只是城市居民看起来要文明一些，穿着也齐整得宜些。克什米尔的大多数居民皮肤比较白,很像欧洲南部的居民,比如那不勒斯(Naples)①人。他们性格活泼,富有幽默感;体型高大,鼻子长得像阿富汗人(the Affghans)。印度人面容姣好,比起犹太人也并不逊色。据说是因为吃肉比较少的缘故。我听说,当地人认为这里水质柔软,常喝这种水人就会漂亮。我记得用这里的水淘洗的披巾极其柔软,所以说不定还真有一定的道理。当地牛羊有个显著的特点:头上的犄角特别小。事实上,当地牛羊的犄角比其他地方牛羊犄角都要小。烟草也比其他地方烟草的味儿更浓。"

"克什米尔妇女非常漂亮。是那种能引得男人们尖叫起来的漂亮!就像亚述(the Assyrian)勇士见到朱迪斯(Judith)②时一样。'这样的女人,如何让人不侧目?'她们穿着一种有宽松袖子的红色长袍。头上的帽子装饰有红色饰带,外罩白纱。头发编成细细的小辫子盘在帽子底下。黑色的流苏垂至脚踝。"

"在克什米尔,除了少数贵族阶层,妇女一般不用隐藏自己的容貌。她们真的很迷人很漂亮。克什米尔妇女虽然不像印度女人那样苗条,但是健美而端庄。深黑肤色的面庞上嵌着一对儿杏仁儿般的大眼睛。瞳孔呈淡褐色,美丽而忧伤。她们有着洁白、整齐的牙齿,粉红的面颊。这里的居民,无论男女,都应该是克什米尔谷地最俊美的人。"

---

① 那不勒斯(Naples):意大利西南部港口。——译者注
② 朱迪斯(Judith):天主教核定英译本《圣经》中《朱迪斯记》(Book of Judith)里的人物。以色列女英雄,在亚述大军围攻其家乡伯图里亚(Bethulia)时潜入亚述军营,获得了亚述统帅赫罗弗尼斯(Holophernes)的信任与爱慕。后来趁赫弗尼斯醉酒将其刺杀,并返回伯图里亚。亚述军队因主帅遇刺而溃败。——译者注

●●● 第七章　斯卡杜及印度河上游

维涅先生在离开旁遮普之前得到一些信息，这使得他相信，他能够安全到达印度河上游的斯卡杜（Iskardo）——巴尔蒂斯坦（有时被称作小土伯特——作者注）首府。在这之前，没有一个欧洲人到过那里。斯卡杜王艾哈迈德·沙赫（Ahmed Shah）希望能有英国人为他效力。毫无疑问，这跟当时动荡的政局有关。艾哈迈德·沙赫希望通过英国人的力量稳固自己的统治。

维涅先生在克什米尔谷地待了一段时间之后，觉得应该启程继续自己的旅程。起初，锡克官员拒绝让他们继续前进；除非有兰季德·辛格（当时，他在拉合尔）的允许。这个很容易。但是即便得到了兰季德·辛格的允许，锡克人还是想尽各种办法阻止维涅。维涅先生写道：

"克什米尔的行政长官承认，他们曾试图贿赂收买，甚至是恐吓我的随从。我本人就亲眼看到锡克上尉吓唬我的护卫人员（他们忠诚于艾哈迈德·沙赫）。他说拉达克的犹太人残忍血腥，人肉是他们最喜欢吃的美味食物。他说这话的时候神情严肃刻板，让人确信不疑。"

"锡克人的提议和恐吓完全是白费力气。我向大家保证此行绝对安全，并且会支付可观的费用。当我把兰季德信中的内容告诉大家之后，大家仅是要求我能够支付两倍佣金。我自然乐意接受，马上就答应了他们。我们没有耽误过多的时间，在做好准备之后，沿着广阔而光彩夺目的杰赫勒姆河蜿蜒而行，一路来到乌拉尔湖（the Wulur lake）①边的班迪波拉（Bundurpore）。在那里有一条通往小土伯特的山路。"

"我们在山脚下宿营过夜。第二天一早准备就绪，正待出发，有人告诉我艾哈迈德·沙赫的送信员来了，他希望能面见我。送信员名叫纳斯木汗（Nasim Khan）。他长得很有特点。身材瘦削，面色苍白。身穿黑色天鹅绒罩袍，罩袍上嵌着银纽扣。腰系黑色皮带，皮带上有很多突起的纹饰。他脱下帽子，看起来就像是被俘的土匪。送信员很快扫了一眼我的锡克护卫，目光敏锐，眼睛里闪过一丝怀疑。然后，向我行了额手礼以示问候。此人行礼时，

---

① 乌拉尔湖（the Wulur lake）：亚洲最大的淡水湖之一，位于印度北部查谟和克什米尔州。梵文写作 Ullola，意为"暴风雨般的跳跃"。——译者注

态度恭敬,充满敬意。他告诉我,他的主人派他来迎接我,他将陪我一起去斯卡杜。他还给我带来了一匹出色的矮种马。这匹马能把我安全带到斯卡杜。最后,他交给我一封信,是艾哈迈德·沙赫的邀请函。"

"毫无疑问,送信员对锡克护卫是不信任的。但是,在我们爬上山巅之后,这种害怕和警惕就消失了。至少,给我的感觉是这样。他不再沉默,而是滔滔不绝地诉说起自己非凡的冒险经历。我对此很感兴趣,非常乐意当他的听众。他的故事发生在大、小土伯特地区,以及位于我们北边的那些国家,包括叶尔羌和它的宗主国。送信员绘声绘色地告诉我们清朝军队是如何与中亚浩罕人(Khokand)作战的。清军是如何花费一个月的时间清理冰川,从而开通队伍前进的道路;中亚浩罕人又是如何用被杀死的中国士兵的辫子拉车运货,而这反过来又激起了清朝军队更猛烈的进攻。他告诉我们清朝士兵通常在夜晚驾驶四轮马车全速前进,有时利用纸鸢充当通信工具。清军用天然磁石修建大本营的围墙。当浩罕士兵对清军驻地发起进攻的时候,他们侧臂的刀剑受到磁石影响全都飞出了鞘,火绳枪也奋力挣扎、不听指挥。浩罕士兵全都被这样的景象吓呆了。"

"又走了半日。我们决定休息一下再出发。我们选了一处开阔的草地暂作停留。草地四周环绕着葱翠的松树林。为了能赶在日出前到达山顶、穿过雪地,我们没有花费时间搭建帐篷,而是直接睡在了草地上。森林里的夜晚真让人痛苦。好在现在是夏天,情况还要好一些。柔嫩的草皮铺满平坦的大地,像是一块碧绿色的绒毯。突然,纳斯木汗策马飞奔而来。他边跑边冲我喊:'快,跟上来!'他高声叫嚷着向我保证会让我看见毕生难忘的美景。我全速追了上去。就在此时,眼前出现了令人惊叹的景象:40英里外耸立着宏伟壮观的卓奥尔峰(Diarmul)——看起来距离似乎还要更近一点儿。巨大的山脉拔地而起,山体云雾缭绕,美若仙山。除了几处陡坡外,山上几乎完全被白雪所覆盖。因为这些陡坡过于险峻,连积雪都无法堆积、黏附。有几座山峰特别地高,应该跟喜马拉雅山脉诸峰差不多高了。初升的太阳照耀在山头上,令人心生暖意。山头的积雪闪耀着晶莹的白光,在蓝天的映衬下熠熠生辉。"

"土伯特居民把这座山命名为 Diarmul,克什米尔人称之为 Nunga Purbut 或者"秃头神山"。① 我估计这座山有19000英尺高②。我们所处的这条山脉海拔12000英尺。站在这里向南方观望,山谷的2/3景色尽收眼底,甚至看得见远方的本贾尔雪山。"

"向北方远望,竟然发现了一个小山谷,海拔比我们这儿低3000英尺左右。山谷的入口处极为生动,犹如一幅会流动的风景画。那里水草丰美,散落着菩提、胡桃、柳树,是理想的牧场。哗哗的河水沿着牧场奔腾、呼啸,发

---

① 该名称源自当地神话。传说很久以前,卓奥尔和其他附近的6座高峰本来都是相亲相爱的兄弟姐妹。后来卓奥尔偷偷喜欢上了隔岸相对的"第三女神"——珠穆朗玛。但是珠穆朗玛却最近嫁给了马卡鲁峰。卓奥尔受此打击,便剃光了自己的头发,发誓永不再娶,并把头背对珠穆朗玛向西扭去。于是一群山都像众星捧月般仰视着珠穆朗玛峰,唯独卓奥尔峰独自把头转向了西边。——译者注

② 卓奥尔峰的实际高度已得到确认,是海拔26679英尺,为世界第六高峰。

出轰鸣声，一路冲入山谷。两岸连山，净是悬崖峭壁。悬崖之上，攀附着冷杉。我在离开7英里外的小村泽安（Zean），进入小土伯特的地界时又得到了额外的随从人员。现在我的队伍已经有45人。古列兹（Gurys）①的工作人员来迎接我们。他每次回答完我的问题都会以'khurbán'作词尾以表达对我的谦恭。这在我遇到的东方人中是极为少见的，因此给我留下了极深刻的印象。我只在《圣经》中看见过这个词，意思是'我为你而献身'。当然，这个词用在这里并不是《圣经》中的意思。"

"奇山甘加河（Kishengunga river）②中有很多鱼。我们沿着这条河往前走，在水流较缓的河段停了下来。几名随从轻手轻脚地守在河边，他们取下各自的腰带，打几个结，然后把腰带系在一起——一张网就做好了。几个人分工配合。一个人把渔网投进水里，其他人轻轻驱赶鱼群。当鱼儿游进网里的时候，猛地一收网，便能捕获百十来条！每条鱼都有半磅重。晚上这些美味就成了我们的盘中餐。据说鱼子有毒，不能吃。但是有一个印度籍随从不相信这种说法。他觉得这个说法没有根据，耸人听闻；故而吃了不少鱼子。结果病了很长时间。我甚至以为他会就此死去。"

"这条路一直通往布尔齐尔（Burzil，或者 Birches）高

---

① 古列兹（Gurys）：该地距离班迪波拉86公里（53英里），距斯利那加123公里（76英里）。——译者注
② 奇山甘加河（Kishengunga river）：又名尼勒姆河（Neelum river），是克什米尔地区的一条河流，发源于古列兹山谷，然后在穆扎法拉巴德（Muzaffarabad）附近与杰赫勒姆河汇合。——译者注

山谷地。山谷中不再是石灰岩,取而代之的是花岗岩。这片区域极为荒凉,景色黯淡。四周不是白色的雪山就是灰暗的绝壁,再就是铁矿石生锈的颜色。整个山谷全是石块,七零八落、杂乱无章。奇山甘加河由此山谷流过,潺潺的流水溅起白色的水花。河岸两旁那些长着'黑色眼睛'的白桦树在乱石峭壁中战栗、发抖。"

"我们在路上遇到了一个小土伯特人。他被艾哈迈德·沙赫派去执行任务。我的随从从他那里得知这附近有强盗。艾哈迈德·沙赫也在附近,他带了大队人马准备消灭这些强盗。围剿就定在明天。我们于夜幕降临之时扎营在高处的大岩石上,准备过夜。我正坐在帐篷外面的火堆前烤火,突然出现了一个当地人。他简单地向我们做了自我介绍,然后就急切地催促我们赶紧上路。一个小时后山谷里回荡起嘈杂的土伯特乐曲。音乐声越来越近,我们也越来越好奇,想知道是怎么回事。

原来是一支乐队。走在队伍最前边的人吹着横笛、单簧管,还有五六只巨大的黄铜喇叭——估计有6英尺长,形状很像传说中的那些古典乐器。乐队后边跟着三四十个士兵。这些士兵长相粗野,戴着又大又宽松的斜边帽,手里拿着火绳枪、刀剑、盾牌,等等。最后出现的是艾哈迈德·沙赫(Ahmed Shah)的儿子——艾哈迈德·阿里·汗(Ahmed Ali Khan)。这位年轻的王子骑着红色的骏马,在他身后还有更多的士兵。艾哈迈德·沙赫为表示对我的重视,特委派自己的儿子前来迎接。王子身材矮小、瘦削,走路有点跛——据说这是他小时候骑马摔下来造成的,虽然后来进行了医治,仍未能痊愈;他一直在口服一种特制的沥青药丸，配合着牛奶一起服用。王子面容俊俏，前额宽阔，看起来有几分女孩子的柔弱。他前额的头发都被刮掉了，剩下的头发分成两股盘于耳后，形成两个大卷。小土伯特的青年都留这种发型，蓄胡子。但是他们在成年之前是不留胡须的，直到成年后才蓄胡须；当然，卷发也就可以剪掉了。"

"在我的一再要求之下，这位年轻的王子终于同意坐在椅子上——这是他从没坐过的，然后以他父亲的名义热情地、友好地向我表示欢迎。他一直称自己的父亲为Kiblah-Ghah。我想，这个称谓应当不仅仅表达的是'父亲'，应该是类似于'上帝之父'这样的意思。双方互问了健康，礼节性地寒暄了几句，然后聊了点儿别的话题。我通过翻译向他表达了我的疑惑，询问一路上听来的关于盗匪的事情。王子告诉我这里确实有强盗，是从印度河流域科利帕洛斯山区（Kholi-Palus）来的，已经盘踞斯卡杜8~10天。他们掠夺村民，驱赶居民和牲畜。国王非常生气，已经带着大队人马赶来，准备把强盗堵在峡谷里一举歼灭。"

"第二天一大早我们就出发了，前往艾哈迈德·沙赫设伏兵的地方。这里海拔较高，树木稀少。地面非常不平坦，有很多岩石和杂草，快到山顶的时候才终于看见有路的痕迹。我们又向前走了几英里，终于看见国王的帐篷。帐篷周围埋伏着好几百人。因为地形的缘故，我们能看得见伏兵，峡谷另一端的强盗却是发现不了的。汗命令大家在离他父亲的帐篷还有1.5英里的地方暂作休息，安静等待事先约定好的信号。他说他的父亲要他一定照顾好我的安全。我说我想去峡谷的另一侧打探一下强盗的情况,我保证会安全回来。汗拒绝了我的请求。他说如果强盗发现了我,他父亲的所有计划就会前功尽弃。"

"在宿营地能看到埋伏在各个山头上的士兵。虽然有数以百计的士兵,却听不见一点儿声音。整个山谷都是寂静的。突然,眼前出现了我这一辈子都不会忘记的场景:一队士兵迅速冲下山头,直奔峡谷深处的开阔地带;喊杀的声音、喇叭的声音与战士们搏命厮杀的声音混合在一起,奏出最狂野、最响亮的曲调,群山为之震颤。各处埋伏的士兵离开自己的隐藏处,奋勇向前冲杀。我们这一队也立刻纵马飞驰,奔上前面的山头。可是等我们冲上山头,战斗已经接近尾声。眼前有五六具被剥去衣服的尸体。这几个强盗应该是想从这边突围,却被拦杀在半道。不远处躺着个受伤的可怜人,他正奋力撑起自己的头;在他旁边躺着的是一个很老的土伯特士兵,火绳枪落在一旁。

四周全是高声欢呼着的胜利者。有个人正残忍地拿剑捅向那些已经受伤的强盗。其他人正忙着脱去死者的衣服。我的克什米尔随从竟也加入这伙人的行列中。他警醒地观察着周围的情况,眼睛时刻瞅着哪里有无人照管的牲口;一发现机会就立刻抓住那些惊慌失措的绵羊,宰杀掩埋——就跟狗把吃不完的骨头埋起来,日后再掘出来吃是一个道理。"

"我环顾着这片冷寂的战场,内心的感受无法言说。突然,远处出现了一大群人,我的目光也不由得跟了上去。大家告诉我是国王来了。国王和侍从在离我不远的地方下马。我也赶紧从马上下来。队伍离我越来越近,其中有两人比其他人略高一些,我没能立刻辨认出哪个是国王。但是很快我发现走在后面一点儿的是国王的兄弟古勒姆·沙赫(Gholam Shah)。那另一位就应当是国王艾哈迈德·沙赫。国王脱下帽子,快步走向我。在离我很近的地方停下来,弯腰行额手礼。他的手几乎都要触到地面了,然后才抬起举过前额。我赶紧上前握住他的手,同时示意翻译告诉他,这是英国人见面的礼仪。国王对此似乎很满意。然后我们坐在了早已搭建好的帐篷里,问候了彼此的健康。帐篷里照旧铺着毡毯。我向国王表达了祝贺,恭喜他歼敌大获全胜。国王说,在这之前,这些强盗已经掠夺过他的子民两三次了,他忍无可忍,于是决定亲自带兵剿灭他们。国王还说,他曾经祈祷能在有生之年见到一个欧洲人,今天终于如愿了。"

"对国王来说,我的打扮一定很古怪。我穿着白鸭绒夹克,戴着一顶宽檐儿的白色棉帽。国王此时还沉浸在胜利的喜悦之中。他说,我从那么远的地方来拜访他;又在一个最令人振奋、最激动人心的时刻到达,他真的是太高兴了,他会给我以最隆重的欢迎。在这之后,他又一次说道:我的到达和歼敌获胜真是让他太高兴了,他都不知道该如何表示了。就在我们谈话的时候,各路士兵都已回到大营。有些士兵伤得很严重。他们展示了自己的战利品,包括强盗们还未拔出鞘的刀剑以及还未使用过的火绳锁。"

"我的朋友——纳斯木汗也参与了这次伏击,却在混战中丢了帽子。这真是一场成功的歼敌战。强盗死伤无数,只放走了三四个;余下的尽被砍杀,或者伤得很严重,已经可以看作死了。将近一百名男女老少得到解救,还有成群的牛羊。老百姓全都跑来感谢国王,感谢国王为他们所做的一切。与此同时,人们在不远处的山腰上发现了一个活着的强盗。士兵发现他的时候,这个不幸的可怜人正直立着身体坐在地上。他可能是在混战中装死才侥幸活下来,也可能是刚从昏迷中苏醒过来。围观的人听说后全都自告奋勇地要去把此人带过来。我用哀求的眼神看着国王,希望他能够明白我的用意。我多么希望国王能够表现出他的宽厚和仁慈,留下这可怜人的性命。强盗被带了过来。他长得很敦实,皮肤黝黑,衣服几乎被扒光,全身上下只剩下些烂布条。在他的脖子和胳膊上有很深的伤口。我猜,他应该已经知道是我替他说的情。此时我是他唯一的依靠。他一直看着我的眼睛,然后把手放在唇前,做出喝水的手势。我明白了他的意思。在我的请求之下,国王满足了他的愿望。但遗憾的是,他还是没能获得宽恕;最终同他的同伴们一样被处死。"

"艾哈迈德·沙赫本想扎营在他原来住的地方。后来听说我不喜欢野韭菜的气味,他说如果我愿意,他可以和我一起搬去别的地方住。我对此非常高兴。这里生长着很多野韭菜,气味浓郁。我的确不喜欢闻这种味道。我们俩的帐篷离得很近。我是真的感觉到困乏,早早就躺下休息了。我真心感谢大家对我的照顾和保护。如果没有大家,我和我的随从们只好孤身走完这段艰难的旅程。而这,简直无法让人想象。

第二天早上,我看见国王和几个人围成一圈,好像在检查什么东西。走近一看，才发现是人的头颅。数以百计的头颅已经被堆成了堆儿。国王正在清点。早饭后，我发现自己的帐篷裂了条缝，于是找国王汇报，以便找到人来修理。走到国王大帐却被告知国王病了。我对国王进行了仔细地检查，确定他根本没有病。据我猜测，国王是在试探我，他想以此看看我会不会医术。在他们眼中欧洲人都会医术，拥有像美狄亚（Medea）①那样神奇的力量，能让白发之人重获青春。我一眼就看出他没有病，但还是按照他所希望的那样给了他几颗莫里森药丸。他一下就对英国白兰地来了兴趣，非常好奇。我只好送了他一瓶白兰地。他告诉我，他会让卫兵把这瓶酒护送回斯卡杜。因为这瓶酒的关系，他对我更显亲近。他在检查我给他的一把刀时，非常天真地急于知道螺旋锥的用途。"

"我们很快就出发前往斯卡杜。走了没多久就到达了德图（Deotsuh）平原。德图平原顶部有两口很小的湖泊，分布在道路两旁。湖水既不深，也不清澈。派往斯卡杜送信的士兵已经出发。他将提前告知大家全歼强盗的好消息。德图平原将近30英里长，15英里宽，平均海拔12000英尺。平原由花岗岩、片麻岩构成，土地极其贫瘠、荒凉。阳光照射于平原的各个角落，山峰、高地尽显明媚的光亮。平原与周围地貌的界限清晰可明，在很远的地方都能分辨得出。"

"我们在穿越高原的时候受了伤，因此想尽快到达斯卡杜。我走得很快，经常甩队伍很大一截路程。国王却似

---

① 美狄亚（Medea）：希腊神话中科奇斯岛会施法术的公主。——译者注

乎一点儿也不着急,一直不紧不慢地跟着。对他来说昨天的胜利是个伟大的功绩,兴高采烈地赶路只能表现出自己的不成熟。他决定稳步前进,以显示自己的冷静。国王经常命令队伍停下休息,自己则找个地方慢慢享用烟斗。出于尊敬,我也有责任下马坐在一边陪着他。队伍缓缓地行进了16英里。此时天色已晚,我们找了一处有水的地方扎营。溪水不深,可涉水而过,是个取水的好地方。日暮降临,天气也冷下来,我的印度随从的身体状况越发糟糕。土伯特人把矮小杜松的根收集在一起,点起篝火。火苗欢快地跳动着,暖意融融,大家也感觉好一些,一起分享了晚餐。我的床还没有搭好。我只好把手揣在衣兜里,走来走去地让自己暖和一点。晚上,我想出去走走,于是去找国王,请求他的允许。没想到他应了声:'我和你一起去!'就把手插进腰带里,毫不犹豫地跟了出来。那步伐跟平时的高贵身份极不相符。"

"温度计显示帐篷里的温度为43度。早上7点,地面遍结白霜。第二天早上国王送给我一双藏式长袜、一双野山羊皮做的软帮鞋。长袜真的是非常长,你都无法想象;如果涉水的话,可以有效保护双腿不被打湿。鞋、袜看起来粗糙,穿起来却非常柔软,走台阶、爬山路都完全没有问题,柔韧性非常好。"

"我们仍然行进在德图平原。中午的时候遇见了从斯卡杜来的穆罕默德·阿里·汗(Mohammed Ali Khan)——一个12岁左右的小男孩。根据推测,他应该是小土伯特的继承人。他带来了很多甜瓜。这些甜瓜个头不大,吃起来却美味可口。大家把甜瓜分着吃了,又继续上路。国王指着前面的高山说：'我们必须在夜幕降临之前翻过那座山，只有那样才能在第二天到达斯卡杜。'可是，眼瞅着太阳就要落山了，我们才走到一座陡峭的山脊脚下，还有400英尺的坡要爬。天晓得如何能赶在天黑前翻过山头。"

"队伍沿着之字形的山路盘旋而上，每走二十几步就累得停下来喘口气。大家互相鼓励，大声喊着号子，硬着头皮往上冲。我逼迫自己跟上艾哈迈德·沙赫的步伐，走在队伍前面。我尽力让马儿走得快一点，但是后来发现徒步要比骑马快得多。于是把马绳交给马夫，自己则下马前行。我站在一块堆满积雪的坡度较为和缓的山坡上向四周眺望：无数山峦纵横交错，贫瘠、荒凉，却又色彩缤纷。乳白色的石膏岩与红色的铁矿交相辉映，在灰白色的山体、冰雪之间泛着点点荧光。我，作为第一个看到这壮丽景观的欧洲人，站在海拔六七千英尺的高山上，眺望着远方，俯视着河谷。激动、喜悦，自豪、骄傲各种情感溢满胸膛。山脚之下，是广阔无垠的沙土平原，绿色的果园点缀其中，散布于河谷之间。内心的种种感受，只有亲身经历过才能体会得到。我还看见一块巨大的礁石沉睡在空旷、深邃的河谷里，非常显眼；发源于辛格呼尔山谷（Shighur）的河流九转而下，汇入印度河。视线继续向北，极目远眺之处是无数的山峰，竞相汇聚，巍峨壮丽——那便是组成喜马拉雅山脉的众山峰。"

"天色越来越晚，也越来越冷，我们必须抓紧时间下山。此时已远远超过我们预定下山的时间。队伍仍在崎岖不平的蜿蜒山道上缓慢行进。最后不得不在峡谷中间的杜松林里扎营过夜。第二天早上，我们穿过了布尔孜（Burzeh）门。这个门是艾哈迈德·沙赫带人建造的。它居高临下地控制着山谷入口。峡谷越来越窄，到了这里只有22英尺宽。路两边的山体上全是片麻岩、板岩垒成的险峻石堆。石堆中间是一道由木头、石块建成的高墙。墙上有一个高达三英尺左右的洞。这个洞是供溪流穿过的。国王、他的两个儿子、三四个随从，还有我就是从这个洞里钻过去的。我赞叹这道关卡真是'一夫当关，万夫莫开'。国王听了非常自豪。"

"我们直到第二天下午才到达斯卡杜。在斯卡杜，我被安排住在上房。那以前是国王的家人住的，为了招待我，他们都搬了出去。我跟着国王爬上楼梯，走进房间。一名侍从端来一个盘子，里面装满又小又薄、加盖着奇妙印章的金片。这些金片是由从印度河河床收集来的金粉制成的。另一名侍从手中是一盘银片。那些银片跟金片的款式一样。我把这两盘金、银片倒向阳台底下熙攘、喧嚷的人群。他们欢呼叫嚷雀跃着，等待着新的物品投放下来。我又把一些类似于包头巾之类的布条扔了下去。人群中满是欢呼声。"

"窗户外面就是闻名遐迩的印度河。这是我生平第一次好好地欣赏这条宏伟、壮观的河流。它由河谷的东边流淌而来。自入河口至此，蜿蜒9英里，一路奔腾、咆哮，穿过砂土平原，终于出现在我的眼前。河边有一块150码宽、两英里长的巨大礁石。这块礁石，从最高处到水面足足有800英尺高。这使得它成为一个坐落在斯卡杜山谷中的天然的宏伟堡垒。"

"印度河在流经斯卡杜的这一段，离海平面7300英尺高，河谷周围环绕着海拔8000英尺以上的群山。这些山脉贫瘠、陡峭，很难攀登，只有一条冗长的细小隧道。山谷上面除了小部分绿地以外都是砂土平原。这小部分绿地皆得益于农作物的灌溉水源。但是，我听说在10码深的地下，水资源是很丰富的。河谷里种满了小麦、大麦、大头菜、小米、荞麦，还有鸡冠花。斯卡杜盛产甜瓜。这儿的甜瓜个儿小、皮绿，甜脆可口。葡萄、苹果也都很好吃。桃儿、杏儿个头不大，盛产葡萄干。"

"我在这里尝到了一种名叫 sgurma 的食物，味道很特别，不仅仅是甜食那么简单。这种食物的制作方法如下：把两磅成熟的小麦装进一个袋子里，浸泡在流水中5~6天，或者是等它发出1英寸长的芽儿后拿出来也可以。注意，为了防止谷粒黏附在一起，每天都要搅拌一次！然后把谷物晒干、捣碎。每1品脱谷物加入4品脱水，浸泡一天，傍晚的时候把水滤掉。滤出的液体可不能白白倒掉，这个液体可是最重要的原料！把滤出的液体倒入一口石锅中煮沸，注意，石锅中一定要事先涂一层黄油作润滑剂。当液体沸腾时，加入一满杯捣碎的杏仁或是杏仁油。整个过程中都要不停地搅拌，直至液体成糊状。这个糊状的液体就是 sgurma，好喝得不得了！我简直不能相信这竟然是鲜麦芽汁的味道！它是如此甘甜可口，里面却没有放一点儿糖，完全是麦芽儿自身的甜味儿。"

"国王告诉我辛格呼尔山谷很值得一看，他愿意陪我一同前往。我当然求之不得，欣然应允。我们乘船横渡印度河，穿过一片砂土平原，绕过横亘在辛格呼尔山谷和斯卡杜之间的山岭。这座山，草木稀少，遍地荒石。辛格呼尔山谷大体位于斯卡杜的右侧角落，长24英里，最宽的地方在4~5英里。国王和我在谷中逗留了三天。"

"小土伯特的百姓肤色呈土黄色，从长相上看是蒙古人和鞑靼人的混种。我注意到他们大多瘦弱，一副饱经沧桑的样子。毫无疑问，山地里的居民缺少粮食，这是营养不良造成的。他们的主要食物是面包，再就是杏干。房屋大都是修补过的。我不认为他们能够长寿。在艾哈迈德·沙赫看来，80岁就是很难以想象的年龄了。他们当然是个很有意思的族群。他们很满足，喜欢这样的生活。除了锡克人和天花，再没有什么事情值得他们担忧。跟旁遮普、阿富汗的居民比起来，他们更加淳朴善良。"

"我们所走过的山谷被冰川所覆盖，甚是壮丽。据当地人说山谷的尽头离阿林多（Arindo）村庄不太远。极目远眺，视线所达之处俱是银白色的冰川、积雪；世界仿佛没有尽头，一直这样绵延、扩展下去。浩瀚的群山，巍峨耸立，除了终年的冰川再无他物。高低起伏的山脊间形成狭窄、深邃的通道。通道两旁的山体上泛着铁矿的红光，以及石膏的白光。巨大的冰墙绵延至阿林多，足足有100英尺高。冰盖之下是冰川融水形成的河流；我从没见过这样的奇观，真是令人惊叹。雪水清澈、凛冽，通透得犹如一块碧绿色的翡翠。高高的拱门，黑暗、阴冷得犹如地狱一般。这里的河流粗壮宽阔，水量充沛。哗啦啦的河水咆哮着奔腾而下，冲击着两岸河床，发出大炮般的轰鸣声。"

"离冰川脚下不远的开阔谷地之中，有一个带着警卫哨岗的瞭望塔。在峡谷的另一端，则是另一片冰川。翻越过那座冰山需要两三天时间。翻过冰山之后有一条路,直通纳格雅贺(Nagyr)山谷。纳格雅贺曾从属于斯卡杜,受艾哈迈德·沙赫控制,如今已经独立出去。那儿有将近20个城堡。我考虑是否可以穿过贝洛尔达格(Belor Dagh),到达罕萨(Hunzeh)①人统治地区,以便从那里到达帕米尔,或者是浩罕。但是艾哈迈德·沙赫告诉我那是不可能的,他不指望他和罕萨人的友谊能使我们安全通过。"

---

① 罕萨(Hunzeh):中国史书中将其记作"棍杂""乾竺特"。它位于巴基斯坦西北角和帕米尔接壤的喜马拉雅山深谷中,原为一个与世隔绝的小山邦。居民"日出而作,日落而息",拥有自己的语言、服饰和习俗。人类学家至今没有搞清楚罕萨人的祖先究竟来自何方。传说中他们是亚历山大士兵的后裔。——译者注

第八章 拉达克之行

维涅先生（Mr. Vigne）去过两次斯卡杜。其中有一次（他没有记录具体日期）成功穿过印度河，到达拉达克首府列城。他的记录一定是零零散散的，在后期按顺序重新整理编排过，就像之前的章节一样。他在离开斯卡杜后，沿着印度河向山谷东边前进。河床越来越窄。

他写道：

第二天早上，我们到达印度河的两河交汇之处。印度河由两条河流交汇而成，一条为拉达克支流；另一条名叫夏洛克河（the Shayok），从怒布汝山（Nubra）、喀喇昆仑山脉蜿蜒而至。河流交汇之地距离国王的城堡有15英里。

西边的支流穿过一片开阔地，河床表面宽度在150～200码。拉达克支流穿过多石的峡谷，水面窄一些，河面宽度不超过80码；但是河水要深得多，水的颜色也更深。跟夏洛克河相比，拉达克支流径流量更大一些。巴尔蒂斯坦当地居民将拉达克支流称为"the tsu-fo"，意为男人河；夏洛克河为"tsu-mo"，即女人河。

我必须顺着夏洛克河走才能到达卡帕卢（Khopalu）。路上净是片麻岩构成的高大山峦，间或穿插着宽条纹石英。山体贫瘠，几乎没有树木植被。沿河诸石走势多样：有些地方的石块直直插入寂静的幽潭；有些地方的石块深深埋入咆哮的奔流；还有些地方的石块干脆收敛后退，只在河床边缘露出100码的沙地。村庄建在一片高地之上，那是无数河流注入印度河汇合形成的冲积平原。用以行进的小路一直若隐若现。这条路有时候沿着河岸；有时候高出河床顺着山体绝壁，仅靠坚固磐石作支撑。眼下就是这样的路，已经延续了好几英里。顺着这条路望去，能看见远处积满雪的山头。

第三天到了卡帕卢（礁石堆积之地——作者注）。以卡帕卢命名的地域是一块很长的有坡度的开阔地。该区域位于河床左侧，方圆两三英里；遍布村舍、果树，还有阴暗、潮湿、长满绿色苔藓的石墙。最突出的建筑物是一座城堡。这座城堡建造在一块海拔1000英尺的孤立巨石之上。身处城堡向外观看，景色甚为壮观。但是因为城堡悬在高处，人在向下观望的时候会产生眩晕感。这座城堡是艾哈迈德·沙赫通过围城切断水源，从一个有反叛之心的王侯那里夺来的。

在卡帕卢的时候，有一位当地的医生来拜访我。他拿着一本名为"manchuk"的藏文医书。这本书非常古老，在两块板子之间夹着松散的书页。医生说连他都不知道这本书的成书年代，只知道写于拉萨（Lassa）。这是目前在拉萨、拉达克地区发现的最好的医书。医书分为四部分：一、有关于脉搏和血管的论述；二、人体结构；三和四、通过观察病人的舌头、眼睛判断病情。医生不愿意把书给我，他说这本医书就是他的命。我也就没有勉强。书中有不少药方。如治疗发烧的方子：樟脑、白檀香木、象肝脏和藏红花；治疗疟疾的方子：肉桂、胡椒、石榴和楹梓籽。

我们路过峡谷入口处的乔尔巴特城堡（castle of Chorbut），顺着河流继续前进。河流绕过一块突起的高地，高地之上有一个村庄，名叫哈努（Hanu）。我们顺着河滩碎石子路拐了一个弯。过了弯道却发现前面的路已被河水所漫没，完全无法通行。峡谷两侧是拔地而起的绝壁。山体为坚硬的花岗岩石块构成。山体陡峭、险峻，尽现咄咄逼人之势。山路也越发狭窄，看得让人不寒而栗。我决定改变路线，在去探访夏洛克河流源头之前先去拉达克。我们在一个名叫辛德苏（Siksu）的地方有幸观看了剑舞。十个表演者右手握着利剑围成一个圈移动；然后后退，聚拢到中心，再以缓慢的步伐向前移动。舞者一边移动，一边垂直舞动手中的剑。乐曲的声音越来越大，他们的动作也越来越活泼、生动。大家用力地顿足、喊叫，翻滚、摇摆自己的身体，猛烈地挥舞手中的剑。乐师也达到癫狂，他们极为亢奋、卖力地演奏。乐曲欢快而激昂，令人热血沸腾。围观者发出一阵又一阵欢呼声、喝彩声，直至声嘶力竭。在斯卡杜，只有聚会狂欢喝到酒酣时才会跳这种舞蹈助兴。此时，精神高度振奋，每个人都处于忘我的兴奋之中。狂怒、呐喊、摇摆、顿足，仿佛是真的疯癫了一般。这个时候千万要小心，靠近他们是很危险的。

通往哈努的山路枯燥且沉闷，但是比之前的路要好走一些。我们给马匹钉了新的马掌，一大早就穿过了雪岭。据测量计显示，此地海拔15500英尺。向四方望去，视野意想不到的开阔，纵览四极，没有任何障碍物。只是在下山的时候遇到了些麻烦。因为积雪太过松软，我们经常会陷进厚厚的积雪。

我们很快意识到自己正处于巴孜（Bhuts）山谷中，或者说是真正的土伯特。这里的男人也扎着麻花辫，戴着黑色圆顶毡帽。帽檐儿从两边垂下，耷到脸颊边。这跟巴尔蒂斯坦人们的包头巾完全不一样。他们的穿着也不同于巴尔蒂斯坦居民们的土褐色服饰。男人们穿一种长长的、深色长袍，一直拖到脚踵，很像修道士的长袍。他们抽的是铁烟斗，类似于英格兰的黏土烟斗。这里的女人也把头发扎成辫子，用一条宽2.5英寸的皮带捆绑、扎紧，从头顶一直垂至脚踵。和头发绑在一起的还有大颗粒的孔雀石。

有人端来一些盛放着杜松枝的油碟。据说是用来焚香的。碟里的杜松枝都用山羊油脂炸过。罗伊尔博士（Dr. Royle）将其称为"juniperus religiosa"（圣物）。因为这些低矮的杜松生长在海拔极高的地方——当地人认为那是魔族和灵魂的栖息地，故而对它充满了敬畏。生活在喜马拉雅山区的藏民正是以此种方式表达对杜松的敬畏之情。其他人则举起双手向我们行礼问安。他们将双手举起，与前额同高，手心向下；然后在头顶重复画圈，再放下，手掌向前。当地人以此种方式表达对受礼之人的良好祝愿。祝祷厄运远离，好运降临。

我们继续向拉达克前进。现在的拉达克在锡克人的控制之下。哈努河奔腾而下，怒号的河水冲击着石块不断向前翻滚，迸射出白色的水花。隆隆地轰鸣声犹如炮鸣，最终跌进幽深、平静的溪流，形成一个个美丽而壮观的瀑布。

大家停下来休息，并商量接下来的行程。一些人围坐在年轻的汗（Khan）身边，剩下的人分散坐卧在周围的岩石上。他们的长相和着装野蛮而粗鄙，与土匪相类。人们三五成群地斜倚在灰色的岩石上，同周围荒凉、混乱的景色融为一体，这简直就是萨尔瓦多·罗莎（Salvator Rosa）[①]画作中的情景。

艾哈迈德·阿里·汗（Achmet Ali Khan）向我做出各种暗示——由此可以看出他从列城间谍那里学到的本领，这也意味着他们不会陪我去那里。锡克人给他们带来的是困苦与贫穷，留下的是深深的伤痛。为了使我们相信这里没有小麦，大家只给我们提供了由大麦粉做成的食物。我

[①] 萨尔瓦多·罗莎（Salvator Rosa，1615~1673）：17世纪意大利巴洛克最狂野的创新派画家、诗人和版画家，活跃于那不勒斯、罗马和佛罗伦萨。他发明了绘画的新类型：寓言绘画，画中漫布忧郁诗篇。早期作品大多为风景，明亮、丰富的色彩表现了海边的城堡、船坞以及埋伏在礁石旁等待袭击旅行者的强盗。其成熟的艺术作品以明暗配合绚丽色彩提示大自然的不同变化，通过娴熟的艺术技法表现刮风和情绪的变化或用明暗展示人物的情感。——译者注

对这些并不在意。附近有很多被当地人称为"穆尼斯"（Moonis/Munis）的佛教建筑。它们风格各异，样式亦不相同。但是现在回想来，这些建筑外围都有一个很长的低矮小屋，也可以称作外屋。这些低矮的外屋有20码长，5英尺高，12~14码宽。走近观察会发现，这些小屋都是由坚固的泥土和大块鹅卵石筑成的。屋顶中间高，两边低，几乎完全被大小不一的扁平石板所覆盖。石板将近一英尺长，上面雕刻着佛教梵文："Om, Mani padma, Om"①。

在斯科尔乌春（Skerwuchun）有一个村落，这是我所发现的第一个效仿大土伯特建筑风格的大型村落。首先进入视线的是山顶上的穆尼斯。它们大小不一，形状各异。小土伯特的屋舍用泥土和石块建造而成。这里的屋舍则完全不同。每间房子都只有一个门、一扇窗，看起来是独立的，却又像是一座大房子的一部分。从远处观望，映入眼底的是错落栉比的屋舍：木头屋檐，白的墙、红框的门窗，还有一个小型广场；建筑物颜色鲜艳、样式可爱，就像是孩童的玩具。屋舍之间错落点缀着杏树、桑树等果树，看起来简洁整齐、赏心悦目。屋檐底下的窗户边上坐着喇嘛和比丘尼，也就是神父、女祭司一类的神职人员。为了看得更清楚，我们起身向前走了几步。这些神职人员穿着深红色长袍，一副僧侣的打扮。他们用一只手拿着转经筒——一个内侧刻着经文的圆筒，是用来祈祷的：通过不间断地转动摆脱轮回之苦。转经筒是木头做的，四五英

---

① Mani padma 是佛陀的一种称呼，意为：以莲花为饰的圣人。威尔逊教授认为，对 Om 最好的解释是："神圣的太阳赐予我们智慧，让我们一起来冥想这无尚的荣誉。"

寸长，形状像鼓，中间有一个铁轴穿过。铁轴底部有一个手柄，人可以抓着它飞速转动。在铁轴上端用细绳系着一个小球。当转经筒飞速转动的时候，细线拴着的小球就会呼呼作响。当地人将之视作祷告的回音。转经筒的呼声不间断，经文祷告亦不停止，转经人的功德也由此而快速累积。

此地的喇嘛们前来迎接我们。他们向艾哈迈德·阿里·汗致敬，感谢汗把他们从锡克人的奴役下解救出来。主事喇嘛献给我一条白布①。据说这条白布是用当地的一种草为原料做成的。

我们在一个叫库勒兹（Kulutzi）的地方发现了一座木桥。这座桥横跨印度河，只有25码宽。通过这座桥可以快速通过布满碎石的河道。第二天，我听到了一个令人惊诧的消息：木桥在夜里被烧毁了。我的巴尔蒂斯坦朋友把责任推给村里的恶棍，说这些恶棍为了败坏他们和我的名声，所以把木桥给烧了。他们知道我们在锡克人的地盘上——他们告诉过我，但是我却没放在心上。桥在，锡克人可以很容易地挥兵过河，切断他们的退路。桥没了，英国人无法继续前行，这些巴尔蒂斯坦人就可以安全地原路返回。尽管巴尔蒂斯坦人声明桥不是他们烧毁的，我却深表怀疑。至少，桥是在他们的默许下被烧毁的。虽然如此，在我们回斯卡杜的路上，他们每个人都在艾哈迈德·沙赫和我面前发誓，他们对此事一无所知。

---

① 这条白布应该就是藏族、蒙古族作为礼仪献给贵宾的丝织品——哈达。——译者注

古拉布·辛格（Gulab Sing）①从我到旁遮普就产生了怀疑，非常不情愿让我进列城。其中一个原因就是，他知道兰季德·辛格（Runjeet Sing）一定会向我询问情况，并获取有用的信息。起初，他隐瞒了跟兰季德相关的所有情报。显然，他在拉达克对我的接待使他新征服的臣民相信，他根本不尊重英国人。

于是就在我们安静地向前走的途中，一个手持火绳枪的锡克人在另外五个人的陪同下突然出现在我们面前。这个锡克人对我说不许再向前走，并且用手拽住我的缰绳。我让他把手收回去。看见我如此强硬，他也就立刻松开了缰绳。巴尔蒂斯坦人收到我的暗示，围了上来，有那么一瞬间在气势上压倒了锡克人。但是显而易见，在古拉布·辛格的地盘上，没有他的允许，即使是有护卫队，也寸步难移。受此困扰，我不得不与艾哈迈德·阿里道别。我告诉他，没有锡克人的允许，他是无法再向前走的。如果我们执意不从，古拉布·辛格就会以此作为入侵斯卡杜的借口。这时候，锡克人保证他们会照顾我。最后，我们围坐在一起聊天，直到我的帐篷搭好、准备开饭。第二天，我就离开了艾哈迈德·阿里以及我的巴尔蒂斯坦朋友，和我的新伙伴们继续向列城进发。

---

① 古拉布·辛格（Gulab Sing）：印度查谟与克什米尔大君。发迹于马背生涯。早年曾在旁遮普锡克国家统治者兰季特·辛格骑兵中服役，因武艺高强颇受赏识，受赐查谟领地，势力渐增。1839年兰季特·辛格死后当选锡克神权政治联盟大臣，力主与英国修好。在第一次锡克战争期间（1845—1846）参与签订《拉合尔条约》。后以100万英镑代价从英人手中买下克什米尔，被赐予查谟与克什米尔大君（Maharaja）称号。黄心川主编《南亚大辞典》，四川人民出版社，1998，第141页。

之前经过的卡米斯（Kemis）村，坐落在一个高原上。村口有几个水车，木轮在飞速地转动，看起来很像风车，非常有意思。村庄对面的半山腰修建有一间屋子，那是喇嘛禁欲苦修的地方。远远望去，小屋就像山石间的一粒微尘。修行的喇嘛不可以离开那个小屋。日常吃食由附近村庄的农民提供；而喇嘛会为布施的村民祈福、祷告。

快要到达拉达克了，视线变得开阔起来。道路一直通到山坡下的河水边。河流两岸绿草如茵，成群的牛羊悠闲地觅食、饮水，偶尔发出"哞哞"的叫声。河水清澈，河面宽40码。

皮土克（Pituk）是个美丽的村庄，坐落于一个陡峭山头的斜坡上。村庄面积不小，风景如画。身着红衣的比丘、比丘尼在成排的穆尼斯之间来回走动。整个画面看起来生动、独特。村庄所在的山，位于广阔的沙土平原一角。绕过那里，眼前立刻出现了列城，同时出现的，还有自远方蜿蜒而来的印度河。河水缓慢地流淌着，绕过高山、穿过峡谷，九曲环绕，奔流不息。沿着河岸，是星星点点的村落，各种景观构成一幅动静结合的绝美画卷。

列城坐落于平原的东面，印度河北岸。该城纵长3英里，遍布砂石。河岸平缓，有松软的沙滩。城后有一条溪流，滋润了山上的一方土壤。可是受地形影响，这条溪流无法灌溉整个平原。河流对面是大面积的缓坡平原。因为缺水，绝大部分土地都很贫瘠；只有平原顶部，一个叫托克（Tok）的地方，分布着星星点点的绿树、白屋，形成村落。托克后面是绵延起伏的高山。那是另一个山系，海拔超过16000英尺。就是这些连绵的高山，阻隔了夏洛克河谷和印度河，使它们相隔至少20英里。

列城，海拔11500英尺，位于崇高的山脊之下。城中有四五百座房屋。这些房子的屋顶是平的，窗户排列整齐。城南有小块绿地，绕着绿地外围种着白杨树——在英格兰，这应该被称为"绿化带"。最好的屋舍和旅馆都建在这儿附近。城里跟山谷没什么两样，只不过多了些房屋。从拉贾的住宅可以看得见整个城市的面貌，包括平原和河流的景色。拉贾的房屋是白色的，结构简单，却不粗野。数量巨多的楼层和窗子让我想到了欧洲大陆的城堡。墙壁不是直上直下的，而是自下而上以和缓的角度向中心聚拢。所以地基比屋顶占的面积要大一些。山顶上的屋子是专供喇嘛居住的。

列城周围的山都极为贫瘠。但是一旦有水，柳树、白杨、山杨树以及冷杉就会尽最大的努力伸展枝叶，吐露葱翠，让景色变得悦目。虽然，这些努力不是很成功。沿着河流走两英里，能看见一个花园，那是幽谷的入口。在那儿，有拉贾的另一处宅子。

出了列城，再走几天，就是高大的中亚平原了。牧民是这里唯一的居民。他们赶着牛羊、带着家人，在这无边的草原上迁徙、游牧。西边，也就是帕米尔或者说 Bam-i-Dunia（世界屋脊）那边的平原，海拔16000英尺。平原上的山峰普遍被积雪所覆盖。气候寒冷异常。不光是山羊，其他动物，比如牦牛、野山羊，甚至连狗的身上都长满了厚厚的"开司米"——也就是贴近皮肤的山羊绒。就像我在前面提到过的。

到达列城以后，我在柳树林附近搭好了帐篷。没过多久，我就意识到这正是古拉布·辛格代理人的意图——他们要阻止我继续向前。除了我的随从，任何人都不能靠近我。老比丘来看望我以示尊敬，却被下令离开。我猜想，他在离开之后一定受了鞭打。更过分的是，两个喇嘛前来拜访，我刚开始询问他们宗教的问题，谈话就被迫终止，他们也被命令离开。他们禁止我买补给品，以及一切旅途中需要的物品。甚至连我走进集市的时候，集市都会散去。人们因为害怕跟在我后面的恶棍纷纷躲了起来。这完全影响到我的计划，而我对此却无能为力。

列城临时的拉贾是古拉布·辛格的傀儡。我见过他几次。但是锡克人从不让他停下来和我说话。一天，我见到他正和拉达克的主事喇嘛交谈。当时，主事喇嘛穿着红袍，戴着一顶宽檐儿帽。我立刻调转马头赶了上去，却被胡安·辛格（Juan Sing）——一名锡克官员拦住了。他突然出现在我面前，做手势让拉贾赶紧离开。

我最终还是决定去见见这位拉贾。一天早上，我带着书记员和马夫骑马飞驰到拉贾的住所。侍者死死拦住我们，不准我去楼上。我只好抽出佩剑，冲向拉贾的接见室。只留下两个目瞪口呆的锡克人，站在楼下面面相觑。然后，我在忠心耿耿的土伯特书记员的陪同下，闯进了拉贾的房间。房间奢华、富丽，地上铺着地毯。拉贾坐在房间深处的角落里，靠近窗户的地方。他头顶上方悬着用中国丝绸制成的华盖，华盖上绣着极为精美的图案。拉贾的衣着跟平时不太一样，要更短小一点。但是跟一般藏民的衣服比起来，还是有很多装饰。仆人们站在周围，始终保持着不远不近以示尊敬的距离。他们希望我也能如此。但是，没有时间来讲究这些繁文缛节了。我径直走向拉贾，行礼，然后坐在他身边，以马哈拉贾（Maharaja）①兰季德·辛格的名义请求他提供帮助，态度温和而有礼貌的。

胡安·辛格听说我去见了拉贾，脸色都变了，几乎喘不上来气。拉贾显然是受到了惊吓。不过最终还是答应了我的请求。他说他愿意为我提供帮助，但还是要顾忌古拉布·辛格。有了拉贾的承诺，我就离开了。第二天早上，拉贾派人送来了一套礼服。礼服的价值并不在价钱，而是荣誉。这是一种形式。接下来去怒布汝山和夏洛克河谷的行程就顺利多了，不再有那么阻碍。我也能更好地支配剩余的时间。

我们先向东走，穿过一片沙漠，到达阿玉（Ayu）山谷；然后又向北，走上一条又长又难走、满是急转弯且布满碎石的山路。等翻过那座山头，我们已经精疲力竭。测量计显示，山顶海拔16000英尺。那座山的构造，就像一口深色的陷阱。翻过山头，眼前——在夏洛克河所处的方向，突然出现无数巨大的山体。放眼望去，周围全是锯齿状的雪山；而这当中最显眼的，就是北边的木孜塔格峰（Musdagh）。它是那样宏伟、壮丽。

接下来的山路又长又无聊。我们必须在天黑之前赶到贾格尔村（Jugur）——那是我们今晚落脚的地方。第二天早上，我们继续赶路，走到了河岸边的驿站。河水很浅，河面只有40码宽。山谷比村庄所处的海拔要高，看起来就像一个峡谷。我们花了两天时间走出那里，来到夏洛克村。那里的河流跟村庄同名，也叫夏洛克。下一站是叶尔

---

① 马哈拉贾：大君，王公。——译者注

羌。从拉达克到叶尔羌有一个多月的行程。我断定再往前走就没有固定的居民点了。

通往叶尔羌的路地势比河床低，我们不得不一而再地涉水而过。从拉达克到喀喇昆仑山将近十天的路程。怒布汝山谷从侧面插入夏洛克村北面。到处都分布着农舍木屋，非常有意思。只是如今已经没人居住了。在海拔150英尺的高处有一座城堡。城堡脚下有一个村庄。村庄很漂亮，房屋是拉达克风格的，周围没有环绕着的杏树和桑树。

书中没有对叶尔羌进行过多描述，而是直接记录了回程。

我从怒布汝山返回列城的时候，走的是南边的山路。这条路的海拔与我去叶尔羌时途径海拔高度差不多，但是有更多积雪。我到达列城后发现这儿还是跟我离开的时候一样荒凉。但是，留在列城的随从告诉我，在我离开的这段时间，列城呈现出跟现在完全不一样的样子：集市拥挤热闹，大家都愿意把好东西拿出来交换、买卖。还有从北方过来的旅者、商人，他们赶着大型绵羊，驮着羊绒。在回来的路上，我注意到路边有一个用松散石头垒起来的小型建筑物。这个建筑物上面盖满了野山羊角。山羊角中间有一个用木头雕刻出的可怕、怪异的面容——这代表的是邪恶的灵魂。实际上，修建这个建筑物是为了抚慰恶灵，达到与虚幻罪恶的和解。

在这之后，我返回了斯卡杜。艾哈迈德·沙赫热情友好地迎接了我——一如从前。我在印度河流域来来回回跑了这么远，最终还是回到了这里。

在回旁遮普的路上，古拉布·辛格派人送信来说，如果我希望的话，他会下令割掉胡安·辛格的鼻子，作为对我傲慢无礼的惩罚。他还派了一名高级书记员，带来一大袋子卢比和一套贵重的骑马服，他真挚地希望我能够去查谟做客，或者是与他在路上会面。但是，我拒绝了。我回到拉合尔后，兰季德·辛格在他的私人会客室接见了我。我向他做了如实的汇报，当然包括古拉布·辛格的所作所为。

维涅先生在印度的时候，又去了一次斯卡杜，并试图深入位于印度河和奥克苏斯河源头西北部的山区小镇吉尔吉特（Gilgit）[①]，但是没能成功。他又第二次去了喀喇昆仑山，寻找印度河支流夏洛克河的源头，依旧无果。无论如何，维涅先生的探险，使我们获得了上印度河流域以及土伯特喜马拉雅山脉区域的大致情况，为后来的探险者积累了宝贵经验并提供了大量一手资料。从那以后，欧洲开始了向中亚的探险。维涅先生于1839年返回英国。此时，据他离开英国已过去7年。

---

① 吉尔吉特（Gilgit）：该城沿河而建，位于南亚次大陆克什米尔西北部。作为古印度贵霜帝国的一部分，佛教曾在此地兴盛一时，玄奘曾在此地讲授佛法。现为克什米尔北部交通、贸易中心。沿罕萨河谷可进入中国西北地区。——译者注

第九章　罗伯特·肖的旅程

自从阿道夫·斯拉金特维特被杀害的消息传开后，多年没有人延续他的足迹继续西进。渐渐的，欧洲人与去过拉达克的中亚人之间有了往来，英国勘察人员还前往印度河流域进行探访。通过他们的叙述，以及在这一时期所进行的断断续续的短途探险活动所获得的信息，关于这一地区的了解在一点一点增加。1858 年，俄国军官，中玉兹哈萨克汗阿勃莱曾孙——瓦利汉诺夫（Valikhanoff）[①] 伪装成乌兹别克商人成功穿过天山山

[①] 瓦利汉诺夫（Valikhanoff，1835～1865）：帝俄军人和情报官员。其曾祖父是历史上著名的哈萨克阿布赉汗。他 11 岁时进入西伯利亚鄂木斯克军校学习，接受正统的俄罗斯教育；在以优异的成绩毕业之后，作为一名尉级军官进入俄军服役。当时，俄国正在一步步并吞整个中亚。（转下页注）

脉，并在返回途中混入喀什噶尔。在南边，也就是土伯特所在的方向，约翰逊（W. H. Johnson）① 成功穿过昆仑山脉，安全到达忽炭，并在那里受到当地首领的热情款待。

瓦利汉诺夫自1853年毕业于武备中学，成为沙俄的骑兵少尉，并任西西伯利亚总督哈斯福尔德的副官。1857年，塔里木盆地边缘地区发生倭里罕叛乱事件，沙皇俄国决定趁此机会派遣军官前往喀什噶尔。在谢苗诺夫（Semionov）② 和科瓦列夫斯基（Kovalevsky）③ 的推荐下，瓦利汉诺夫于1858年6月出发，伪装成乌兹别克商人，沿新西伯利亚堡垒一线，在10月混入喀什噶尔。瓦利汉诺夫到达喀什噶尔后，表面上是个地道的商人，到处签订贸易合同、购买商品；实际上则是利用一切手段"搜集尽可能准确的有关该地区政治形势的消息"。他在喀什噶尔等地探查半年之久，结交了各阶层形形色色的人物，例如官吏、商人、阿訇、学者，盗窃和刺探到阿克苏（Ak-su）、乌什、喀

（接上页注①）从1855年起，瓦利汉诺夫以地理学者和军官的双重身份，加入了俄国的探险考察队，开始对广大中亚地区进行探查活动。1858年10月在喀什噶尔考察半年之久，他于1859年4月返回维尔内（今阿拉木图）。瓦利汉诺夫返回后写成的考察报告立即被送往圣彼得堡。俄国参谋总部办公厅在给沙皇上报时称"这是极其有价值的著作"，并指定将这些情报提供给西伯利亚独立军团指挥人员参阅。瓦利汉诺夫本人因这次考察有功被提升为参谋部大尉。——译者注

① 约翰逊（W. H. Johnson）：于1864年经由阿克赛钦窜到中国西部边疆进行探险，通过"勘察"绘制了一幅地图，擅自将大片中国领土（喀喇昆仑以北的阿克赛钦地区）划入英印克什米尔版图，是为"约翰逊线"，为一个世纪后的中印边界冲突埋下了伏笔。——译者注

② 谢苗诺夫（Semionov, 1827~1914）：帝俄时期的一位地理学家、统计学家、植物学家和昆虫学家，曾任全俄地理学会副主席。他于1856~1857年考察了伊塞克湖及天山地区。——译者注

③ 科瓦列夫斯基（Kovalevsky, 1856~1861）：俄国东方学家，时任沙俄外交部亚洲司司长。——译者注

什噶尔、英吉沙、叶尔羌、忽炭等地政治、经济、军事、文化等各方面情报。他本人也因此次的考察成果被选为俄国地理协会会员，并被调入外交部亚洲司工作。约翰逊（W. H. Johnson）是印度测绘局的一名官员。他于1864年越过喀喇昆仑山脉，进入土伯特和清朝西北边地，抵达昆仑山脉附近，然后，经过阿克赛钦往西，再越过喀喇昆仑山口，最后经过查谟和克什米尔，回到印度。

在这一时期，清政府治下的西北地区发生了很多重大的事件。一波未平一波又起，政局混乱。倭里罕收服周边部落，已经穿过西边高山区；布素鲁克汗（Bozoorg Khan）联合野心勃勃的浩罕汗国将军穆罕默德·雅霍甫（Mohammad Yakoob）①，入侵中国西北边疆。但是，布素鲁克汗懒惰软弱，整日纵情酒色，不理政事，最终被穆罕默德·雅霍甫软禁，直到1868年才获得自由。自由之后，他就留在了老家费尔干纳盆地的浩罕山区。倭里罕（杀害斯拉金特维特的凶手）被抓获并处决。其他的和卓们也被雅霍甫封以高官，虽然他们并不满意。但是面对以残暴著称的穆罕默德·雅霍甫，他们均保持沉默。

中亚浩罕人穆罕默德·雅霍甫用了两年时间巩固其统治，然后就开始四处征伐。他征伐的第一个对象就是忽炭。这次征讨因暗杀首领、长老而臭名昭著。忽炭首领、长老以及其他几位重要人物受穆罕默德·雅霍甫邀请赴宴，却被叛徒暗杀。在屠杀了3000人后，忽炭城被攻下。同年，也就是1867年，穆

---

① 穆罕默德·雅霍甫（Mohammad Yakoob，1820～1877）：被称为"中亚屠夫"，为中亚浩罕汗国阿克麦吉特伯克。在沙俄和英国的幕后支持下，于1865～1877年入侵中国西部边疆，成立哲德沙尔汗国。后被清朝陕甘总督左宗棠击败。——译者注

罕默德·雅霍甫征服了阿克苏东边的城市、库车（Koochee）等地区。在这之前，那些地方一直受清政府管辖。我们无法确定其统治范围的东边界限，但差不多包括罗布以西的所有区域，即北纬35～45度，东经75～85度。

俄国人在距喀什噶尔一星期路程的锡尔河源头修筑要塞的消息传来，迫使穆罕默德·雅霍甫从东边撤回。1868年秋，穆罕默德·雅霍甫会见了俄国官员莱因塔尔上尉（Captain Reinthal），不久之后就派出使者前往圣彼得堡（St. Petersburg）；同时，在喀什噶尔以北的天山山脉修筑防御工事。1869年冬，穆罕默德·雅霍甫占领了锡里科尔高原（Sirikol），该地区是帕米尔（Pamir）的一部分，同时也是奥克苏斯河的源头。

这些历史事件意味着中亚对欧洲探险者的开放，糟糕的山路已不再是威胁。这些环绕在中亚周遭的山脉比安第斯山脉还要高大。山里的居民多为雅利安人，他们过着群居生活，乐观友好、充满激情。新时代的第一个幸运儿，是当时拉达克的行政长官——英国人罗伯特·肖（Robert Shaw）先生。他在12年后，踏着斯拉金特维特的足迹，顺利到达叶尔羌、喀什噶尔，并且安全返回。肖先生是19世纪六七十年代英国驻拉达克的高级代表，他曾经先后两次翻越昆仑山，是第一个经中亚进入中国西北地区的英国人。

肖先生驻守在喜马拉雅山脉南端的坎格拉山谷（Kangra Valley）好多年，经常外出打猎、远足，最远去过克什米尔——这使他熟悉亚洲的旅行，熟悉南边那些与印度接壤的高大山脉。他想进一步了解这里，了解那些不为人知的山区，探访那些没有人去过的地方。从拉达克来的本地人频繁地出现在坎格拉山谷，

第九章 罗伯特·肖的旅程

冬天，在路边的空地上经常出现一些黑色的帐篷，里面住着做小买卖的藏民。他们有着最好的脾气，总是咧着嘴冲你笑着打招呼。

除此之外，每年都有一些英国探险家来到拉达克，他们深入荒无人烟的山区，带回很多令人欢欣鼓舞的发现，例如一些让人觉得不可思议的奇妙动物，还有藏传佛教信徒独特的奇异习俗，并留下相关报告。报告中记载，这里野生绵羊个头很大，跟矮种马差不多大小；野牛的尾巴像马尾巴一样浓密，侧腹的毛很长，一直拖到地下。他们还通过艰难跋涉发现了羚羊和瞪羚。僧侣们端坐在一般人难以攀越的岩石上，手持转经筒，有时还会捧着古老的手稿。看起来匪夷所思，却又令人肃然起敬。那应该是喇嘛教的某种宗教仪式。这一切都吸引着他们的目光。

尽管拉达克地处偏远，光是穿过群山就要花一个月的时间。它还是以其神秘的魅力被世人所知晓。少数商人跑去遥远的叶尔羌，甚至是喀什噶尔做生意，回来之后向世人讲述自己的旅途见闻及历险经历。据说，那里居民的命还没有绵羊值钱，几乎没有人敢再去冒险。

肖先生于 1867 年被吸引到该地区。他将通常的年度旅行范围扩展到拉达克。每年都会有从中亚来的商队。他们途经这里，前往土伯特。肖先生计划与这些商人结识，然后加入、同行，如果可能的话一起前往忽炭——约翰逊先生两年前去过的地方。然而，不久就传来忽炭首领被穆罕默德·雅霍甫谋杀的消息。他们的希望也因此而落空。虽然还没进入喜马拉雅山脉就听闻了此消息，他们还是决定继续向前。肖先生形象地描述了一路上所见到的景物，特别是沿途风景：

穿过峡谷，就进入了土伯特高原一块名叫罗普舒（Roopshoo）的地区。峡谷两边都是奇险的绝壁，道路狭窄，布满冰川，还长满了成丛的冷杉。看到罗普舒高原的第一眼，就让我想起英国士兵对阿比西尼亚（Abyssinia）①的评论："好吧，如果它是一张桌子，那它一定是四条腿都朝向上方的桌子。"这个有勃朗峰那么高的高原由一些干燥的开阔山谷组成，绵亘数英里。谷里没有水，看起来有几百码宽。山谷两边全是突起的圆形山丘，由粗石子堆砌而成。这些山丘呈现出红色、黄色、黑色等渐变的色彩。在靠近山峰的地方，偶尔有几块凸起的大石块，打破了山坡和缓的曲线。放眼望去，净是无边的砂砾，只有一丛丛零星生长的豪猪毛似的杂草。举目四望，没有一点儿葱翠可以用以解救被漫漫黄色侵蚀的疲惫的双眼。几乎找不到一丁点儿可以用作补给的物品，比如水、木头之类。慢慢的，开始陷入绝望。突然，向导引我们来到一处绿洲。那里的溪流来自几英里外的积雪融水，还没来得及渗入砂砾、荒原。水源周围生长着两三英尺高的草丛。在那附近有若干浅坑，被大大小小堆积松散的石墙所围住，那是流浪的土伯特部落停留过的痕迹。虽然石墙不高，缝隙又大，但是如果你足够聪明，就会懂得巧妙利用这些遮蔽物。因为每到下午时分，会突然刮起寒风，即使裹着几层被子也会被冻得麻木，甚至失

---

① 阿比西尼亚（Abyssinia）：指埃塞俄比亚，是一个位于非洲东北部的国家。高原占全国面积的 2/3，平均海拔近 3000 米，素有"非洲屋脊"之称。——译者注

去知觉。刮大风的时候,藏民一般会躲在这些3英尺高的矮墙后面。即使没有屋顶,也比直接挨风吹要好得多。因此,每一个落脚点都会有这种石墙围起来的遮蔽物,就像蜂巢的一个个小隔间。凡是经历过这些寒风的旅者都不敢相信,自己早上那会儿还在忍受着刺眼的阳光、与中暑做着抗争。

这真是一个糟糕的、令人失望的地方。漫漫高原,空无一物,感觉怎么走都走不出去。沿途没有任何风景可言,枯燥、乏味,令人烦躁。按照指南针所指的方向一直走下去,几个小时过去了,看见的还是同样的东西。跟没有移动过方位一样,没有一点儿改变。就算你看见迎面有一队人马向你走过来,等你们真正碰面,也已经是半天以后了。天空很干净,一望无际。所有的东西都在一个平面上,视野极为开阔。穿过这无边的谷底,就又到了拉达克居民居住的地方。首先看见的是对面山坡上小块的耕地,数量不多。它们似乎是从沙漠中冒出来的,做了极其痛苦的挣扎,来与你相见。就像把英国最好的几块农场裁剪出来,拼凑于荒野,比如亚特拉斯山脉(the Atlas)[①],又或者亚丁(Aden)[②]地区。这就像在意大利的天空下,空气清新,天空宛如明镜,像拿着望远镜遥望那些处于远方的、微小的物体。葱绿的耕地间没有渐变的过程,每一块垦区都与周围的荒山形成鲜明对比,好像它真的是用刻度仪从

---

① 亚特拉斯山脉(the Atlas):位于非洲撒哈拉沙漠西北部。长2400公里,横跨摩洛哥、阿尔及利亚、突尼斯三国。——译者注
② 亚丁(Aden):也门城市,位于阿拉伯半岛的西南端。由死火山熔岩形成,属热带沙漠性气候,常年处于副热带高压和信风控制之下,气候炎热干燥,雨量稀少。——译者注

别的什么地方切割下来，然后扔到了这里。

进入村庄的时候，要路过一面既长、又矮、又宽的石墙。石墙上刻着庄严的藏文字句，是用两种不同的风格书写的，这被称为"Mane"。每个村庄都有几个这样的东西。每堵墙的尽头都有一个"Chorten"，形成一个大型的方形基架，由一个颠倒过来的"大茶壶"作拱，用石灰刷成白色；中间是一个方形塔，由木制的小型球体或新月托起。这个建筑物高达10~20英尺，据说是用来存放活佛遗体的。建筑物的墙上有很多孔，里面填满浮雕，看起来就像是岩溶点缀物。这些浮雕其实是由其他喇嘛的骨灰浇铸成的。喇嘛死后，遗体被烧成灰。把这些骨灰和黏土和在一起，浇铸成百臂神灵的形象，也就是这个宗教的偶像。通过这种方式，实现肉体与灵魂的相通。

进入这些建筑物的时候，虔诚的藏民只走右边。道路因此而分叉，离去的人和来的人各行其道。村里的房屋都是平顶的，上下两层，用大块的砖头砌成。亮白色的墙体，自下而上向中心倾斜。门窗是红色的。通常，屋顶上堆放着系着小旗、彩色布片的羊角。黑牦牛（土伯特的牛）毛发浓密，尾巴蓬松。牦牛身上的毛又浓密又长，一直垂到膝盖，看起来就像穿了条蓬蓬裙。经常能看见它们在田野里吃草，有时候因为不满主人让它们驮行李，从鼻子里发出"呼噜呼噜"的声音。牦牛一般由女人们照料。妇女穿着红蓝条纹相间的裙子，过膝长布靴，紧身上衣外围着羊皮披肩。她们有时候会穿鲜红色的衣服；头上不戴帽子，只有两条布片垂下来，护住耳朵，看起来非常古怪。那两条布片是一种垂饰，用来保护耳朵免受刺骨寒风的侵扰。"佩拉克"（perâk）是她们最珍贵的饰物。那是一条缀满绿松石的宽带子，从头顶一直垂到脑后，由皮革制成。绿松石的数量自上而下逐渐减少，到带子末端的时候只剩下一颗。男人全都不留胡子，穿着跟女人们一样的过膝长布靴。厚厚的羊毛罩袍一直拖到绑腿处，在腰部系着带子。男人们的头发也编成辫子，戴着一顶类似英国车夫戴的黑色帽子。帽檐垂下来，既可以遮挡太阳，也可以保护耳朵，免受下午寒风的侵袭。

在闻讯赶来围观旅者的人群中有一个喇嘛。他斜穿着只有一条袖子的藏袍，另外半个身子裸露在外。他手里拿着转经筒，以极为轻微的动作转动着手中的木柄。转经筒上端的小砝码随着细线绳儿一圈一圈地转动。喇嘛摇着转经筒挤进裸露着岩石的狭窄巷道，准备回庙里去。这是土伯特的一个村庄，除了沿河生长的那几棵矮小柳树外，村庄里再没有其他树木。村庄之外，全都是碎石荒原，没有任何人类生存的迹象。

在拉达克所处的印度河上游的开阔河谷处，这些村庄延续数英里，海拔只有11000英尺。这儿土壤肥沃，气候温和，适于庄稼生长。列城偎依在山脚下，距离铺满沙砾的河岸有4英里距离。

来到这里之后，我准备认真学习当地礼仪和风俗。在来到这里之前，我觉得这是一个未开化的野蛮之民的所居之地；但是真正走进这座城市之后，我改变了以前的看法。观察那些行走在大街上或是安静地坐在集市里的人们，你会发现一个特殊的群体，他们跟周围的人完全不一样。这群人裹着大大的白色头巾，络腮胡子，几乎拖到地上的长而宽的外袍。外袍是敞开的，露出腰上缠着的短毛皮带。他们脚蹬黑皮马靴,威风凛凛。他们待人有礼貌,不同于印度人那样大喊大叫,也不像土伯特人那般滑稽。他们那高贵的礼仪,使周围的人看起来像是缺乏教养的猴子。

或许这多少使人联想到他们神秘的家园,这也使得我们对这些商人产生了如此多的关注。一直以来,这里与世隔绝,不允许外来者踏入。他们一定目睹了这场恐怖的大规模复仇之战。也许,他们自己也参与到这场大屠杀。据说在那些地方屠杀行为每天都有发生。每天都有很多人死去。他们一定已经习惯了死亡,习惯了血腥。他们的祖先,在帖木儿和成吉思汗的时代,一定也曾参与到那场发源于中亚、波及遥远的西方的行动。

认识之后发现,他们的性格跟我们之前所认为的完全不一样。大家一起坐在帐篷里,友好、愉快地交谈。当然,因为语言不通,翻译是必不可少的。他们很喜欢我们的茶叶,小口啜饮着。气氛很愉快,只是我的印度随从脸上带着惊恐的表情。他觉得这种行为打破了等级,是非常不合适的。我们的客人很健谈,也很风趣。我们随意地开着玩笑,他们也能适时地回应打趣。大家自由地聊着,却又不会完全地不着边际,始终把握着一个度。他们非常懂得分寸,既尊重自己,也尊重与他们交谈的人。当谈话结束起身离开时,他们会像服务生一样很恭敬地鞠个躬。他们肤色白皙,脸庞红润。

我们到这儿后,见到的第一个男人头戴宽檐儿毡帽,身穿印花晨衣,脚蹬高筒马靴。他的胡子、髯须都是浅棕色的,面庞白皙。他注视着我的样子,就像是一个英国人。我正要向他打招呼,他却背过脸去,坐在我的印度随从身旁。两人一聊天儿才知道,原来他是叶尔羌人,是一个"哈吉"(Hajjee),即朝圣者。

幸运的是,肖先生在列城之时正赶上印度政府下令减少克什米尔、拉达克、中亚等地的关税。因为肖先生是英国人,叶尔羌商人将其作为感谢的对象。他们跑去肖先生那儿,向肖先生表示感谢。这无形中就保证了他日后的旅程。肖先生在列城停留了一个月,了解那里居民的特点,收集了大量的信息;于10月底启程,前往印度;在大雪封山之前回到坎格拉山谷;然后立刻着手准备第二年的行程。此时,只剩肖先生一人,他的同伴们被风雪所困,死于途中。他决定以英国商人的身份,径自前往叶尔羌和喀什噶尔。

为了不被人怀疑,肖先生决定不做测量,也不再做任何观测,仅带了一枚小巧的指南针——当地人可能只以为是什么不值钱的小玩意儿。他还雇用了一个名叫迪万·巴克什(Diwân Baksh)的当地人作助手和机密信使。迪万·巴克什精通波斯语和阿拉伯语,熟知当地宫廷礼仪、规矩。最主要的是,他的家人都在坎格拉山谷,靠着他挣钱生活。这也就保证了他的忠诚尽责。

• • • 第十章 喀拉喀什河之行

　　1868年5月6日，肖先生第二次踏上往拉达克的征程。最初的进展并不顺利，行程缓慢。他的商人身份迫使他携带大量货物，交通运输成了大问题。他每隔七八天就得更换一次骡子，找新的搬运工。肖先生到达库鲁（Kooloo）山谷后，有一个当地的医生来拜访他。医生说不久前他们医院（这名医生服务的医院由政府资助）收留了一名叶尔羌孤儿。两三年前，这个孩子跟着家人一起去麦加（Mecca）。从叶尔羌到麦加是一段极漫长的旅程，他的家人均在路上死去，只剩下他一个人。这是个胖胖的年轻人。面色红润，看起来乐观、积极。他有着高高的颧骨，细长的眉眼，是典型的蒙古人长相。他的着装集麦加、印度、当地本土风格于一体——老实说这三种风格本就没多大区别。他头戴一顶红色的无檐帽，身穿棉布罩袍，脚蹬及膝马靴。肖先生问他是否愿意一起前往叶尔羌。他想都没想立马就答应了。这个孩子的加入无疑有利于行程。将叶尔羌流落在外的孤儿送回家，将是一份很好的见面礼。

通往拉达克的路一直不通，皑皑的白雪冰川令人寸步难行。我们直到7月2日才翻越巴拉拉恰（Bara Lǎcha）山口。肖先生是这样描述的：

> 巴拉拉恰山口是两种不同的自然景观区域的分界线。我们刚刚走过的那块区域估计就是真正的喜马拉雅山区。放眼望去，天与地尽是一片银白色。宏伟的山脊之上全都落满了厚厚的积雪；巨大的冰盖下面看得见冰川的犁痕，反射出耀眼的蓝光。高原被一道峡谷隔开。峡谷很深，谷底流淌着滔滔的河水。峡谷两侧寸草不生，是名副其实的断崖绝壁。沿着峡谷的两翼高原上分布着稠密的森林。由低到高，缓缓上升，在平面上勾勒出起伏的弧线。一旦过了巴拉拉恰山口，或是这一区域的其他山口，实际上就是进入了一片被砂砾侵蚀的峡谷或是山谷。两山之间的空间是如此狭窄，根本没有河流通过的可能性。它为海拔很高的大平原所占据，突起的山峦就像起伏的波涛。在我们习惯了喜马拉雅山区那些凌空而起，几乎是直上直下的高大山峰之后，这儿给人一种水平和缓的感觉。这就像是离开了哥特式大教堂①之后，又走近

---

① 哥特式大教堂（Gothic cathedral）：指规模宏大，具有哥特式建筑风格的教堂。此种风格盛行于中世纪。其特点是尖塔高耸，在设计中利用十字拱、立柱、飞券以及新的框架结构支撑顶部的力量，使整个建筑高耸而富有空间感，再结合镶嵌有彩色玻璃的长窗，使教堂内产生一种浓厚的宗教氛围。——译者注

了巴特农神庙①。此时，这个地区的表面像是正经受着旱情的影响。没有足够的雪水可以补充河流，也没有持久的甘霖足以滋养出碧绿。我估计，这种景观月球上也应该有。

我们似乎遇到了阻碍。这里的景观完全是气候作用的结果：持久的干旱，山脊几乎全靠黏土、碎石相黏合。我总觉得这里本应是由积雪、冰川、河流共同雕刻、塑造出的，应该跟邻近的区域一样，雨量充沛、溪水长流。

不管怎样，我们得记住，我们是在土伯特——一片光秃秃的不毛之地。在这里，继续往前，都别想看见一星半点儿的绿色。碎石和沙砾才是现实。

肖先生决定，在行进到这个地区的首府，即其去年曾停留过很长时间的列城之前，绕道去一趟拉达克的东部。他需要绕过中国西南边界线，以便抄一些近路，这样就可以穿过印度河上游，避开城镇，开辟一条新的路线。他从卢科辛（Rookshin）营地偏离去往列城的主干道，向东行进12天翻越罗普舒（Roopshoo）高原。罗普舒高原平均海拔15000英尺，个别山峰高达20000英尺。而后穿过另一块贫瘠的无人区，进入印度河谷。肖先生于7月20日在中国边境的班公湖（Pangong Lake）②扎营，在帐篷里做了如下描述：

---

① 巴特农神庙（the Parthenon）：雅典卫城主体建筑，为歌颂雅典战胜波斯侵略者的胜利而建，代表了希腊建筑的最高水平，是古代建筑最伟大的典范作品之一。神庙呈长方形，由前殿、正殿和后殿组成。殿内多立柱、雕像，讲究"视觉矫正"，整体风格典雅内敛、庄重雍容。被后世形容为"伟大的单纯，静穆的壮伟"。——译者注

② 班公湖（Pangong Lake）：青藏高原西部的一座湖泊，位于中国西藏和克什米尔边境。班公湖为内陆湖，呈东西走向，湖水东淡西咸。——译者注

班公湖总共有80英里长，但只有4~5英里宽。湖水的颜色、周围山的形状、气候（此时）全都让我想到了日内瓦湖（Lake of Geneva）①。但是，唯一不同的是，这里没有一星半点儿的绿色！当然，如果只是看远处的群山，是看不出什么不同的，全是一样的紫色和蓝色。但对近景来说，这种不同是非常明显的。这里没有绿色的葡萄园，也没有洛桑（Lausanne）②、威潍（Vevay）③的高大树木，这里有的只是无边的白色沙海、鲜有人迹的碎石子路。茫茫的白色沙海从远方的高山一路蔓延过来，到处都是起伏的沙丘。远处的山峰有着惊人的海拔，山顶落满积雪，在阳光下闪着媚人的光泽，犹如博松冰川（喜马拉雅山一种罕见的景观）。其中一座冰川撞到暗淡的冰碛石，看起来就像是绅士们衣服上的白色褶边。这一路上没什么植物，但是今天，我们看见了三次野草丛。事实上，我们是在一个村庄里扎营的，按理说应该有植被，不说庄稼、树木，杂草应该是随处可见的。显然，那里的冰川融水在灌溉土地上出了问题。湖水含盐，尽管看起来澄澈美丽，蓝如宝石，但其河岸两边没长多少草。

　　四五天以前，我们穿过印度河上游（东北方向），费了很大劲才使行李避免被河水浸湿。因为河水很急，成年男子站在河底，都能被河水没过脖子。我将撑帐篷的支架

---

① 日内瓦湖（Lake of Geneva）：位于法国和瑞士交界处，由罗纳冰川形成，是阿尔卑斯湖群中最大的湖泊，同时也是世界第一大高山堰塞湖。——译者注
② 洛桑（Lausanne）：瑞士西南部法语区城市，位于日内瓦东北约50公里处的日内瓦湖北岸。——译者注
③ 威潍（Vevay）：位于瑞士的法语区城市。——译者注

捆绑在一起，再把行李也牢牢地捆绑在上面；四个男人像抬担架似的把撑杆担在肩头，另外还有四个男人举着撑杆结合处，用了四到五个小时才渡过河流。我把衣服脱了扔在行李上，赤着身子徒步涉水。河流只有50码宽，这和流经旁遮普、信德（Sinde）①的河段形成鲜明对比：在那里，洪水期，河面足足有10英里宽！亲爱的朋友，不知道你注意到了没有？这条河流发源于神秘而又神圣的曼索拉瓦湖（Mansorawar），离伟大的布拉马普特拉河（Brahmapootra）②河源很近。在其流程为世人所知之前，它默默无闻地向西北流淌了数百英里。它沿着同一方向穿过拉达克、巴尔蒂斯坦，而后一路奔腾，进入神秘而未开发的地区，在那儿它整个改变流向，经西南方向穿过旁遮普和信德，出现在阿图克（Attock）。对一条河流，大家只知道其中最著名的河段，却对其他河段一无所知，这是很能引起人们的好奇心的。

一星期后，肖先生遇到了英国驻拉达克公使凯利博士（Dr. Cayley）。凯利博士已经沿着列城东向进行了游历，最远到达昆仑山脉。凯利博士在回列城的途中遇到肖先生，二人于8月初

---

① 信德（Sinde）：地处印度河下游平原，东邻印度，南濒阿拉伯海。——译者注
② 布拉马普特拉河（Brahmapootra）：亚洲主要的大河之一，梵语中意为"梵天之子"。该河发源于西藏喜马拉雅山脉北麓冰川，上游河段被称作雅鲁藏布江；经藏南地区进入印度，藏南境内河段称作底杭河（Dihang river）或香江（Siang river）；于印度阿萨姆邦境内与其他两河合流后称布拉马普特拉河；流经孟加拉国后称为贾木纳河；最终与恒河汇合，形成恒河三角洲，注入孟加拉湾。——译者注

到达列城。在那里，肖先生与正从克什米尔返回的叶尔羌使者做过几次交谈。肖先生曾对他提到过想去凯利博士刚去过的喀拉喀什河（the Karakash River）。

叶尔羌使者说："如果你准备去喀拉喀什河，那一定得去叶尔羌。如果不去，我该如何向我的首领交代呢？难道告诉他，我将一位英国人留在了离叶尔羌很近的地方却没有带他来吗？"我回答说："如果阁下同意我与您一同前往，我将不胜感激。"他回答说："当然，我很乐意。"后来我又与他私下见了一次面。我说恐怕我得先得到首领大人的首肯才能前往，所以，希望能够先派一名代表跟他一起去。他说："Khoob ast"（没问题），然后向我承诺40天之内一定会得到答复。饮茶之后，我又再一次确定："就这样定了。如果您同意，我的仆人将随您一同上路。"他转过身，亲切地拍了下我的随从的肩膀，并说道："当然，我很乐意——他是我的兄弟。"然后他又派人让我的助手迪万·巴克什做好上路的准备。因此，我相信这件事就这样定了下来。为了能使我顺利前行，我计划请他带一些礼物给首领，以及其他的头领。我听说，使者已经派人送信给他的主人。信上说，他在去拜访旁遮普总督时途经拉合尔（Labore），在那里遇见了一个英国人（我）。这个英国人现在已经在拉达克了。英国人请求与他一起去叶尔羌。但是他拒绝了，除非得到首领的首肯。事实并非如此，因为是我建议先征得首领同意的！

叶尔羌使者于8月28日离开列城。肖先生的代理人迪万·

巴克什带着信函和礼物与之同行。接下来要做的就是准备好行程所需的物品，静候消息。遇到的首要难题是驮运行李所需的交通工具。当时控制交通贸易的是一伙被称作阿尔贡（Argoons）的混血胡人。他们手里有一批矮种马。这些马品质一般，要价却很高。事实上，肖先生作为一个外地人，是绝不可能从这伙人手中买到马匹的。那些有好马的人，在跟肖先生谈好价钱，甚至是收了钱之后，都能再把马匹租给其他人并且不做任何解释。甚至还有一些人，根本没有马匹，却也来跟肖先生谈价钱，想空手套白狼。当时的叶尔羌商人都有自己的马队。如果通过现买，是根本不可能买到质量上乘的马匹的。

他写道：

"所有这些困难，都让我相信，在9月20日之前，我是不可能离开这里的。一个名叫莫敏（Momin，诚实的人）的马贩向我许诺，8~10天他会准备好马匹。拉达克总督答应会为他的马队提供向导。这名向导将带着马队走我准备走的那条新路线。同时，总督也给附近几个村落下达了命令，要求他们为我提供马匹。按照当地风俗，村民有为旅者出租马匹的义务。后来我发现，马贩提供的马匹根本不够用。除了驮运货物外，还有帐篷和行李。这使我下定决心，要求村民履行其义务，为我提供驮运货物的马匹。"

"托普先生（Mr. Thorp）听说我要去叶尔羌，自愿与我同行。他曾是98团军官，当时正在土伯特地区游历。当他提出建议的时候，我马上答应了下来。有个同行者毕竟是件令人愉快的事情。但是后来，我跟一位朋友说起了此事。这位朋友劝我慎重考虑。确实,我之前只是说我要去叶尔羌,在给雅霍甫的信函里也只有我一个人的名字。如果现在,又出现了一个英国人,势必引起这些亚洲人的怀疑。托普先生是个明白事理的人,对我的顾虑表示理解。他说陪我前行本是出于好意,如果因此而惹来不必要的麻烦,那可真是得不偿失。"

"当时我还听说又有一个名叫海沃德(Hayward)的英国人正在来前往叶尔羌的路上。出于同样的考虑,我给他写了一封信,希望能在克什米尔截住他,免得引来麻烦。"

旅程前期很不顺利,因为很难凑齐耐用、得力的马匹。肖先生用了6天时间才到达班公湖源头附近的察格拉(Chagra)。因为马匹不够用,他不得不用牦牛来驮运货物。要知道这一路上艰险难测,准备足够的口粮就显得尤为重要。预计到叶尔羌这一趟得有两个月。所以,肖先生带了大量的面粉、炒干的大麦,给牲口也准备了足够的大麦。他们还赶了一小群羊。为了防止被偷换马匹,每一匹马的前额都打上了记号。粮食和面粉都被密封在麻袋里。麻袋上也都盖着肖先生的私人印章。这都是为了防止被盗和不必要的浪费。进入这片地带,稍有不慎,都有可能导致日后的重大灾难。

马队在察格拉休整,做最后的准备。肖先生的代理人迪万·巴克什托人捎来信件。迪万·巴克什在信中说,肖先生应该在一个月内到达叶尔羌边境赛图拉(Shahidoolla)[①]。肖先生

---

① 赛图拉(Shahidoolla):位于中国西北边疆地区,是丝绸之路的南方交通线,可由此前往印度。——译者注

写道：

"这个地方是我遇见凯利博士的地方。那时，他刚完成一条新路线的探险，正往回走。而我正试图避开拉达克，直接前往英属印度。我的旅程如果由此处去拉达克，再返回，那么以上种种准备工作就显得有些多余。所以我们由此开辟从印度到叶尔羌的新路线，希望未来会有越来越多的人使用这条路线；而不必再通过那条穿过拉达克，并翻越喀喇昆仑山口的古老而艰险的路线。要知道，克什米尔的官员们至今还在逼迫商人们走那条路线。"

"9月29日，我们离开了察格拉——在土伯特的最后一站。9月30号，我们穿越马斯米科（Masimik）山口，进入羌臣摩河（Chang-chenmo）①流域。马斯米科山很高，但是比较平缓，易于通行。羌臣摩河流域由海拔14000～15000英尺的开阔丘陵地带及平原构成。从那儿流出的那条小河最终流向西，汇入夏洛克河（Shayok River，印度河的源头之一）。在夏洛克河的源头，将我们与巨大的山脉隔开的是著名的喀喇昆仑山（通往叶尔羌的老路）。夏洛克河从喀喇昆仑山一路向南流向拉达克。但是在流往拉达克的途中，被一座高大山脉（拉达克山谷一翼）所阻隔，突然改变流向，朝西奔腾，最终在巴尔蒂斯坦境内汇入印度河。"

"了解到羌臣摩河流入夏洛克河，夏洛克河又汇入印

---

① 羌臣摩河（Chang-chenmo）发源于中国和印度边界阿克赛钦地区。意为"伟大的北方（河流）"。——译者注

度河之后，我们决定沿着羌臣摩河逆流而上。我在这个河谷一直待到10月16日。一是为了等那个毫无信义的马贩带着我余下的东西从拉达克赶过来，二是为了留出时间给我的代理人，即迪万·巴克什完成他在叶尔羌的谈判任务。我利用那段时间边捕猎野牦牛（一种令人感到惊叹的野牛，其体型是土伯特牦牛的两倍），边探查各个河谷的源头，看是否能发现通往北方的捷径。"

"羌臣摩河谷平缓、开阔，潺潺的水流在鹅卵石间蜿蜒。河谷两岸是由黏土和砾岩形成的峭壁。有时好几处断崖呈阶梯状互相叠压。砾岩与黏土一层叠一层，形成多彩的纹路。在砾岩层与黏土层上面是赤裸的山体。可以看得见光秃秃的土层，寸草不生。"

正当肖先生滞留羌臣摩河谷，等待后续货物的时候，收到了海沃德先生的来信。海沃德先生在信中说他受地理学会的委派，因此必须将旅程进行下去。事实上，他已经快到了，就驻扎在肖先生附近。10月14日，肖先生与海沃德见了面。肖先生写道：

"我们在一起聊天，我们聊到了各自的探险计划。他说地理学会委派他从奇特拉（Chitral，离喀布尔西部边境很远）开辟出一条通往帕米尔草原的新路线。但是受战乱影响，他不得不从更加偏东的地方穿过拉达克，这也就需要得到雅霍甫的许可。他说他原本计划打扮成阿富汗人。他都已经买好了全套的阿富汗着装，正准备丢弃那些有英国人标志的物品，比如说帐篷。但是在经过一番商议后，再加上现在看见我准备以英国人的身份前去，他也决定这么做。事实上，在一个到处充斥着阿富汗商人和阿富汗士兵的穆斯林地区，若想假扮成阿富汗人又不被发现，除了需要精通阿富汗语，还得谙熟当地居民信仰的教义（这得放逐到那儿若干年后才能精通）。"

"接下来的问题就是，我们是否应该同行。考虑到我之前对叶尔羌首领的承诺，我觉得还是我一个人先走比较稳妥。之前，我向首领承诺的是一个人前往叶尔羌。如今，突然出现了两个英国人，势必会引起怀疑，他们极有可能将我们二人都驱逐出境。因此，我决定还是我一个人先去。希望我的礼物和信函能征得他们的信任。海沃德暂时还是留在这里，等候召唤。一有机会，我就会向首领提出请求，请首领允许海沃德入境。这似乎是最好的解决办法。"

"另一方面，海沃德决定先去羌臣摩河谷的源头，从那儿查探一下是否有更合适的路线。"

二人于 10 月 16 日分手。海沃德去探路，肖先生沿着叶尔羌使者的足迹继续东行。走了数英里之后，来到一处高达 30 英尺左右的高台断壁斜坡。这就是 1857 年阿道夫·斯拉金特维特走过的路。山路极为险峻，马驹费了很大劲才通过那里。肖先生在天黑前遇到了使者的侍从。他们已将迪万·巴克什护送到叶尔羌，正返回归还马匹。他们给肖先生带来了迪万·巴克什的信函。信中说他从写完信之日起一个月的时间内派人在赛图拉与肖先生会面。但是这封信并没有标注日期。

第二天，他们沿着干枯的河床行进。南边有诸多山峰，覆盖着白色的冰川，景观壮丽、奇美。往北，是几乎与山口高度相同的平坦而舒展的高地，海拔超过19000英尺。

　　天色已晚，露营的东西还没有送到，塔什（Tashee，我的一个随从）和我步行前进，以使身体暖和起来；但在日落后停下来的时候，我们就得坐着冻上几个小时等待天亮。在这种情况下，保暖的最好方法就是：蹲下来，跪靠在河堤的斜坡处；把头埋在两膝中，抵着河岸；然后用大衣裹住全身，包括头。如果走运的话，风又不是特别大，你可以在衣服里面给自己留一块喘气的地方。衣服里是要比外面暖和得多。此时，身体全部的重量都在脚上。但是相信我，你会学会调节受力的。我曾经用这种姿势跪坐了一个晚上，并且睡眠酣畅。但是如果让我仅盖着这一件外套伸展着睡，无论如何也是不敢合眼的。露营的东西送到了，我们终于有了一点儿取暖的燃料，融化了一些冰用作饮用。可还是没有草料喂牲口。

　　第二天早上我像往常一样用过早餐，露营的东西也都收了起来。我们继续穿行在艰难险恶的高山砂石间，好不容易才遇见一块不大的平原。平原较远的一端与一个砂石山脊相连。我们向北穿过这个平原。我把坐骑让给了我的一个随从喀贝尔（Kabeer）。因为山上空气稀薄，他有了明显的高原反应。我们登上这个砂石坡顶（将近100英尺高），便看见另一个广阔的平原展现在脚下。那个平原比我们所处的位置低400英尺。曾穿越过这个地区的藏民将其命名为"林孜塘"（Lingzeetang）。在其东部和西部，雪山在百米之外若隐若现，犹如一艘巨轮，横亘在东西方之间;只见桅杆,不见船身,出没于惊涛骇浪之中。在我们的前面,正北方向,山体在很远的地方与一个长长的砂石脊相连。石脊上面有小山顶。走下砂石坡,来到平原处,我们选了一处背风坡扎营。坡体很坚固:黏土混合着坚硬的石头、糙玛瑙。周围没有草,连草根都没有。但是有一种类似薰衣草的植物,可以充当柴火。这种植物的嫩枝有三四英寸长,看起来很像薰衣草。这些小串的嫩枝散布在七八英尺或更远的地方。它们的根是木本的,比起地面上的嫩枝要坚硬充实得多。这些根茎真是上帝送给探险者们的礼物。我的随从们带着十字镐去挖它们。但即使在这里这种东西多得不得了,仅凭一个人要想挖够足够烧火的燃料,也得花费数小时。有时候马匹牲口实在找不到吃的了,就只能靠这些嫩芽充饥。这个季节山上已经找不到活水了,我们融化了些雪水做饭、饮用。但是燃料有限,无法融雪给马儿喝,它们只能靠自己咀嚼积雪止渴。

20号的早上天气不错,旅途还算愉快。我们横穿过两座山岭间的空地。这两座山岭的形状很特殊,一个像圆形的屋顶,一个像"chorten"(一种常见的藏区建筑物)。喀贝尔像昨天那样不停地掉队、躺下来休息。我让队伍停下来等他。他借口说他的父亲和祖父都从未来到过这样的地方。说实在的,我真的搞不懂,这还没走多远,路况也还不错,天气也不是很冷,他怎么会这么虚弱呢?当然,海拔有很大的影响。恰恰相反,我的古德(Guddee)随从(古德人是古老的高山民族,他们生活在坎格拉山,是最可靠、忠诚的随从)反而在抱怨这一路上太过平坦、单调,他希望能走山路,那要有意思得多。见到许多海市蜃楼,实际上却没有一点儿真正的水的痕迹。在平原上走了几个小时后，我们来到一处高100英尺左右的高地。在这块高地的顶部又是一块平原，高地周围有许多岩石峡谷。我们随便挑了个峡谷走了进去，在一英里左右的岩石下扎营。当时狂风大作，阴风刺骨，人都像是要冻透了似的。那是真正的飓风，连帐篷都搭不起来。我们只好蜷缩在岩石下面，胡乱弄了些吃的东西就睡了。牲口已经三天没吃草料了。我们给马儿喂了些大麦，牦牛却不肯吃。

10月21日，肖先生一行到达拉柯尊（Lak-zung），当地人称之为"鹰巢"——这是那一连串引导我们从高高的林孜塘平原进入北方低地的奇特山谷的名字。尽管这里的海拔也有16000英尺之高，可还是长了些草，牲畜们终于有了点儿吃的。在宿营地附近的花岗岩峭壁上有一个古老的鹰巢。鹰巢下面遍布羊角和骸骨，那都是每一代的鹰爸鹰妈哺育幼崽留下的残骸。肖先生还看见了一头成年公羚羊，它有着美丽的七弦琴式犄角。但是肖先生的手指被寒风冻得失去知觉，无法扣动扳机。肖先生在这儿停留了四天，一是为了休息整顿，二是为了补充一些新的牲畜。这里冷得不得了，刺骨的寒风把骨头都要冻透了，即便是当地人也感到难以忍受。书写很困难，钢笔里的墨水已经被冻住了。

队伍于26号再次启程。向北行进了漫长的一天，穿过平原，来到一片水源附近。那块地方被叫作塔尔达特（Tarldatt）。附近有一口很小的冰湖。冰层有两三英尺厚。因为喀贝尔的病情，肖先生在这儿又耽搁了一天。牦牛和马驹都出现疲懒症状，行军的速度和里程也都相应做出调整。再往前走，还是一样的荒地，没有人烟，但是有了点杂草。山上尽是盐碱地。我们行进在塔尔达特荒凉无人的区域，进入一个旧湖床平地。

湖床之上覆盖着薄薄的一层土，土层表面泛着白色的苏打粉末，估计有四五英寸深。在这些白色粉末下面还有一层不纯的盐或硝石。人踩在上面的时候能听见咯吱咯吱的声响，就像踩在薄薄的雪地上。许多地方都是裸露的，没有泥土，也看不见苏打粉末。在这种地方走了四五个小时，感觉很恐怖。我们老远就看见了宿营地，却仿佛永远也到不了。

10月30日，队伍终于走出了盐碱地，进入一个狭窄的山谷。山谷东北一侧是低矮的断裂花岗岩山脊。山脊之外便是喀拉喀什河谷。喀拉喀什河是中亚的六大河流之一。该河发源于昆仑冰川，流经忽炭城墙，一路向北，最终消失在罗布荒原。喀拉喀什河之外是高耸陡峭、积雪覆顶的高山，那便是欧洲地理学家所熟知的昆仑山。最早到达那里的欧洲人是斯拉金特维特兄弟——赫尔曼（Hermann Schlagintweit）和罗伯特（Robert Schlagintweit）。

此时又有几头牦牛撑不住了。幸运的是，叶尔羌使者曾在这儿留下了两头牦牛，如今它们全都吃饱喝足等着被征用。沿着喀拉喀什河有不少草地，牲畜可以自由刨食草根，用它们的蹄子将融化的冰变成液态水。这是它们自离开羌臣摩河后，第一次的大快朵颐。15天以来，它们除了雪外，什么也喝不到。

第十章 喀拉喀什河之行

以前每到一个地方都要挖空心思地寻找牧草、柴火，计算行程，如今这里既有水源，又有牧场，我们几乎都忘记了要想那些。制定行程是非常重要的。既要考虑从这一段到下一段的距离、所要花费的时间，又要考虑牲畜的体力。如果从这儿到下一个露营点距离很长，但是有充足的水源、牧场，到了那里之后人马可以得到充分的休息，那么就可以多走一段距离；如果下一个露营点没有水源、牧场做补给，那就不能走太长远，否则牲畜会受不了。但是现在我们无法知道前方的路况，也不知道是否有补给，唯一的办法就是我亲自驾马在前面探路：在尽可能高的地方观察地形，再赶在日落之前返回。我们目前行进在喀拉喀什河谷。此段的河谷比较开阔，有半英里宽。两岸是赤裸的高山，呈南北走向。谷底铺满白色的卵石，青绿色的河水缓缓流过。河堤两岸是台地。我这一路上都万分谨慎，仔细打量着每一道峡谷，试图在那些贫瘠的土壤中找到能用做燃料的薰衣草植物。对于牧草，我早就不抱希望了，河床也几乎枯涸。野外宿营最重要的三样东西——燃料、牧草和水源，这里全都没有！我在日暮降临之前到了一处高地，从那儿几乎能俯瞰整个峡谷。我继续向上攀登，以便能看到更远处的景观。令人惊喜的是，我似乎看见在远处那片平原的边上有暗色的物体！我旋转扭动着望远镜，以期能看得清楚点儿。灌木！是灌木丛！好像还有白色的冰雪在闪光。我赶紧从高地下来，策马飞奔，终于在那看似望不到头的幽深峡谷中遇到了这一个月以来第一次出现的灌木丛！峡谷里冷风肆虐，不断回荡着令人恐怖的风声。我在堤岸下找了个避风窝子躲了进去，又捡了些干灌木架起火，这才感觉好一些（这是我在阴冷的平原上所盼望已久的时刻）。等了一个多小时还是没有一个人来。我开始担心马队是不是已经走上过去了。因为天色已晚，我可能没有发现他们。所以我开始大声喊叫，却没有丝毫回应。后来还是我的马驹听到了动静，我赶紧策马向相反的方向追过去。果然，他们已经走到前面去了。无论如何，到底是跟大部队会合了。我带着马队回到刚才新发现的避风窝子。大家高兴地聊着天，烤着火。我发现之前看见的那些闪着微光的冰散落河流两岸。它们是从河谷的左面或者南面穿过一个狭窄的峡谷进来的，并塞满了主干河谷中现在已经干涸了的河床。我本想在第二天去那里看看，但是得先去给牲畜们找一些草料。

第二天气温上升到华氏40度，喀拉喀什河面上的冰块开始融化，碎裂开的冰块随着河水欢快地流淌着。人和动物体内的血液也沸腾起来，变得生机勃勃。牧草、灌木也越来越多，甚至出现了厚厚的草甸。他们又在山谷里走了五六天，直到北部山脉（昆仑山系的一支）出现缺口。喀拉喀什河从缺口改变流向，东流而下，奔赴温暖的忽炭平原。每天有新牦牛（这些牦牛都是叶尔羌使者路过时留下的）加入，直到替换了所有掉队的牦牛。到目前为止已经有9头牦牛了。这一路上的困难算是顺利渡过了，但是精神上的障碍还没有完全消除。

第十一章　滞留在边境 ● ● ●

肖先生生动记录了他在叶尔羌边境所受到的招待：

我在帐篷里记录着这一切。帐篷位于喀拉喀什河畔，搭建在一个小要塞的平顶上。这个要塞由几个不大的房间组成，还有一个院子。房门朝里开。护墙是砖头垒成的，错落分布着射击坑洞。护墙的拐角处有圆形塔楼。绕着楼身一圈也有枪打的小圆孔。这座简陋的碉堡孤零零地坐落在布满小圆石头的平原中心。喀拉喀什河，这条满是鳟鱼的河，从前面数百英尺远的地方流过，消失在远方的荒山后。喀拉喀什河沿岸有一些低矮的灌木丛，四周耸立着光秃秃的石岩山。碉堡里面要有意思得多：院子的角落里，一伙蒙古士兵（此处按照原文译）①围着篝火坐成一圈。他们的长长的火绳枪全都卸了下来，斜倚在墙边，总共有12把。前面放着三四个高顶马鞍。这些蒙古人（此处按照原文译）②穿着宽松的长袍，束在腰带里；底下是一条同样宽松的长裤。官员的长袍色泽鲜亮，用一种半丝半棉布料做成，上面织着色彩绚丽的大块图案。有些人穿的是深红色的叶尔羌布料，有的人穿着英国印花棉布料，还有些人穿着白色毛毡料，没有统一着装。有的人把长袍塞在裤腰里；还有的人穿着两件长袍，外面那件是敞着的，露出腰带。队长戴着一顶圆锥形帽子，绕着帽檐缠了一圈包头巾。大多数人都戴着羊皮帽子。

两名官员中的一人正把火绳填入枪里，其他人在一旁观望，或者是在屋里做饭。他们说话的声音刺耳且带喉音，其辅音老是相冲突。随我一道儿来自拉达克的那位朋友出于尊敬，远远地坐在一边，正摩擦着羊皮。那头羊是我们在来的路上宰杀的。蒙古人（此处按照原文译）对拉达克人很友好，称他们为土伯特人（Tibetee），目前为止我只听欧洲人说过这个词。我的印度随从全都避开了，他们不了解这儿的主人，甚至有几分惧怕。

我倒觉得他们和我会是最好的朋友。过一会儿，我将要招待这些官员来我这儿喝4点钟的午茶。我们围坐在火炉旁，喝着茶，吃着点心，并试着交谈。因为三天前，我对

---

① 这是印度人对中亚当地士兵的称呼。
② 在18、19世纪西方探险家罗伯特·肖等人眼中，中亚居民多为成吉思汗的后代，身上流淌着蒙古人的血液，故而数次将这些中亚士兵称为"蒙古人"。——译者注

当地民族语言的掌握还只限于"yok（不）"这个词语上。这是我在阿特金森（Atkinson）①的书中偶然发现并掌握的词语。他们不懂波斯语，当然也不懂印度语。我们只有靠微笑和手势来交流。这真是太令人沮丧了。来复枪、手表、指南针、左轮手枪等全都失去了意义，我们得进行实质性的谈话。

我查阅了很多当地语言词汇，我们谈论着战争与和平、地理、历史等话题。面对这种情况，一名最出色的语言学家又能多做些什么呢？现在我将告诉您我从他们那儿得到的信息。一开始，他们对我的后膛枪很感兴趣。他们在三十步远的地方放置了标志物。而我常常能命中。这让他们感到特别惊奇。他们就像一群好奇的中学生，爽朗快活却又极有教养。当我用许多糖去换他们的茶叶时，他们会拍拍我的背，称我为好伙计；但是当我路过篝火的时候，他们会站起来，手抚胸口弯腰行礼——这是他们问候、行礼、表达敬意的方式。那个前一分钟还拍着我的背开玩笑的人，后一分钟就会用双手捋着自己的胡须，朗声高喊对信仰表示虔诚的口号。这让我吃了一惊。在场的所有人都会手抚胡须，进行附和，感谢被赐予食物。

破晓时分，我听见一个人在门外吟咏："起床祷告，起床祷告，祷告比睡觉重要得多，快起来祷告！"昨天有两个士兵被鞭笞。他们被剥去上衣，双手也被绑住。长官

---

① 阿特金森（Atkinson）：英国建筑师。曾于1857年到过伊犁河的支流，并从吉尔吉斯斯坦抵达济尔哈兰河谷。他以天山雪景为主题，创作绘制出多幅水彩画作品。——译者注

毫不留情地对他们施行了鞭刑，直到其后背血肉模糊。我的随从看见了这一幕，询问出了什么事。这才知道原来是他们起晚了，耽误了祷告。当天傍晚，这两名士兵中的一个唱着土著居民的歌曲，另有两名士兵在篝火前跳舞。我加入了这个聚会。现场有两位官员，其中一人拿了些叶尔羌核桃请我吃。这两名跳舞的士兵随着拍子跳着快滑步，旋转、挥动双臂。当他们跳累了就向大家鞠个躬，回到人群里坐下。

这个时候，你也不知道我是否已经成为雅霍甫伯克（Yakoob Beg）士兵们手中的俘虏，或者说我是如何发现自己被这伙人监禁在要塞。所以我必须从我上次离开的那个地方重新讲起。

我们沿着河谷整整走了六天，这一路枯燥、乏味，没有一点儿新意。可就在第六天早上，刚离开营地（它搭建在一个真正水草丰美的地方，这块草场由河流的众多支系共同滋养而成）走了不远，就来到了一处圈养羊群的人类聚居点。我们完全不知道如果冒昧走近会有什么后果。我们只知道有一些自称吉尔吉斯人（Kirghiz，依原文译，下同）的游牧部落曾抢掠牧民、旅者，使得通往叶尔羌向西的路很不安宁。而且，这些部落偶尔会将他们的羊群赶到喀拉喀什河谷中。不过，这个羊圈看起来像是去年修的，也看不出新近有人逗留的痕迹。后来当我骑马在前面探路的时候，却在泥地上发现了新踩上去的脚印。这行脚印很清晰，直至消失在前边的碎石路上。我无法继续跟踪、核实自己的判断，正准备放弃，又突然看见在稍远一点儿的地方还有脚印，除了脚印还有马蹄印。我不禁大笑起来，这让我想到了鲁滨孙·克鲁索（Robinson Crusoe）①和他的脚印。不管怎样，我发现的这些脚印应该不会是什么不祥之兆，但还是应该引起注意。如果这些吉尔吉斯人人多势众，他们还真有可能抢劫我们，那势必是一场混战。我的那些随从、仆人估计是指望不上的，即便是我也只有举手投降的份。最终的结果就是，我的旅程被迫中断。想到这些，我越发谨慎起来。当我们走到平原尽头的时候，这个河谷在一个突起的地方变窄。我让队伍在此停了下来，自己一个人爬上山脊侦察路况。从那儿可以俯瞰整个河谷。我小心翼翼地抬起头，举起望远镜观察。透过镜片，我看见了如茵的草地，四散的灌木丛，还有一个吉尔吉斯"约尔特"（yourt）。没错，跟阿特金森书中描述得一模一样：这是一个圆形建筑物。屋顶不高，呈弧形，上面盖着白色毡毯。毡毯已经旧了，不是很干净。在约尔特外面的木桩上拴着四五匹马及牦牛。我还看见一个穿着束腰长袍、脚蹬高筒靴的男人正在一群牲畜中间忙碌着。屋顶中间升起袅袅炊烟。

我无法向您描述我当时的感觉，那种场景以前只在小说中看见过。我觉得我的旅行才真正开始。至少，我已经见到了传闻中的"突厥人"和吉尔吉斯人——这些几乎完全与欧洲不相往来的部落、居民。我小心翼翼地退回营地，跟大家说了看见的情形。经过简短的讨论商量，大家决定挨着约尔特扎营；因为我们得设法经过这些吉尔吉斯人的地方。既然相隔这么近，如果被他们发现，将会引起

---

① 鲁滨孙·克鲁索（Robinson Crusoe）：英国作家丹尼尔·笛福所作小说《鲁滨孙漂流记》的主人公。——译者注

恐慌。就是现在，大家也都担心会被那些吉尔吉斯人发现。大家检查了装备，四把来复枪都上了膛，队伍继续前进。我骑着马走在队伍前面。让我觉得好笑的是，之前那个有高山反应、老是掉队的印度随从喀贝尔此刻却面色惊恐，一直紧紧跟在我的马尾巴后面。那个一直在牲畜中间忙活的吉尔吉斯人直到听到我说话才回过头。当时我离他不到20码的距离。他似乎一点儿也没感到惊讶，微笑着走过来冲我打招呼。这时从约尔特里又走出来一个吉尔吉斯人。我们互道"salám"问好，并微笑着看着彼此。我们觉得在赛图拉附近应该有正等着我们的首领的士兵，不然他们看见我们怎么会一点儿也不觉得奇怪呢？这两个吉尔吉斯人很年轻，显然是兄弟。他们面庞红润，像是拥有古铜色肤色的英国人。这时候又出现了一个妇人，但是她一直站在远处。妇人长得很漂亮，头上缠了一圈白棉布饰带。这些饰带均匀地缠了很多层之后，从后面垂下一根很长的飘带。飘带饰有彩色的花纹，垂至腰间。妇人穿着一件长袍，像男人一样用带子把腰束起来，下摆几乎垂至脚踝。她的脚上穿着一双红色皮质长筒靴。男人的长袍要短一些，头上戴着有护耳的皮帽子。

　　我们在附近扎营。这个吉尔吉斯人非常热心地帮我们把帐篷搭起来，还生好了火。这时候又来了一个赶着羊群的吉尔吉斯人。他穿着一件很长的用野山羊皮制成的长袍。我的古德随从自小放羊。据他估计，这一群羊少说有1000只。这些羊跟阿富汗地区的羊相似，有着肥大扁平的尾巴。我们正好赶上生小羊羔，三个吉尔吉斯男人钻进了约尔特里，没过一会儿就又出来了，手里拎着一只羊和满满一皮囊黄油送给我们。我们感激地接受了,这头羊立即被宰杀;黄油非常美味。作为回礼,我送给那位妇人一面镜子及一些英国香粉。他们非常高兴。

第二天一早,我就派了两名拉达克随从顺着河谷前往赛图拉。那个吉尔吉斯人说赛图拉离这儿不远。我在赛图拉安排了一名信使,他应该从迪万·巴克什(即那个被提前派往叶尔羌的代理人)那儿带了信函给我。那里并没有村庄,只是拉达克和叶尔羌之间一个行旅落脚的地方而已,也是我所要走的那条线路上的第一站。四年前,战乱纷争还在持续时,克什米尔的马哈拉贾(Maharaja,大君)派了一小队士兵和苦力穿过喀喇昆仑山脉,在赛图拉建了一个小小的要塞。马哈拉贾的士兵在这个要塞守卫了两年。直到去年骚乱平息,那些士兵才被撤走。

言归正传,继续讲述我的故事。正当我吃早餐的时候,从赛图拉来了两个士兵。我们无法交谈,但我瞧了瞧他们的枪并给了他们一些茶叶;之后他们就离开了。下午又来了另外三个蒙古骑兵(此处按照原文译,应当为当地游牧骑兵)。他们的穿着更华丽体面:色泽鲜亮的长袍,宽松肥大的裤腿,头巾缠在尖顶的丝帽上。我请他们下马入座,奉上茶水(礼节中不可或缺的一部分)。吉尔吉斯人(尽管我们才认识不到几个小时)充当我们的翻译,通过手势以及我从他们那儿学到的一些当地词汇进行交谈。他们想看看我的那些新奇玩意儿:后装式来复枪、左轮手枪、小型望远镜、手表,等等。在我展示完这些东西之后,他们告诉我,他们中的一个人得赶紧启程去叶尔羌,向首领汇报我的到来。我应该给那个人一件东西,或者是一封信，好让他带给首领。我赶紧给首领写了一封英文（我对用波斯语写信没多大把握）短信，然后装入一个粉红色的信封内，用我的印章（印章上用波斯文刻着我的全名）在封口拓好印。之后，把它交给了那名信使。那三个人立即上马，带着我的殷切希望策马飞奔，消失在一片尘雾中。

这一天是11月8日，星期日。

第二天，11月9日，为了等后面驮面粉的牦牛，我又耽搁了一天。跟往常一样，运送补给的队伍总要晚个一两天。这个星期的食物供给都得靠牦牛驮队。下午，牦牛队伍终于赶到了，将面粉分发出去。星期二早上我们进入赛图拉地区。在这里，我受到了星期日认识的那两位朋友的接待。他们指挥着一个由12人组成的先遣兵队伍。我们受到彬彬有礼的接待。他们把要塞中最好的房间（千万不要把它想象成东方最奢华的套房，想想英国最简陋的木棚吧）让出来给我们居住。我被告知他们是首领派来招待我的，已经在这儿等了1个月了。首领命令他们以贵宾级待遇招待我，并留意我是否真的没有要求。在继续行程之前，我必须等待叶尔羌首领的命令。也就是说，送信兵得先把我确实到来的消息送到叶尔羌，然后再带回首领的回复，这一来一回至少得6天。也就是说，我还得在这儿等一个星期。我只好认命。接下来的一两天里我一直在找机会学习当地语言。弄明白这些词语的意思，并在缺乏最初步的语言基础上建立一个差不多的词汇库，这真让人感到奇妙！这儿的官员和工作人员也围过来，向我解释他们的意思，并猜测我说的话。他们真的很聪明，而我也因此进步很快。

到星期四的时候，我已经开始对这样的滞留感到厌烦了，于是提议外出打野牦牛。我了解到那些野兽出没的山谷离赛图拉有一天的行程，为了在送信兵之前赶回赛图拉，我们只能打一天猎。我和两个官员、三四个随从在第二天一早就出发了。我们很幸运，刚吃过午饭（其中包括叶尔羌人的烤饼）就发现了一群野牦牛，足足有16只。将马留在指定营地后，我们便开始悄悄靠近目标。这时望远镜里出现了一个骑马的蒙古士兵。他正向我们飞奔而来，大声叫嚷着让我们回去。我们只好停下来，等着他过来。他告诉我们，某名从叶尔羌来的重要人物已经来这儿接我了。他已经让牦牛驮着我的帐篷往回走，我们必须立刻返回。

这个消息真是太让我高兴了。我立刻上马，飞驰在山谷中，用了不到来时一半的时间就赶回了赛图拉。我在远远的地方就看见一个穿着体面的士兵站在门口，应该是在站岗（在这之前他们没有这么做过；事实上，在这之后他们也没有再做过）。一进院子，就看见一个体面、威严的大人物独自坐在篝火前。他穿着丝质长袍，身佩镶银军刀。地上还铺着地毯，更显高贵。当我进去的时候，他没有起身迎接；而是示意让我坐在他身旁。我按照吩咐坐下，并试着用波斯语向他问好。他却只是摇了摇头，跟身旁的人说话去了，把我丢在了一边。我对受到这种待遇感到恼火，便起身踱步到院子的另一边去，让人在那儿点了篝火。当我起身时，这位大人物也站了起来，用手势告诉我他要开始祷告了（他把双手放在耳后，这一手势在他们祷告的时候经常出现）。确实如此，在接下来的一个小时内他又重复了三次这样的动作。我猜想他在旅程中是没法做完一天内所有的祷告的。

之前认识的那些朋友看出了我的不快。他们耳语了一番之后，其中一人走过来，坐在火堆旁，我身旁的位置，向我解释这件事情。他告诉我，这个大人物是很厉害的角色，就是在首领跟前也是坐着说话。他以米合曼达尔（Mihmandâr，即迎宾使）的身份来见我，向我表达敬意，并提供一切我所需要的东西。这时我发现跟米合曼达尔同来的一位桑株（Sanjoo，一个边境城镇）老者懂一些土伯特当地语言，交流立刻变得简单起来，因为我身边有一位名叫塔什（Tashee）的土伯特翻译。他是个最得力的小伙子。大人物派人告诉我，如果我愿意在房间里铺上地毯的话，他想私下拜访我。之后我的房间不仅铺上了地毯，还点了蜡烛，米合曼达尔也走了进来。在这次拜访及第二天早餐之后又一次更正式的拜访中，他按照东方的礼仪款待了我：12种果盘（盘里盛放着石榴、葡萄干、开心果等其他各种坚果），一块俄罗斯糖，以及一只羊。那只羊在经历了一番推辞后，放在门口让我过了下目。许多以首领名义问候的言辞接踵而来。我大约不会有什么麻烦和顾虑了，无论我需要什么，只要提一下就好，他都会尽力满足。

这正是我渴望的。他的人马全都任我调遣。我回答说首领能派您这样一位德高望重的人来真的是屈尊了，我深感荣幸。但是让您鞍马劳顿，来到这样一个偏远荒凉的地方，我深表不安。我相信，在东方，说再多恭维赞美的话都不会令人生厌。他们喜欢听别人对自己的赞美。

接下来他又问了一连串跟我身份相关的问题,诸如我是军人还是商人,我用来驮运货物的马匹数目,那些货物什么时候到,我随身带了多少东西,除了商品之外还有些什么,等等。我必须小心对付这些不时冒出的问题。无论如何,首领是让他们来迎接我的,不管我是谁,他们都不能逮捕我。我告诉自己,你必须如实地回答,千万别落入圈套里。如果我不能诚实地回答这些问题,就会让他们以为我有所隐瞒,那结果一定会很糟糕。当然,我本就没什么好隐瞒的。我唯一的担心就是我的随从,要知道印度人有那种不喜欢说真话的天性。我担心如果我不在场,他们会撒一些没有必要的谎。我可以确定,他们也会被仔细盘问。于是,当大人物起身告辞(这次他礼貌的示意我不必从座位上起来)后,我把所有人召集到一起,我跟他们说我们现在是在同一条船上,大家说话一定得小心,千万别说错话。我再次提醒他们不必隐瞒自己所知道的,但是对自己不知道的也千万不要假装知道。只有如此才能保证大家口径一致,不会出现不同的版本。我不担心古德随从们,但是其他人惯于说谎。一旦搞不清楚提问者的意图,或是害怕带来未知的麻烦,他们总会不由自主地瞎编一气,就像是暗夜中不知道该怎么办的困兽。在当前的处境下,这是我所能想到的最简单的也是仅有的提醒。蒙古人(按照原文译)①一直在观察我们。一个英国人的到来让他们不知所措。在这之前,从没有英国人踏入他们的边境。

---

① 作者肖先生为19世纪英国商人。在其有限的知识储备和认知中,这些欧亚大陆的游牧人都是蒙古人的后裔。因此作者在文中皆以"蒙古人"称之。——译者注

在不到一天的时间内，就有若干的送信人，到达或是被派出。这条路从未如此繁忙过，赛图拉也因此而充满生机。

这让我想到了之前所担心的事。如果仅是对一个已经提前打过招呼并解释拜访目的的英国人就如此警惕；那么当他们知道一个没有表达过目的，实际上却是来勘查其领土的英国人也突然加入进来的时候，会做何反应呢？这些天我时常思考这个问题。

疲劣的牲畜已经让我在路上耽搁了不少时间，现在又被滞留在赛图拉。海沃德也应该被耽搁了，不然早就应该到这里了。他的突然出现一定会给当地人带来很不好的影响，而我也会因参与安排这次会合而更加受到怀疑。就像我的一位古德随从所说，他们的第一反应一定是："这个山谷中究竟藏了多少弗朗克人（Franks）？"两个英国人的同时到达（在这之前，从没有英国人来过叶尔羌）将很快被夸大为一支侵略军的先遣队。

想到这些，我跟古德随从商量了一下，决定告诉那些蒙古人在这附近还有另一个英国人。这样他们就不能以"隐瞒"的罪名责备我，因为他们肯定会从翻译那儿知道我们曾经见过面。我叫来塔什，告诉他事情的全部经过，并请他在同那位来自桑株的老者谈话时找个机会提一下我们在来赛图拉的20天前曾遇见一个在猎野牦牛的英国人。这没让我的翻译高兴起来，因为他不确定这是让我们摆脱困境的最安全的办法。如果不是我的言辞，那么就是我的权威说服了他，他最终还是按照我说的办了：挑了一个恰当的时候，一边聊天一边不经意地说起了我的那次狩猎。我让他按照自己的方式讲述，他任务完成得很漂亮。他们谈论着狩猎，罗列出我狩猎的猎物。他说那些英国人真是狩猎狂，他们当中的一人已经在拉达克境外打了好多天猎了。正如我料想的那样，当他们听说这件事的时候大吃一惊。他们问塔什那个英国人是否还要继续往前走。但塔什装出完全不知道的样子。

我下午去拜访米合曼达尔的时候，他并没有提这件事。但是已经派出了两个通信兵去打探那个英国人的消息；如果能遇到我的驮队的话，也可以顺便催促一下。我相信在驮队这件事上，他们是想看看我是否诚实。尽管他们宣称这一切都是怕首领责备。如果他们没能找到我所有的财产，让我遭受损失，首领一定会不高兴的。

我想我已经成功击碎了米合曼达尔身上那层傲慢的坚冰。我们坐在房顶上，用我的望远镜眺望群山（那位来自桑株的老者很严肃地问我，用这个望远镜是否可以看到他的两个儿子。他们正从拉达克回来，离这儿大约有十天的路程）。我从望远镜上拧下一枚镜片，因为光线很强，很快便用它点燃了一根火绳。这太神奇了。"Tobah！Tobah！"（再来一次！再来一次！）米合曼达尔失声尖叫。然后模仿我的样子，自己试着做了一次。随即，他叫来了所有的士兵围观。大家便从梯子上爬下来，睁大眼睛等着奇观出现。很不幸，他的第二次尝试失败了；然而他很快就成功地把自己的长袍烧了一个洞。这让他们很高兴。然后，我又受邀参加射击比赛。我们在200码的地方摆了很多靶子，看谁射得准。只有我和我的古德随从射中了。他用我的来复枪射了几把；然后又用火绳枪试了两次，都没有点着火。

今天早上他又发现了新的乐趣：拿着我的剪刀给大家剪胡子。一半人的胡子都被他剪掉了。本土居民的传统只在嘴两边留两撇胡须，其他地方是刮干净的，甚至连头发都被剃光了。我的印度随从虽然也与当地居民具有相同信仰，却离经叛道，留着很长的头发。米合曼达尔亲自拿着剪刀替他修剪了胡须。我看见他可怜巴巴地坐在城墙下面，一个蒙古士兵拿着大剪刀，得意扬扬地在他的头上恣意挥舞。只见大把大把的头发飘落在地，从围观的人群中爆发出阵阵掌声和欢呼声。但是我不得不说，随着头发的飘落，印度随从的面庞也越发显得整洁干净了。

11月17日，被派往叶尔羌递送肖先生抵达赛图拉消息的送信员回来了。和他一起回来的还有朱玛（Jooma）——迪万·巴克什的随行人员。朱玛说印度语。肖先生从他那儿得知信函已经送去叶尔羌了。但是首领不在叶尔羌，而是在离喀什噶尔四天路程的山里，送信兵还没有等到回复就从叶尔羌赶了回来，带了大量的面粉、大麦还有其他日用补给。首领的回复会在一天之内到达叶尔羌，然后再从叶尔羌传过来，估计得有两三天。朱玛还带来了两封信，一封是迪万·巴克什的长信；另一封是叶尔羌使者的短信，只有几句话。但因为是用波斯文写的，又近乎连笔，肖先生几乎看不懂。不管怎么说，看见信件肖先生还是放心了。之前他跟迪万·巴克什约定，如果没有不好的消息就剪去信件一角。看见剪掉一角的信件，肖先生的心情很放松。

朱玛告诉肖先生，他在叶尔羌的时候偶然听到当地官员们的谈话。他们商量说，肖先生应当被允许见首领；但是在见到首领之前，绝对不可以返回。所以，他还得在边境再等几天，得到首领的允许才可以继续前行。肖先生当下决定再等两三天，如果还等不到首领的同意就再派人给首领送信。他们已经知道海沃德的事情了，这让肖先生很担心。在这个决定着自己是否能够深入叶尔羌的关键时刻，另一个英国人的突然出现无疑会引起他们的怀疑。18日，肖先生写道：

> 临近傍晚的时候，米合曼达尔来看我。我们坐在篝火前聊天。我向他介绍了我将与首领谈论的话题；因为经过我的深思之后，我觉得如果我不提前向他告知，而只是在赛图拉等候首领的指示，他们会认为我会逃走。当他听明白我的意思之后，立刻就许诺，明早便派人带着这个消息直接去找首领。我相信我采取的这一步举措是明智的。
>
> 我跟朱玛也进行了深入的谈话，他建议我换上当地服装。今天我采纳了他的建议，换上了全套的当地服饰——脚蹬黑色高筒马靴，内穿丝棉质地长袍（这是在拉达克的时候，一个阿富汗茶商送给我的），腰束长巾，外罩一件浅褐色长袍。长袍敞开，显得很宽松，头上缠着一条红色的克什米尔包头巾。我可以自夸地说，这身装扮，完全就是个尊贵的当地土著人。我的这身打扮显然影响了米合曼达尔，他今天对我的态度很谦恭。
>
> 朱玛告诉我说，叶尔羌首领习惯一个人独自外出，有好几次都被自己的士兵当成流浪汉抓了起来。这时候，他通过提供贿赂的方式来测试那些抓他的士兵是否诚实。见钱眼开的士兵会在第二天早上被抓住，并承受鞭笞之刑；相反，廉洁正直不受诱惑的士兵会受到褒奖，得到提拔。

隔天就传来了海沃德的消息。他宣称是和肖先生一起的。果然，这马上就引起了米合曼达尔的怀疑，当下决定派人召回前一天派去给首领送信的人。但是朱玛一再声明肖先生除了曾在狩猎时见过这个人之外，与他没有丝毫关系。后来米合曼达尔拿来了肖先生的帐篷，肖先生也向他说了同样的话，这才让他放下心来，似乎是满意了。当天下午从叶尔羌来了8匹驮满货物的马，还有15头羊。

两天后海沃德到了，米合曼达尔负责接待他。米合曼达尔请肖先生给他提供一位翻译。肖先生觉得朱玛是最合适的人选，既机智又忠诚，是个可以信赖的人。事实证明肖先生没有选错人。海沃德一张口就宣称自己是肖先生的同伴。朱玛并没有如实翻译，而是按照肖先生事先的交待私自做了更改。当天傍晚肖先生托朱玛给海沃德送去了私人书信，向他介绍了当前的情形，警告他放弃前往叶尔羌。局势越发紧张起来。好在肖先生提前做了准备，保证了计划的顺利进行。

21日传来了好消息。最近派往叶尔羌的送信兵回来了，带来了首领的信函。送信兵在桑株山脚下见到了首领。首领在信中指示米合曼达尔务必用心招待肖先生，因为他很重视肖先生的性命。叶尔羌总督的兄弟会来迎接肖先生，沿途护送他直到叶尔羌。肖先生在22日的日记中写道：

> 能离开这里让我们如释重负。马匹准备好了，马掌也都钉好了。派了四匹马去吉尔吉斯人营地取来大人物及其随从人员的物品。下午晚些时候，米合曼达尔和朱玛又去了海沃德那里。当他们回来时，原本守卫在我帐篷外边的卫兵驻扎在了海沃德附近。我不知道这意味着什么，也无

法从朱玛那儿得到消息——他也在那边。

　　海沃德悄悄派人送了信函给我,他说无论如何他要离开这里。他非常想见我。我回信给他,建议他不要试图来跟我见面;如果确有必要,可以告诉米合曼达尔,就说他希望我能帮他给首领带个信儿。

　　我的回信还没有送到,海沃德就已经采取了行动。就像我在回信中建议的那样,找了米合曼达尔。第二天一早,米合曼达尔就来了我这里,他说:"另一位阁下想要见你,你的意思呢?"我回答说:"我觉得我们没有必要见面,您的建议呢?"米合曼达尔说:"我来这里就是听从您的吩咐的,并不想妨碍您。"我说:"作为朋友,请告诉我您的建议,好吗?"他说:"既然这样,那么,我觉得您是对的。"最后,我说:"问问他想跟我说什么;如果真的很重要,那么我想我可以跟他见面,当然只有五分钟,您也应该在场。"我这么做就是希望海沃德能采纳我的建议,而不要一味坚持与我见面。当然,如果他认为必须得见一面,他就可以按我回信中建议的那样,说是有信件托我转交给首领。

11月24日,肖先生已经极度厌烦了这种等待。他在那天的日记中写道:

　　我叫来了米合曼达尔,告诉他我再也等不下去了。我要外出打猎,或是到附近的吉尔吉斯人营地转转。他试着让我平静下来,不停地安慰我,最后答应如果两天后总督的兄弟还没到,我们就去北边狩猎。他离开了片刻,来的时候手里端着果盘。我们又继续讨论。就在我们说话的时候,有人通报说是送信兵回来了。他很快地冲出去,不一会儿就又跑了进来,边跑边喊"好消息!你明天就可以出发去见那位伟大的米合曼达尔,他已经扎营在桑株山口!"①大家立刻忙碌起来,开始准备东西。能离开这个愚蠢的地方,所有的随从都跟我一样兴奋。我们终于重新向着目的地进发!

---

① "朱玛从迪万·巴克什那里带来的信件上的日期是11月9日。第一次传来我即将抵达叶尔羌的消息是在两天以前。收到消息后,首领立刻派出了第一位米合曼达尔。朱玛于9号出发。因此我到达的消息应该是7号送到的。如果这不是刻意伪造的记录,那么当我远在喀拉喀什河谷的时候他们就已经开始对我进行秘密监视了。我直到7号才到达吉尔吉斯人驻地。隔天关于我的消息送达叶尔羌。"

"后来我确定了以下事实。当第一次得知我要前往叶尔羌的时候,雅霍甫就派了一队士兵去赛图拉阻止我。当我又往前走了些的时候,米合曼达尔被派来了,当然也是为了阻止我,尽管他对我说允许我继续前行。后来,朱玛又带来了物品和信函(信中写着请我回拉达克)。毫无疑问,朱玛的任务是请我折回。那些物品是拿来让我送人的,至少可以让我安全返回。他们寄希望于我会因为长久的等待而不耐烦,最终原路返回。因此朱玛暗示我也许得在赛图拉等候两三个月。"

"最后,当我的代理人将书信呈上,他们不得不派尤孜巴什来见我。但是尤孜巴什有意拖延,用意很明显,还是希望我能明白他们的意思,原路返回。"

"至此我得出结论:如果一个英国人没有任何解释就出现在边境上,或是事先没有做好充分安排,那么他一定会被遣返。而我,则是来到这里的第一个英国人。"

第十二章　前往叶尔羌的旅程 ● ● ●

允许继续前行的文件很快就到达了,比预期要迅速得多。肖先生满心欢喜地从赛图拉出发。他写道:

"11月25日,我们沿着喀拉喀什河走了很长一段路。跟赛图拉一样,这里也是光秃秃的山谷,但更窄一些,山谷两边是岩石壁。我们看见了通往塔里木盆地边缘的山谷入口,第二个山谷通往客利安(Kiliân)——那是商人们夏季通行的路线。山谷的一侧有一个废弃的要塞。这个要塞孤零零地坐落在山谷中一块突起的岩石上。周围是古老的农耕区遗迹。我听说,四十几年前有一个叫阿里·纳扎尔(Ali Nazzar)的强盗在此地占山为王。他将他的妻子及侍从守护在一个依悬崖而建的小屋里。他还养了纯种鞑靼獒犬保卫安全。从叶尔羌来的中国间谍设法毒杀了獒犬，又趁阿里·纳扎尔和其妻子独处的时候抓获了他。阿里·纳扎尔就这样被除去了，要塞也随之废弃。"

"临近傍晚的时候，我们进入了位于北边的第三个山谷，或者说是峡谷。这个峡谷通往桑株山。到达峡谷之后，我们发现了很多吉尔吉斯人的'阿库依'（akooee），也就是毡帐。这些毡帐全都整齐搭建在隐蔽的角落。在山谷数百英尺下的地方，是大片的庄稼地。地里的麦子已经收割完了，剩下金黄色的麦茬儿。在经历过那些茫茫荒原之后，这些收割过的庄稼地真得是让人心旷神怡。我受邀走进一个帐篷里，坐在中间点着的火堆前。刚坐下不久，两名吉尔吉斯妇女就端来了奶茶，给我们每人倒了一碗。用来盛奶茶的碗是木制的。米合曼达尔从挂在马鞍上的袋子里取出叶尔羌饼干。我们边喝茶边吃饼干。与此同时，另一个用来招待我们的帐篷也正在准备着，那个帐篷比现在这个要稍大一些。我被引了进去。现在，我第一次有机会能好好儿地研究一下这种帐篷的结构。还记得那些用格子细工制成的玩具吗？打开时变长，合上后变短。其中一排（其网孔大约只有1英尺宽）是半开的，呈圆形直立着安放。它们构成了大约4英尺高的帐篷围墙的骨架。在那些东西的顶端，每隔1英尺左右的地方，捆绑着柔韧性极好的枝条。这些枝条被弯曲成弧形，从四周向中心集中，形成一个拱形的屋顶。但是枝条并没有在屋顶中心交会，而是固定在屋顶中心的铁环上。这个铁环直径3英尺左右。从铁环到地面的高度在10～12英尺，这个高度同时也是帐篷的高度。这实际上就是帐篷的整个骨架了。骨架外面盖着一层又一层的厚毡垫,用绳子捆绑、缝制在一起。只有屋顶的铁环上是空的,没有盖毡垫。这个铁环中间的空间实际上就是个通气孔,既能放出炭火燃烧产生的气体,又能起到窗户的作用。围成墙的那种格子结构并没有完全相接,而是有个缺口。这个长方形的缺口,同样用枝条固定死。从上向下悬挂着一条毡帘——这就是帐篷的门了。"

帐篷的框架结构

"这真是一个再舒服不过的居处了。在帐篷里生火,眼看着青灰色的浓烟从屋顶跑出去而不会被呛到,这真是太令人满意了!要知道在这之前,不管我如何操作,生火时还是会弄得满帐篷浓烟。吉尔吉斯人在这个移动的'家'可以享受到家里该有的一切。无论走到哪里,所有的家具都可以带着——由牦牛驮着。当然,这个帐篷可能需要两头牦牛来驮。地上铺着厚厚的毡毯。毡毯上摆着生活的必需品:各种木制器皿、大口的铜锅、成袋的面粉、马鞍和鞍鞯。起墙体作用的框架上挂着绣花的大皮袋子,里面装着其他一些小物件,以及火绳枪和刀剑之类的东西。晚上,火堆熄灭之后,就可以用厚毛毡把屋顶上的通气孔盖上。躺在温暖、干净的帐篷

已搭建好的帐篷

里，不必忍受恼人的烟味儿，那真是太舒服太惬意了，真是妙不可言！"

"这就是我现在落脚的地方。我还在一块布下面发现了好几块肉，肉色看起来非常奇怪。经过询问，才知道这是马肉。原来，这是这个地方的习俗——这些马肉是给第一次到来的客人准备的。我坐在毡毯上，美美地享受了这份独特的晚餐。然后钻进被窝里，享受我在吉尔吉斯帐篷里的第一个夜晚。"

"第二天早上，我们向北走入一个狭窄、弯曲的峡谷。峡谷两侧全是直上直下的绝壁。每走几百码，就会有马匹死去，由此可知路程之艰难。我们只好找了一个洞穴暂驻，这样可以省去早上拆卸帐篷耽误的时间。接下来的一天，我们继续向南疆地区进发。峡谷越来越陡峭、险仄，不断有马匹死去。河流被冻住，成为白色的冰流。身后的高山，层峦叠嶂，渐渐离我们远去。终于，我们走出了峡谷，开始攀爬开阔的山脊。此前，米合曼达尔曾尝试劝说让我骑他的牦牛。但是我没有答应，一直骑在马上。可是现在，我不得不从马上下来，步行前行。米合曼达尔在劝说无果后，也从牦牛上下来，和我一道步行。可是还没走几百码的路程，他就坚持不下去了，虚弱得几乎喘不上气。我赶紧让他回到牦牛背上去。他也很乐意这么做。礼貌终于向疲劳屈服。"

"不久，我和我的两个古德随从就把队伍远远地甩在了后面，尽管我们走得也很慢。早上，我的拉达克翻译塔什曾警告其他几个随从，'看看这些山峦吧，你们可能永远也到不了山口的顶端。'也许，塔什认为，除了他们土伯特人，其他人是不可能翻越这些高山的。要知道，古德人可是自小生长于深山。想到塔什给这些天生的攀山者作指示，我就觉得有趣。结果是，塔什很快落在后面，而我们三人则到达了自从离开印度后所经历的第11个山口的顶端。这个山口一点儿也不比山脊低。登上这个'山隘'的最高处，眼前出现了大片低矮的群山。视线继续前移，投向遥远的北方。在天的尽头，竟然出现了深深浅浅的蓝色，犹如一片广阔的海域——那是分布于中国西陲大平原上的群山。城市、村落隐匿其中，蓝色的薄雾在群山间缭绕、飘荡。真的是太美了，我真想马上去那里。远处有一座傲然挺立的孤峰，山体陡峭，近乎绝壁。峰顶之上落满皑皑白雪，与天宇相衬，更显得孤冷、清寂。陡峭的山脊一直深入进盆地。盆地上是覆盖着青草的波状丘陵。那遍布于丘陵之上的，是成群的牦牛。真是一幅美丽的图景，看得人满心欢愉。"

"我们在此休息。点火，烧水，从而确定海拔。吉尔吉斯人正赶着牦牛队伍翻越山脊，他们是派来帮助我们驮运行李的。我们等了45分钟，米合曼达尔还没出现，我开始下山。山路呈'之'字形，布满了雪，踩踏之后就成了最滑的薄冰。我的马驹到了之后，由两个随从协助其下山。一人拽马尾，一人拉缰绳。最近不止有一匹马在这儿失蹄，滚落山崖；因为我们看到谷底有很多乌鸦在尽情撕咬、分享马匹残骸。走了几百英尺后，积雪消失了，但下山的路还是陡峭曲折，很不好走。接着我们来到一处草坡地，在那儿看见了等候我们的蒙古士兵。他们走过来，依次把我的手握在他们的两只手中，然后慢慢捋自己的胡子。他们扶我下马，然后邀请我坐在已经铺好的毡毯上面。在准备茶水时，他们列队向前；第一个男人在我面前铺开一块布，然后剩下的人依次拿出果盘，摆在上面。果盘里除了我以前见过的一些水果外，还有玫瑰色的苹果和新鲜的梨。它们看起来色泽诱人，赏心悦目。他们告诉我们，他们是尤孜巴什（Yoozbashee）①（那位大人物的兄弟）的侍从，奉命在山脚下迎接我，他们主人的大营就在离这儿不远的山谷里，他让他们立即把我们带过去。这时候米合曼达尔也从山口赶到了。他们派了两个印度兵骑着牦牛去通知我们到来的消息。我开始吃早饭——尽管早已过了早饭时间。吃完饭以后，我也在'阿克斯卡尔'（Akskal，吉尔吉斯长者）②的护送下出发。在翻过一个很陡峭的草坡之后，我们进入一个长满青草的峡谷，然后继续前行。天色已晚，可还是没见尤孜巴什的大营。驮运货物的队伍还没跟上来，我们只好暂作停留。我们点了一堆火，等待了两三个小时之后帐篷才运送过来，然后进行搭建。峡谷非常贫瘠，全是沙子，只在一条冰封的溪流边长了些许低矮灌木。"

"28号，星期六。吃过早餐后，我们又上路了，反复多次涉水，过了那条溪流。给所有侍从都配备了马或者牦牛，只有几个拉达克侍从没有坐骑。米合曼达尔让手下的吉尔吉斯人把自己的牦牛让给那几个拉达克侍从。我们走了将近5英里的路程后，在登上刚涉水而过的溪流那陡峭的岸边高地时，遇见了一队骑兵。最前面的那个人走向我，

---

① 尤孜巴什（Yoozbashee），"yooz"意为一百，"bashee"意为官员（突厥语），合起来的意思就是"一百个人的长官"。
② 阿克斯卡尔（Akskal）："ak"意思是白色，"skal"意思是胡须（突厥语），合起来就是"有白色胡须的人"，即长者。

用他的双手握住我的手，嘴里不停地说着话，似是在询问什么，热忱而又兴奋。不需要翻译我也已经明白，他这是在向我问候。然后，他调转马头，很有礼貌地向我做手势，意思是请我和他并肩而行。于是，我和他并排走在前面，队伍继续前进。他的一个随从在我们前面疾驰，卸下自己的火绳枪在头顶上方使劲抡圈子，边抡边大声喊叫。这是他们向客人表达敬意的一种方式。"

"我现在有工夫观察尤孜巴什的外貌。尤孜巴什是一个30岁左右的年轻人，看起来聪明、有教养。他戴着绿色的包头巾，身穿冷色袍子，腰间扎着镶有两排银纽扣的蓝色腰带。腰间别着一把银柄马刀及一串难以形容的物件，其中包括绣花的皮囊、形状别致独特的细颈瓶等。其袍子下面露出用黄色软皮制成的绣花裤腿。脚着同样质地的高筒鹿皮靴。皮靴绕着鞋底的地方，有一圈银钉。他骑着一匹灰色的骏马，体型不大，却非常漂亮。马头的样子很像阿拉伯马，但颈部较为笨重。他骑在马背上姿势优雅。"

"我们骑行了大约一英里，来到一块长满小树的平地。这里就是吉尔吉斯人，尤孜巴什及其随从、马匹驻扎的营地。我被领入一间吉尔吉斯阿库依，这是专门为迎接我而准备的毛毡帐篷。地上同样铺着厚厚的毛毡。吉尔吉斯人是非常重视尊卑的，对座次有严格的划分。我被安排坐在最里面，也就是对着门的位置上——那是最尊贵的位置。尤孜巴什坐在我的右手边，他边上是米合曼达尔。尤孜巴什的两个主要侍从坐在靠近门的位置。剩下的人都站在帐篷外面，手持火绳枪，列队护卫以表示敬意。现在我必须向您介绍一下正式场合中当地人的坐姿——这对西方人来说真是一种折磨。当地的印度人一般是蹲坐下去，但双脚还踩在地上，膝盖抵住下巴。其他人则是双腿交叉在前，像个裁缝似的坐着。但是在这里，礼貌的坐姿是将袍子收紧跪下去，然后臀部坐在自己的脚后跟上。保持这种姿势越久越好，直到脚趾麻木感觉就快要脱白了，才可以稍稍改变一下姿势——坐在脚掌平坦处。而由这种新的坐姿产生的后果就是，疼痛感从脚趾转移到脚踵以及膝盖。"

"刀剑更是一件麻烦事。如果你跪下时忘记将刀尖朝前，那么当你的膝盖接触到地面以后，你就再不可能将它横放到膝盖前了。之后，它将一直固定在你后侧，以极不舒服的方式扯住你腰带的左边，还会给上茶的人造成不便。我必须告诉你，在这里，刀剑都配有类似法国警察那样的挂环，但又不像英国警察那样松松垮垮地用皮带扣着。这样坐好后，我跟着主人一起做祷告——先伸出双手，然后缓缓地把双手放至面部，庄严地抚摸胡须（如果有胡子的话），最后说祷告词。"

"然后，我们开始进行谈话，翻译仍旧由朱玛充当。尤孜巴什先问我这一路是否有什么不便，并对我在贾图拉的滞留表达了歉意。他解释说这完全是一场误会，是因为另一个英国人的突然出现才造成此等不决，他们也只能等候首领的命令，希望我能够原谅。而后又问我是否认识这个英国人，他到底是干什么的，来这儿有什么目的。我不得不又重复了一遍事情的经过：这个英国人是我在一次短途狩猎中认识的。他对我的旅程很感兴趣，希望能和我一起来叶尔羌。但是我拒绝了他，因为没有得到首领的指令。尤孜巴什在交给我一封短信后就离开了。这封信是首领阁下写的。我对他临走时行的军礼非常感兴趣,我觉得这应该是从俄国人那儿学来的,因为这在欧洲大陆很流行。

尤孜巴什离开后不久,米合曼达尔又带着人来了。大家排着整齐的队伍。现在我才知道应该称呼他为'班贾巴什'(Panjabashee,他真实的头衔,应当是'五十个人的长官')。他们在我面前铺上布,并在布上摆满了盛放着水果、鸡蛋、糖果、面包的盘子。我发现这是这里的惯例,被称为'达斯他干'(dastar-khan,甜点招待)。在接下来的旅程中,尤孜巴什每天早晚都要举行这个仪式。除了尤孜巴什外,其他官员也都提供过'达斯他干'。我通常只吃一两个水果,并分一些食物给照顾我们的人。因为照例,主人是不陪席的,由他手下等级最高的人员来作陪。此后不久,又送来了活羊、盘装鸡肉。从那以后,每天都会牵来一只羊送到我的门口。虽然我所有的随从都吃羊肉,我也经常将整只羊转让给旁人,我的羊群数还是不断增长的。"

"此时,我手下那些赶着牦牛的拉达克随从也被送到我们这儿。他们的牦牛和马都被留在了山口外,他们自己要求在那里卸货。我也正有此意。但是班贾巴什觉得带他们过来是有必要的,名义上说是给了他们礼物之后再解散;但事实上,我猜想是担心他们会替我送信出去。天知道我还有什么消息能让他们带出去!一路走来净是赤裸的沙地,这有什么好报告的?也没有远征军等在拉达克指望我提供路线。但是这些无知的人们已经与世隔绝几个世纪了,即便是一个欧洲人写信——这样最微不足道的细节,也能让他们想象出危险。"

"到了尤孜巴什的营地,那些拉达克人还是努力想要获得自由。他们一遍一遍地纠缠,想要离开。在这个过程中,我一直小心翼翼地不让自己搅和进去;因为哪怕我表现出一点点的担心,都会让他们想象出我有不可告人的目的。然而,最终拉达克人取得了胜利。班贾巴什派人告诉我拉达克人可以回去了,他们会派牦牛把这些拉达克人送到喀拉喀什河,还会为他们提供回程中所需的各种补给。这当然全都是看在我的面子上,因为那些拉达克人也承认,如果单靠他们自己,得到的只能是拳脚和巴掌,而非礼物。"

"下午晚些时候,由班贾巴什引路,我在两个古德随从〔他们身着从叶尔羌送来的华丽丝棉衣服'吉拉特'(khilat)〕的陪同下,进入尤孜巴什营帐进行拜访。我走到他的门口。他安排我坐在主座席位,然后命人奉上达斯他干和茶。他现在已经脱去外面的长袍,换上叶尔羌丝绸制成的衣服'吉拉特'。这件吉拉特看起来宽松又华贵。吉拉特里面是一件'卡姆索'(kamsole),即一件用围巾束住腰身的英国印花平纹细布内袍。他头上没有裹包头巾,而是戴着一顶深绿色天鹅绒高帽。帽子内部还有软毛里衬,毛边向外翻出。我在中亚地区经常能发现一些斯基泰(Scythian)特征的东西。我认为亚洲的塞西亚人至少是现代鞑靼人的祖先。罗林逊爵士(Sir H. Rawlinson)的确认为古代塞人(Sakae),即希罗多德(Herodotus)所说的阿米吉亚斯基泰人(Amyrgian Scythians)生活在叶尔羌和喀什噶尔。尖顶高帽和长裤是最具其特色的服饰。在这儿，我看见当地官阶最高的人就戴着这样的帽子！这种风格的头饰，大概是中亚所特有的。尤孜巴什对面坐着书记官（moollah），他懂一点儿波斯文，替主人读写信件。还有桑株的'阿拉姆'（Alam，宗教领袖）。他戴着一顶别致的毛边圆帽，帽子顶上还系着一块白色包头巾。尤孜巴什向我表达首领的诚意，他此行的目的就是保证我得到应有的照顾和尊重。当我离开大帐的时候，有人给我披上了一件丝质长袍。尤孜巴什说鉴于我们正处于丛林地带，请求我原谅礼物的简陋；并说他应该为我提供马匹和装备。我回答说能见到他就已经很高兴了，礼物完全没有必要。然后在班贾巴什的引导下回到自己的帐篷。"

"没过多久，尤孜巴什就来回访了我。在那种场合下，我送给他一条黄色的克什米尔丝巾。他取下那顶斯基泰帽子，把丝巾系在头上，然后站起来抚摸胡须——我发现这种礼仪到处都有。如果你收到了一份礼物，去别人家做客，或是吃完饭，你都可以行这个礼。"

"第二天早上，那些拉达克人吃过早饭后启程离开。我们也重新上路。大家骑着马向山下的峡谷走去。像往常一样，队伍的最前面一直有一个人骑马飞奔，鸣枪呼喊——这是他们的一种礼仪。队伍经常要踏过薄冰，涉水而过；有时奔腾的马蹄会在贫瘠的河岸上扬起云状的尘土。骑行了两天，始终没有看见心中所希望出现的被绿色覆盖的可爱山岭。只在河岸边上稀疏地插着几棵低矮的阔叶树，再就是几丛灰头土脸的杂草——这就是这片贫瘠的土地上所拥有的全部绿色。山坡上覆盖着一层薄土，土层下的坚硬岩石隐约可见。在这种险峻的情况下，一阵急促的降雨就可以冲净表层的土壤。由此推断，此地很少有骤雨，甚至雪都不多。"

"翻译不停地发问，因为尤孜巴什非常友好而且健谈。这些问题包括，肖先生为什么不像在印度时那么黑？我向他解释：'这是因为英国人真正的家在气候极为严寒的北方地区。我现在很高兴来到这儿，见惯了印度人的黑色面庞，看见这些人的肤色，跟我家乡人很像；因为他和他的侍从有着某些英国人般的古铜色肤色。'事实上，那个时候他们的肤色也不比我黑多少。在我做解释的时候，他取下了腰间的佩枪，拿到我面前让我看。这是一把英国制造的老式骑兵手枪。显然，他很珍爱这把枪。因为那些毛瑟枪是放在箱子里的，只有这把枪随身佩戴。我也让他看了我的后膛填装式左轮手枪。他惊喜异常，高兴得不得了，坚持要试试，向空中连发六枪，射完了全部子弹。"

"坐在夜晚的营地里，我给他展示了我的后膛填装式步枪（杜戈尔）。他也得放两枪试试。他指指对面峡谷中一块大石头，连放两枪，全都射飞了。然后轮到我。很遗憾，第一枪没有射中，却让我知道了距离，所以第二枪很幸运地打中了。他问我：'那有多少码？'我回答说差不多250码；但是他不同意，高声叫嚷着、'不对，应该有1000码！'他看起来似乎被步枪的威力所震撼，离开的时候很沉默。第二天早上我还未穿戴好，他就已经站在外面射靶了。手里举着他那把火绳枪，射的还是昨天那块大石头。但是，我的随从告诉我不要走近那里。"

"第二天快中午时，山谷开始变得开阔起来；山冈的线条也不那么突兀了，变得和缓起来。无数的红腿松鸡到处在鸣叫。他们让我把枪装上子弹,然后骑在马上靠近。不一会儿,我就看见了四散逃窜的成群的松鸡——都是被我们的队伍驱赶出来的。数量比我们整个骑兵队的人数还多。大家追着松鸡到处跑,甚至撵着它们穿过小河,边跑边叫,兴奋极了。我和古德随从看见这一幕,哈哈大笑起来。他们好像并没想要抓住这些松鸡,只是撵着它们跑而已;或者,是希望我来抓。我瞅准机会,向一群无处可逃的松鸡冲过去……回来的时候,手里就多了一只红腿松鸡。尤孜巴什手里提着五只活的,大声叫嚷着让我过去看。对于这种抓松鸡的方式,我一开始感到很吃惊,但很快就反应过来。这种骑着马狂奔、追赶,看似孩子气的恶作剧,实际上却是抓松鸡的最有效方法。后来我看见他们又抓住了好几只。松鸡从山谷的这一边飞到山谷的那一边,来来去去飞个不停,很快就会精疲力竭飞不动,只能在地上跑。这时候人骑着马赶上去,用鞭子扑打它们,松鸡铁定会被擒获。这是当地人最刺激的娱乐消遣活动。我以前听说过,鸨鹑是用这种方法捕捉的。鸨鹑每年都会迁徙,趁它们长途跋涉、疲惫不堪的时候,追着它们到处跑,很容易抓到。至于松鸡,还真没想过,原来也是这样捉的。"

"当追捕松鸡的活动结束后,我的同伴们开始相互打闹,以此炫耀自己高超的骑术。书记官沙里夫(Moollah Shereef)和桑株的阿拉姆尤其引人注目。他们脱下外面的长袍,免得碍手碍脚。两个粗壮的男人抱住彼此的腰,努力想要把对方扳下马鞍——这是一场马背上的较量。不仅主人较着劲儿,马儿也没闲着。它们灵巧地跳过沟渠、越过河岸,在高低不平的路面上横冲直撞。最终,两人打成了平手,都摘下了对方的包头巾。在他们打斗的过程中,尤孜巴什也非常兴奋,一直在鼓励着他们;偶尔也会高叫着策马飞奔,绕着场地兜圈子,并嘲笑我的古德仆人那不舒服的坐姿及我的包头巾(我到现在也还没学会正确的系法)。

打闹中,我们就来到了一片农田。这个山谷跟以前见到的没什么不一样。只是我们目前穿过的这些田地都正处于休耕期,灌溉用的沟渠也都是干涸的。在河流的另一岸,有一片落光了叶子的树林,还有两三间平顶土坯房。继续往前走。没走多久,就看见了羊群,还有吃着草的驴。我不禁欢呼起来——有人放牧,也就意味着有人烟。尤孜巴什也感到愉快,因为他很能理解我此刻的心情。他让我看展现在我们面前的每一个新事物,并微笑着向我介绍:'看,肖阁下(Sahib,意为阁下),这儿有棵树,那边是为奶牛储备的粮草;再瞧,有公鸡和母鸡,还有一间农舍!'"

"山脉此时已陷落成几百英尺高的狭长山脊,山坡依然以沙石为主。看不到高大、突兀的崇山峻岭;只有和缓的丘陵高低起伏,缓缓流入天地、云间。但是在丘陵顶端,还是有几块大的岩石的。这些丘陵担负着耕地的重任。每一块农田就是一个村落,聚集着不少的人口。首先出现在眼前的是一块名叫克瓦斯(Kéwas)的农田,也可以说是克瓦斯村。这里屋舍稀疏且分布松散,也就是说这个村子人口不多。越往前走村子越多,刚开始只是稀稀拉拉的几间屋舍,不久之后就是数不清的农舍房屋。我知道我们这一路上沿途经过了很多村子,因为大家一直在向我介绍不同的村名。但是说实在的,我真的看不出村庄间的区别,不知道它们的界限在哪里。最后,我们在一个小农舍前面停了下来。尤孜巴什跳下马,领着我走进一个由泥墙围成的院子;然后又走进一间敞着门的房间。房间是空的,人是从附近雇来的,但是现在这里属于我们。他把我安顿好便微笑着挥手离开,去寻找自己的房间。这间屋子看来是留给我住的。在另一边,还有一间没上锁的主卧;想必是留给他的。其他人在外面搭了帐篷,晚上便睡在帐篷里。内院里生起篝火,准备做饭。此时,屋里就只有我一个人。我也正好能好好观察一下这间房子。房间的墙壁完全由泥土筑成,有几英尺厚。房梁是粗壮的白杨木。另外还有几根小一点儿的木头与主梁一起支撑起整个屋顶。屋顶上涂了厚厚的干泥浆。在靠近门的位置留了一个小孔用以通光线。进入屋子后可以看见一级台阶,登上这级台阶才是真正的地板。地板上铺着厚厚的毡毯。房间内部绕着墙摆了一圈架子。架子上放着杯子、碟子、锅、碗等厨具。床靠墙摆着。床架是木制的,有床垫,看上去质量很不错。壁炉设计成拱形的,嵌在墙体里,差不多有4英尺高。烟囱在壁炉后面的墙上。炉灶上约1英尺的地方有些向里凹,用来架锅。角落里悬挂着葫芦制成的各种盛水器具。房子里面还有另一间类似的房间,还有几间储存室及一个很大的牛棚。内院外有一个小一点儿的鸡棚,用来养鸡鸭鹅等家禽。"

"一只猫冒了出来,喵喵地叫着蹭到我跟前,展示出极大的友好。它蹭蹭这儿,挠挠那儿,然后静静地卧在我边上，安闲、惬意地享受着炉火的温暖。我觉得这是一个好兆头。在一个陌生的地方，能被当地的小动物所青睐，是一件令人愉快的事。猫儿就这样静静地陪伴着我，让我有了家的感觉。后来我发现，在当地，猫是一种很受欢迎的动物。它们不是在印度那种逃匿于屋角、房梁，饿得半死的小东西，而是干净整洁、养尊处优的小动物。它们饿了会发出喵喵的叫声讨人类欢心，根本不屑于偷吃。就在我写下这些文字的时候，四只肥猫正横躺在火堆前的地毯上！"

"我把大部分的达斯他干都分给了农舍的主人，包括一打儿面包片（那些面包片直径两英尺，味道好极了，是用叶尔羌面粉做成的。虽然没有发酵，但是很蓬松很轻，很像法国面包卷）以及各种水果。主人一家享受到了前所未有的丰盛晚餐。第二天早上，我们又出发了。告别了农舍的主人，骑行3英里左右，沿途仍是大片农田，屋舍也越来越多，几乎数不清了。一排排的树篱是用白杨树栽植的，苹果树、梨树的叶子全都已经掉光了。此时，我们看见一小队骑兵正沿路走来。带队的那个人不仅自己穿了一身黑，连马儿都是黑颜色的。尤孜巴什告诉我，那人正是前来迎接我的桑株伯克（Beg，地方长官）。尤孜巴什骑马过来，问我是下马呢，还是在马背上向他行礼。我说：'在这件事情上我十分愿意接受您的建议；因为，您知道，对不同级别的长官应该行不同的礼，而我对此不甚熟悉。'他说：'您跟着我做好了。'在彼此相距20码距离的时候，尤孜巴什勒马停住，然后下马；伯克在往前骑了几步之后也下了马。他们朝对方跑过去，并紧紧拥抱在一起，双手环腰，把下巴贴在对方的右肩上。然后伯克转向我，尤孜巴什向他介绍了我的名字，然后我们握手，捋胡子，行礼。在重新骑到马背上之后，尤孜巴什悄声告诉我伯克还在服丧期，他的妻子才去世不久，因此只能穿黑色的衣服，骑黑色的马。我告诉他，在我们那里也是一样的。"

"这时，我们走到一排高俊挺拔的白杨树林前，还有一个小广场及一座寺坊（这座寺坊非常简朴，前面只有一个房间；周围连墙都没有，只有一些木柱子排列成行）。道路直通小广场。进去之后发现，所谓的广场，不过是两堵对立泥墙中间的空地。每隔30码有一扇门。我们拐进了右手边的一个门，穿过一个看起来很干净的内院，进入另一个院子里。我跟着他们又向前走了四五步，穿过宽阔的走廊，进入一个房间里。房间的地上铺着质地精良的毡毯，炉火把屋里映得温馨而明亮。到了这里之后，那位伯克和尤孜巴什与我礼貌性地交谈了几句就告辞离开了。屋里只留下我一个人。"

"走廊的另一头挂着面草席，与我的房间隔开，锅碗等炊具放置在草席那一端。走廊比地面高两三英尺。沿着走廊一直往里走，有一条与地面平行的走廊直通内室，那是女人们居住的地方。我住的是客房。从内院的一个门出去，就进入屋后的果园。果园里种着苹果树、梨树、胡桃树等，还生长着一些上个季度播种的印度小麦。园子外面是另一些由泥墙及树篱围起来的庄稼地、果园。整个地区都分布着这样的屋舍。事实上，桑株地区土壤肥沃、人口众多，早就超过一般村庄、城镇的规模了。它有一个商业中心,每周一都会举行集市活动(我们到的前一天就有一次集市)。人们从四面八方赶过来,做买卖、赶集市,热闹非凡。这里房屋数量众多,紧密地连成一片,以至于形成一条短街;但是还没有形成连续不断的街区。所有这些,都是我一个人四处游逛时看到的。这里的人们看起来生活富足。居民们穿戴整齐,衣着光鲜。男人们穿着长及膝盖的厚重长袍,脚着高筒皮靴;圆形的帽子周围露出皮毛里衬。街上的女人很少,但我见到一两个。她们同样穿着长袍,但是比男人们的长袍要长得多,一直拖到脚踝;脚上的靴子跟男人们的差不多;头上也戴着类似的翻毛圆帽。不同的是,帽子底下多了一块白色手帕,把耳朵、脖颈全都盖住了。女人们没有系腰带,看不出身体的轮廓。我注意到,她们一直在观察我。但是尤孜巴什一出现,她们立刻消失得无影无踪,全都躲了起来。在这里,按照规定,妇女是可以不戴面纱的。但是一旦哈孜(Kazee,宗教长官)出现,她们或是躲起来,或者用面纱遮住脸。"

"尤孜巴什带我去看他留在桑株的马。这些马被照顾得很好,并且训练有素;但是照顾马匹的方式跟我们那儿有些不太一样。这些马一直戴着马鞍,无论白天黑夜,马鞍从不下身;而是用一块能遮住脖颈和脑袋的布将其盖住。它们不上路的大部分时间都在慢走,有时要走四五个小时。即使是最普通的马也被严加看管,不允许随便喂食。它们吃大量的谷物(大麦及印度小麦),但几乎不吃草。这使它们适于长途跋涉。马鞍是木制的,被刨得很光滑,上了漆。马饰也非常漂亮,有精致的刺绣和银质配件。尤孜巴什让我在这些马匹中挑一匹,我假装对此感到吃惊,忙说:'不。'他大笑起来，之后我们就分手了。在我们到达叶尔羌之前，他又不止一次地提到这个建议，说要送我一匹马。但我还是礼貌地拒绝了。后来证明我做了正确的决定。因为除了维齐尔（Vizier）①和首领，我接受其他人的馈赠都是不合适的。"

"如果我还像以前那样，对后面的旅程进行详细的叙述，只会让读者感到厌倦。我只需要对这个地区的基本特征进行描绘，简单介绍我们的旅行方式即可。至于前者，当我们离开桑株这个富庶的河谷后，便登上了位于我们北边数英尺高的一座悬崖，悬崖上净是细沙，几乎没有树木；接着进入一处零星点缀着些许低矮灌木的沙石平原。这片平原从山脚下向我们左边（南方）倾斜，从右方的远处可以看见其在进入平原的下坡处被切割成一处处峡谷。我们一直向西走，在这片沙漠中骑行了四天，终于看见了高山上流下来的清泉。大地被这条河流切断。河流灌溉了河岸两旁的土地。这些有水滋润的狭长地带，形成人口稠密的绿洲。由此，虽然白天的旅程基本都行进在贫瘠的沙地；所幸的是，我们总能在晚上找到歇脚的绿洲。"

"在这段时间里，形成桑株山脉的界限一直明显地向南方绵延，越来越偏离我们的路线。到了第四天，几乎看不出山脉的走势了。第五天，我们很快离开这些山脉，转而北行，横穿一片支离破碎的土地。说是土地，其实只是一片光秃秃的沙石地，被称作'戈壁'。他们告诉我，这

---

① 维齐尔（Vizier）：伊斯兰国家历史上对大臣的称呼。阿拉伯语音译，意为"帮助者"、"支持者"或者"辅佐者"。——译者注

片戈壁与中亚的塔克拉玛干沙漠（the Takla-Makan）①相连，一直向东延伸。但很快我们到了哈尔哈里克镇附近的村子；然后从那儿前往叶尔羌。一路上有不少良田、村庄，每隔一段距离就能看见一个路标。路标是木制的板子，挂在高高的杆子上。上面写着此地距离下一个地方还有多远，长度单位是'塔什'（tash）。我估计'1塔什'相当于五英里。"

"我们离开哈尔哈里克（Kargalik）②的那天，正是赶集的日子。三四英里长的道路上全是熙熙攘攘的人流。男女老少从四面八方涌来（大部分人是骑马来的）购买一个星期的所需品，或是卖掉多余的、不用的东西。骑马的、走路的、牵着驴的，热热闹闹、络绎不绝。他们提着鸡鸭，赶着牛羊，胳膊上还挎着整篮的鸡蛋，有说有笑地在集市兜售。驴背上驮着棉花、谷物，以及田里的其他农作物。我还看见有人牵着骏马在叫卖。集市里人声鼎沸，热闹得不得了。事实上，除了他们的穿着，我真的以为这是在英格兰的某些乡村小镇的集市上；当男人们在田里劳作时，那些长着红脸颊的农妇们便会带上孩子们去赶集。欢快的村民，屋舍后的果园，还有吵闹的鸡鸭，这一切景象都让我有了家的感觉，仿佛身处英格兰。但是，这里的农舍没有高大的山形墙，也没有数不清的门窗；有的只是看

---

① 塔克拉玛干沙漠（the Takla-Makan）：位于塔里木盆地的中心，是中国最大的沙漠，也是世界第十大沙漠，同时亦是世界第二大流动沙漠。——译者注
② 哈尔哈里克（Kargalik）：今中国新疆维吾尔自治区西南部叶城县。该地南依喀喇昆仑山和昆仑山脉，北接开阔平原，紧连塔克拉玛干大沙漠，地处叶尔羌河畔上游，地形南高北低。——译者注

不见屋顶的低矮建筑，以及没有门窗的围墙。这里没有树篱，但房屋周围及河流沿岸都种着很多树，使得这个地区看起来不像法国的某些省份那样呈现出光秃秃的面貌。"

"数不清的房屋三三两两地分散于广阔的大地上，见证着这片土地的安定与祥和。这与旁遮普的情况明显不同。在旁遮普，屋舍挤得严严实实，就像是一个有着很多条通道的巨大蚁穴——由于暴政和长期处于无政府状态，人民不得不选择这样的方式居住以保证安全。这个地方的人们在灌溉上下的功夫可真不少：四面八方全是高低错落、交错穿梭的水道。事实上，因为雨水不足，农田的灌溉基本全靠这些水道。长短不一的水道从路面上，或是路基下穿过；如果遇到湿地沼泽，或是窟窿坑洞，就用短一些的导水管架起通过。在水流丰沛处，有一种特殊的装置。这种装置是由一个巨大的木轮和一对杵组成的：木轮类似于齿轮，不停歇地转动；杵交替起落，看起来就像是两把细长的锤子。这种装置能够产生很大的冲力，用于水稻脱壳，或是制造火药、捣碎硝石，等等。除了哈尔哈里克，我们还去了另外两个镇子。一个小一些，一个比哈尔哈里克大一点儿。它们很像印度的小镇；但是这里的居民看起来更加幸福安乐。他们衣着合体，整洁华丽，是那些胡乱裹着床单就到处跑的印度人没法比的。这里也没有苦力——那些可怜的人儿只会盯着上层阶级，眼神空洞，露出愚笨的神情。在这里，每个人都受到尊重。他们思维活跃、充满智慧。当首领的客人出现的时候，他们全都自然地站成一排，双手交叉于胸前，深深地弯腰行礼——这是他们向客人行礼问好的方式。妇女们则双手垂下鞠躬。"

"在哈尔哈里克还有一样令人吃惊的东西——立在主街道边上的绞刑架。看起来已经闲置很久了。岁月的尘土掩盖不了斑驳的血迹,腐洇的缰绳上又有过多少受刑的头颅。"

"在镇内的某个地方,他们让我看了一种叫'比尔库特'(Birkoot)的猎鹰。当地人训练它们捕捉羚羊和鹿,就像隼捕捉鸟儿一样。在旅途中,这些可怜的鹰被蒙住头,吊挂在马鞍上。整个身体都被羊皮包住了,翅膀、爪子全都捆绑在里面。当地人认为,这样做能使它们驯服。"

"我头一次看见双峰驼,或者说巴克特里亚骆驼(Bactrian)被用于搬运东西。我们路上看见过好几个这样的驼队。这些骆驼看起来非常结实;皮毛颜色暗沉,比一般的印度单峰驼的毛要厚得多。除了骆驼,还有另一种交通工具,这就是'阿拉巴'(arabah),即双轮马车。这种马车(就像英国的那种有许多轮轴的马车)装有两个大轮子,由三匹马带动。一匹马在最前边,起着带路的作用;另外两匹马并肩跟在后面。马夫坐在后面的车篷里,一手抓着缰绳,一手挥动着长长的马鞭。跟印度的运输工具比起来,这无疑要先进得多。印度用的是牛车:两头小公牛在前面拉着车子。一旦遇到三岔路口,两头小公牛便会朝自己的方向走,各不相让。屈腿蹲坐在它们之间、上身赤裸的印度苦力不得不把它

亚洲骆驼的头部

们的尾巴绑在一起，以使其屈服。"

"那儿的路可真不怎么样，尽管我知道我这样说似乎有点忘恩负义。那些路可是专门为我修补过的，跟以前比起来已经好很多了。溪流、河道上全都架起了桥梁，以方便我们通过——这是我想都不敢想的莫大荣耀。后来我才知道，他们事先问过我的代理人——迪万·巴什先生，在印度是如何招待远方来的贵客的。代理人告诉他们通常所做的准备就是诸如修路等方面的事。他们将此暗示领悟得如此透彻，甚至在每座桥上都多架了横梁，以防止马匹过桥时把桥压塌。老实说，这些特殊礼遇让我感到十分不安。我觉得我的代理人在表述时不够谨慎，维齐尔可能误以为我是带着政府的使命来的。我就此事征询了朱玛的意见，因为他极有机会从与当地官员的谈话中判断出他们是否认为我有什么官方身份。他安慰我说事情并不像我想的那样。但直到到达叶尔羌，听他们确定此事，我才确信他们是把我作为一个普通的英国人来给予关照的。"

"但我还没有给你讲述我们的旅行方式及我所受到的待遇。他们让我骑最好的马。他们对我的随从也是如此。行李由骑兵们负责，跟在队伍的后面。尤孜巴什带着几个随从走在前面。在他的卫队里，有两三个人时不时地往返于叶尔羌，送去我们的信息，也带回那边的消息。我不知道他们汇报的具体内容；但显然，他们对我的到来还是存有疑惑、担忧的，尽管他们表面上彬彬有礼。至于尤孜巴什，则完全是热忱、友好的。他非常乐意与我们同行，就像是个放假回家的小男孩，一路上活泼、开心得不得了，使我们的旅途也变得非常有意思。曾有一段时间，他用一种混合语与我交谈，这种混合语主要是突厥语，夹杂着一些波斯语。而我主要是用波斯语回答他，夹杂着使用一些突厥语。这中间自然会有误解，却也使我们的谈话变得非常有趣。偶尔有什么事时，我们都试图理解对方的意思，他会挠我的痒，或者是假装要把我推下马去，然后我们就哈哈大笑起来。我问他有没有什么东西让他觉得不可思议，比如体现文明的一些工艺和发明。他用手指着我，一边摇头一边微笑，嘴里说着：'哦，肖阁下。'那语调仿佛在说：'你们弗朗克人（Frangs）肯定和撒旦（Shaitân）一伙的。'"

"下一分钟他又开始唱安集延（Andijânee）①歌谣，一边挥舞着他的鞭子，然后出其不意地让它落在一些未察觉的侍从的肩膀上。一天晚上，他和我坐在住所里聊天，看见了我的手套，觉得非常暖和，一定要戴上试试。这时，他的贴身仆人正好从门口经过。他就把这名仆人叫了进来，装作要跟他说悄悄话。待仆人走近，他就用戴着手套的巴掌在那个仆人的脸上狠狠打了五六掌。仆人显然吃了一惊，我也愣住了，以为他一定是犯了什么不可饶恕的错误。但突然间，尤孜巴什放声大笑起来。他边笑边向仆人展示手上的棉手套。原来他只是在开玩笑。仆人也明白了过来，笑嘻嘻地侧过头，像圣经训诫中所写的那样，把另一边脸贡献出来。尤孜巴什也很乐意地又打了几掌，但显然没有刚才用力。还有一次为了做晚祷告，我们在路边的

---

① 安集延（Andijânee）：中亚历史名城，位于今乌兹别克斯坦费尔干纳盆地东南部。9世纪时即已闻名于世，是古丝绸之路上重要的贸易集散地和中转站。——译者注

寺坊做了短暂的停留。祷告一做完，尤孜巴什就和他的侍从们从寺里蹦跳地跑了出来，像是一群刚放学的小学生。就在他们跑出寺庙的时候，路上刚好有三个妇人经过。女人们一看见他们就赶紧躲进了田野里。当时，我的朋友站得笔直，嘴里喊着：'Khanem, Khanem'，意思是'女士'。最后她们不得不应答。尤孜巴什便假装以一种极为礼貌的口吻向这些妇人开始长篇大论，诸如很高兴见到大家，他是特地为这个目的而来的，他带来了尊贵的客人，但是很遗憾不能与诸位做进一步的交谈，等等。而那几个妇人，面对这么多人的场合，半是好笑，半是害羞地把头转过来。我的朋友很郑重地弯腰行礼，向她们问好。然后回过头来向我使眼色，看我是不是被他的玩笑逗乐了，随即自己哈哈大笑起来。"

"每到一个村落，我们都会受到那里官员的欢迎，就像在桑株一样，他们会给我们准备好房间。大约距离哈尔哈里克3英里的地方，当地伯克接待了我们。在下马、行礼之后，我被引到一片空地坐下。空地上铺着毡毯，四周环绕着树木。我坐的是主位，随从们坐在稍远处的其他毡毯上。等大家全都就座后，达斯他干就被端了上来，包括几大盆汤、大碗抓饭、大片面包，还有很多盘水果。在我们各自都吃完之后，尤孜巴什让我坐着别动，然后一群人围坐在我的周围，开始背诵晚祷词。晚祷结束，用餐才算是真正结束。大家收拾好东西，重新跨上马背，队伍浩浩荡荡地向前挺进，卷起昏黄的沙尘。走在我旁边的是布哈拉的哈吉，他和他的同伴骑了大约半天的路程来见我。他曾经去过印度、阿拉伯，甚至还有土耳其。"

"我从他的谈话中得知他是一名商人,在印度和中亚之间进行着大宗货物贸易。他说他每年要运一万峰骆驼的茶叶(将近价值500万英镑)去布哈拉。但是后来,因为出现了一些变故,中国人不再向他提供茶叶。"

"我们在穿越塔克拉玛干沙漠的一处边缘时看见了两只'keek',即一种经常出现于此的小型羚羊。这种羚羊长有竖琴状向后弯曲的角;我还带了一只羚羊标本回家。尤孜巴什告诉我,这种羚羊跟野骆驼一样,是群居的;我们看见的这两只应该是侦察兵。关于这片沙漠,有很多不可思议的迷信和传说。据说这里曾经生活着一群没有信仰、没有宗教的人们。后来,来了一位传教士。这群世俗的人们向传教士表示,如果这位圣人能把他们的屋舍变成纯金的,他们就接受传教士的信仰。传教士开始祈祷,果然所有的东西都变成了纯金的。但是人们只是围着圣人哈哈大笑,说:'老头儿,既然我们已经得到了自己想要的东西,干嘛还要有信仰呢?'传教士非常生气,转身离开了。但就在他离开的那一瞬间意想不到的事情发生了:狂风骤起,铺天盖地的黄沙瞬间淹没了整个村子;大风过后,只剩下一片寂静。所有的一切都被掩埋在漫漫黄沙之下。几百年来,有不少人来找寻传说中被埋藏的宝藏,却无一人生还。沙漠的幻象使他们不辨方向,永远地成为沙漠里的一具枯骸。我也向尤孜巴什讲述了希罗多德关于淘金者的故事。"

"每到一个城镇,该地的总督或者伯克及其随从都会骑着马出城走三四英里地来迎接我们;并带着足够我们所有人(将近20人)吃的达斯他干或正餐。他们将大碗的汤、

第十二章　前往叶尔羌的旅程

大盘抓饭、成沓的烤肉、水果、面包等放在我们面前。待我们吃饱喝足之后再一起进城。我骑马走在伯克和尤孜巴什中间，由他们护送着进城。商人们在城门外等着我们，城中的百姓则列队等候在街道旁。"

"那位伯克把我安顿在总督府住下，并坐下陪我说了会儿话，然后就告辞离开了。但是第二天一大早就又过来护送我出城。在城门口同他分别后，我又骑行了数小时。在这短短的几个小时，我们总能发现准备在树下的达斯他干——这是我们离开时，该城伯克派人准备的。甚至是那些我们不准备停留的小镇的长官也会派人送来达斯他干，并请求我至少喝一杯茶以示给他们面子。我开始对达斯他干的名目感到恐惧。这一路上消耗的食物、茶饮不计其数。"

"我们离叶尔羌越来越近，送信使往返的次数也愈加频繁。他们每一次从叶尔羌回来的时候，都会换上崭新的长袍。我们涉水过了一条宽阔的河流。他们告诉我，这条河夏天的时候河水充沛，可以渡船。如今河流分成五条支流，每一条支流的水都很浅，完全可以涉水而过。尤孜巴什告诉我，我有可能在叶尔羌城外受到一些大人物，沙哈维尔（Shaghâwal，维齐尔或者总督）的兄弟或者儿子的接见。我最好能准备一件'Jama'（袍子之类）作为礼物。他问我是否备有这样的礼物，如果没有，他可以为我效劳。与此同时，他写了一封信给沙哈维尔，暗示他我的驮队被耽搁了，因此身边没有合适的长袍可以送给等级很高的人。如果他派一位地位很高的人来迎接我，那显然是不合适的，因为他会感到不愉快。所以最好派一位地位低一些的人来见我。于是,我在离叶尔羌还有3英里的地方受到了另一位尤孜巴什的接见。这位尤孜巴什衣着华丽,带领了30个骑兵列队迎接我。我们下马,用东方人的方式拥抱(我已经与波斯克尔亚伯克练习过一次了,而且很显然并没有伸错胳膊)。让我吃惊的是,他拥抱的时候非常用力,我几乎都不能呼吸了;因为我正准备在拥抱时问他一些诸如身体可好、近来如何之类的问题。拥抱之后,我拿出早已准备好的礼物———一件崭新的长袍(从尤孜巴什那儿借来的)。我的一个仆人将长袍披在了他的肩上。然后,我们重新上马,一起向城中走去。走了没多远,就看见一排低矮的城墙,绵延数里——那是叶尔羌的城墙。在这片空旷的平原上,高起的物体总是引人注目、清晰可辨。等再走近一些,就可以看见城墙上有一个很高的脚手架,像是一个正在建设的瞭望塔之类的东西,顶部有上下两个平台。书记官沙里夫看出了我的疑惑,他贴近我耳边,用波斯语小声说道:'那是绞刑架!'这是一个外国人来到叶尔羌城所见到的第一件东西。"

"在穿过城外一个小巴扎之后,就来到了城墙下。据我目测,该城墙有二三十英尺高,从底部往上逐渐变窄,顶端有10~12英尺宽。穿过其中的一个城门,走了几步便来到第一条街上,我们从曾看到过的那个台子下经过。它从一个坚固的建筑物屋顶竖起,我猜想那是叶尔羌的死囚监牢。我们走的这条路并不是过城中最繁华的路段,但是也极为热闹、拥挤,各种商铺林立。售货员大部分都是女人。我还看见很多婴儿摇篮。贤惠的母亲用双脚有节奏地晃动着摇篮,宝宝静静地躺在里面甜甜地睡着。比起西姆拉山上的居民，这画面可要温馨得多。在西姆拉，人们直接把幼儿挂在导水管下使其安睡。不久，我们经过了第二道高墙；之前我还以为这是另一座城池的城墙，结果发现这只是一所学院的围墙。这里的街道有10~12英尺宽，有些房屋有上下两层。"

"道路纵横交错、蜿蜒曲折。我们在迷宫似的街道上骑行了二十来分钟，又看见了另一道门。穿过这道门，便来到一个直径约400码的宽敞空地；此处将老城和新城分开。由那些快要倒塌的房屋可以看出这里曾经是一个巴扎；清政府时期，这里将两座城连接在一起。新城（The 'Yang-Shahr'）——也就是我们正在靠近的这个地方，过去曾是居民区，也是外来统治者的避难所。一旦发生骚动或者叛乱，清军就会撤守其中耐心等待，直到事态平息。等一切都过去，他们就会从这里出来，恢复在这个地区的统治。修筑新城所用的材料跟老城是一样的；只是在城墙外围挖了一道很深的壕沟，每隔几米，就有一座类似宝塔的建筑。这些都是清军驻守时所建。门口同旧城的风格类似；在那儿聚集着一群穿着束腰外衣的当地士兵。城门内，更多的人在百无聊赖地走来走去，哼着歌或是跳着舞，似乎对一切都漠不关心。我立刻就发现了他们聚集在此的目的。他们穿着制服却并不合体的样子让我怀疑他们是否习惯于穿它们。两三个家伙在练习正步走，我不能确定他们是在接受新兵训练还是在履行哨兵职责。走了没多远，就看见一排枪，还有榴弹炮，应该是到了炮兵营。炮兵们的制服是蓝色的。有几个人的衣着极为特殊，跟普通士兵不一样。他们应该是当官的。毫无疑问，他们是印度人，可能是从前的叛乱者。"

"沿着街道又走了几百码，就到了一块开阔的空地。空地前面又是一道城墙和城门。这次我们没有继续向前，而是在两位尤孜巴什的引导下，进入左边的屋舍里。接连穿过三个院子，终于进入内阁。由高大柱子支撑的平顶回环形成一条宽阔的走廊。走廊与走廊相接，在中间与远处墙壁相连的地方，有铺着席子、毡毯以供来访者休息的无靠背长椅。长椅两边有许多通往不同房间的大门；这些门全是开着的，每扇门都通往一个舒适的房间。房间里布置着布哈拉毡毯，还有温暖的篝火。尤孜巴什告诉我，可以在房间里稍作休息；而后由他带我拜访沙哈维尔。"

第十三章　叶尔羌见闻

肖先生独自待了一会儿；而后，那位自桑株山口就一路陪同肖先生的尤孜巴什返回来，由他带着肖先生拜见沙哈维尔。肖先生发现这位沙哈维尔不只是叶尔羌总督，同时也是仅次于首领的第二号人物。在首领去喀什噶尔期间，他就住在首领的宫殿里。

经过我之前见过的那个站满士兵的大门，再穿过一道同样重兵把守的大门，就进入了宫殿。我们穿过一个很大的方形院落。院子四周站着一排排官员，他们眼睛盯着地面，手里拿着白色的权杖。偌大的院落肃穆、安静，显示出东方专制气氛的威仪。在第二个院子的门前有一道很大的屏风，把里外完全隔绝开来。从外面是看不到里面的样貌的，更显神秘，想要一探究竟。一个手执白色权杖的领路使走在我们前面。在走到院落一半儿距离的时候，他停了下来，小声告诉我沙哈维尔就在前面。我按照当地习俗向其鞠躬表示谢意，然后又被引着踏上台阶继续向里走。这时候，其他人都离开了，引路使示意我单独进去。一个年龄稍长、身材矮小、身着暗色衣服的人正坐在炉火旁的垫子上。他看见我，站起身，快步走过来，给了我一个东方式的拥抱；然后热情地将我迎进屋里，坐在与他相对的垫子上。炉火很温暖，他一边不停地说着迎接的话，一边询问我路上的情况；态度诚恳，满是关切。坐下来之后，我按照他们曾指示给我的那样重又站起来，挥舞着手臂嘴里说着祷告词，然后再坐下。按照习惯，沙哈维尔对我说了许多恭维的话，我也同样回复了他。

　　他说他很高兴一个英国人的到来，他已经完全把我们看作朋友了。一个英国人，历经艰难，跋山涉水，不远千里来到他的国家，这伟大的壮举无疑使两国友谊更加深厚。我回答说："我相信我的到来成为两个国家人民建立友好往来关系的媒介；如果女王知道她的臣民在此地受到如此善意的款待，一定会极为高兴的。"听了这话，沙哈维尔说，他对我滞留在赛图拉以及没能得到充分的照顾表示歉意；但是，我也应该事先通知他们；这都是因为我没有提前打招呼而造成的。我对他说的话感到莫名其妙："难道我的侍从迪万·巴克什没有把我委托给他的信送到吗？"沙哈维尔回答："没有。"我说："但是，事实上，我的确事先派了我的代理人给首领送信。我希望您能够派人去找他,并且找到我委托他带给首领的装有信函的小木匣。我对因此而产生的误会表示遗憾。"他回答说:"不用,不用。我只是对阁下滞留在赛图拉,而我们对此事知道的较晚而没能给您更好的接待而感到抱歉。至于代理人,他是您的仆人。您什么时候派人找到他,就什么时候问他好了。"

在我们交谈的时候,达斯他干已经端了上来。一名侍从很恭敬地为我上茶。我们又用波斯语说了点别的话题。当然,我的波斯语实在不怎么样。

我起身准备告辞。沙哈维尔拍拍我将我拦住;几分钟后,一名侍从拿来了一件华贵富丽的丝质长袍。当我离开时,他将长袍披在了我的肩上。沙哈维尔也站起来,引我走另一个门。开门进去之后,是一间长长的屋子。沙哈维尔一直把我送到屋子的尽头才鞠躬告别。我在那儿与我的人会合。再经过那一排排表情严肃的人们,我就回到了自己的住处;此时我们的行李也已经送到了。我们在宫殿的出口处遇见一个有些面熟的人。他本来骑在马上;一看见我,就立刻跳下马快步上前将我抱住。尤孜巴什嘟嘟囔囔说着介绍的话,我便怀着深厚友谊般的样子与他拥抱。事实上此时我根本想不起来他是谁。

跟在我们后面的是沙哈维尔的侍从,也就是刚刚为我摆上达斯他干的那群人。显然,这是当地的习俗。

我一回到居所就立刻派人去找迪万·巴克什。他很快就到了,身上穿着沙哈维尔赠送的华贵长袍。我告诉他立刻把装着信的匣子取来。我把让他带给当地首领的信函封在一个精致的珐琅小匣子里。这个匣子很快被送来;我没有打开就直接递送到尤孜巴什手里,请他转交沙哈维尔。我这么做是希望他们自己打开匣子阅读里面的信函,以此确定我说的都是真话。过了将近一个小时,尤孜巴什回来了,手里拿着那个装着信函的匣子,还捎回了沙哈维尔的口信。尤孜巴什说,沙哈维尔认为,我应该亲自把木匣交给首领。不管怎么样,沙哈维尔显然已经看过了这封信,这足以达到我的目的。

此时,我的代理人迪万·巴克什正在向我讲述他在旅途中及到达叶尔羌之后所遭遇的情况。我对他既没有递交我的信函,也没有明确指出我的意图而恼怒。他的解释让我暂时安静下来,但还不能下结论。我将迪万·巴克什委托于穆罕默德·纳扎尔——那个从印度返回的使者,但他就是个十足的恶棍。行程中,他对迪万·巴克什态度非常恶劣;而且当他们到达叶尔羌之后,还散播谣言说迪万·巴克什是间谍,根本就没有提我要到这里来的事。然而在他离开拉达克的时候,他还向我一再保证会帮助我;为了感谢他的善意,我还赠送给他那么多精美的礼物。但不管怎样,沙哈维尔很好地招待了我的代理人。沙哈维尔派人在路上迎接他,并提供达斯他干以及各种应有的礼遇。就这一点还有其他方面来说,穆罕默德·纳扎尔的所作所为真的很不体面。

到达叶尔羌之后,迪万·巴克什便被软禁了。虽然每日供应饭食,礼遇有加,行动的自由却被限制了。看到眼前的处境,迪万·巴克什怕我会被拦截在半道遣返,所以决定隐瞒我即将到来的消息;直到他估计我应该已经到达赛图拉,才说出他此行的目的。

即便如此，我也不觉得他的做法是明智的。此举虽然避免了一个灾祸，却又引发另一个事端。长时间的隐瞒肯定会让他们产生怀疑。

我现在开始在我的住处安置下来。我们住的府邸由三个院落组成。第一个院落里建有马厩，可以容下10~12匹马（马槽很高）。我的马匹和羊群们就被安置在这里。马厩对面有两三间屋子，住着一个班贾巴什（Panjabashee，50个人的长官）和他的副官；他们奉命住在这儿，听候差遣，照顾我的起居出行。这儿也是为来访者修建的，前来拜访的人都会在这里受到款待。院子里还建有夏天时可供客人纳凉、消暑的亭台。第二个庭院里有一间闲置的空房子。我把它腾出来，改造成了私人澡堂。澡堂边上是厨房；里面住着仆人，还有他们养的鸡鸭。沙哈维尔派了他的两个奴隶来帮厨。我就住在第三个院落最里边的馆舍。馆舍后面是一个小花园。花园中间建有一个类似于别墅的建筑，或者说是一个正面敞开的房屋。距离花园墙外200码的景色全都被新城（Yang-Shahr）的城垛遮挡住了。在城垛上面，每隔60码左右就有一些小屋子。稍稍偏左一些的地方，有一个用木头柱子支撑的典型中式结构两层建筑，它的边角是特有的塔式屋顶。

我的起居室非常舒服。地板上铺着精致的地毯，还有一个很大的壁炉，就像欧洲人家里的那种，但是我并不知道该如何排烟。墙壁是白色的，天花板也被用心装饰过。上面开了个天窗，供采光之用。天窗呈格子状，就像是黄瓜架（格架上糊着薄纸，而不是玻璃）。墙上也有双层的落地窗户，同样采用格子工艺。外层窗户上糊着透明薄纸；里层像个百叶窗，晚上的时候可以拉下来。为了让我住得舒服，所有的木制框架都被漆成绿色，房子从里到外装饰一新：粉刷墙体，张贴壁纸。这里曾是前任叶尔羌总督的居所。隔壁是沙哈维尔的居所（他只在首领不在的时候，才作为代理人暂居宫殿）。一切都很干净，整洁而舒适。

在我坐下吃完饭之前，尤孜巴什又来了，还有一群仆人。他们带来一些家具。首先，是一张喷绘着鲜艳图案的桌子（只有两英尺高）；然后，是两把高靠背扶手椅。椅座和桌子一样高！接着，是两个床架，以及内衬丝绸的大而薄的床垫。它们白天可以坐，晚上可以睡。在叶尔羌根本没有人知道这些东西，由此可知，这全都是特意为我准备的。当地人习惯于坐在地毯上，睡木板架子或者铺在地板上的毯子上。沙哈维尔特意向服侍他的印度人进行了咨询，了解英国人坐、卧都有什么特殊要求。这些家具就是按照印度人的描述赶制出来的。桌、椅高度难以匹配；幸运的是，我的美式折叠帆布椅跟桌子高度很合适。那些高椅子我留作礼节性场合使用，客人坐一把，我坐一把。东西全都摆放好以后，尤孜巴什又拿出了一顶无边圆顶帽（跟他们头上戴的那种差不多，就是那种高高的镶了一圈动物皮毛的天鹅绒帽子），一个绣花的丝绸钱袋——或者说是烟草袋之类的那种挂在腰带上的袋子，一双高筒靴，以及一件深红色的被加工得很厚重的长袍。尤孜巴什说这些都是沙哈维尔送我的礼物；因为天气越来越冷，我需要这些东西御寒。这样周到细心的关怀，就是为了让我感到舒适；他为我所做的这一切都让我感激不已。

第十三章　叶尔羌见闻

12月9日，叶尔羌。早餐时间，尤孜巴什来拜访我，带着一个侍从及乳酪和蜜饯。我告诉他我希望和沙哈维尔再见一次面，因为有礼物要送给他。尤孜巴什回答说他会代为转告。我说我想给我的表装块镜片；并提醒他，他曾经答应我一到叶尔羌就给我弄一块镜片。我还希望他们可以派一些商人来我这里，因为我想了解叶尔羌市场商品的价格。他说："好的。"并把我的表拿去给沙哈维尔。不久，他就回来了，并带来了沙哈维尔的表。他说钟表匠病了，但沙哈维尔愿意把自己的表借给我，直到我的表修好后再还给他。他给我的这块表是日内瓦制造的镀银表，不用上发条。他对我真是太好了。

沙哈维尔说："我们一直没有派遣使者出使英国，是因为对贵国有所愧疚。您知道，几年前，一名英国人（指斯拉金特维特）在这里惨遭不幸。杀人者曾是我们的一个疯狂、残虐的统治者。我们为此深感愧疚。"

我回答说，我们知道这段历史。当时，你们的国家正处于战乱之中。我们不会把责任强加到现任统治者身上，你们亦不用为此感到愧疚。我进一步澄清斯拉金特维特不是英国人。尽管如此，在我们听说他被谋杀的时候，仍感到悲痛伤心。因为他是从印度出发的，也算是我们的客人。我又说，如果你们能找到他的衣物并交给我带给他的朋友，那真的是感激不尽。

沙哈维尔说："时间过去太久了，恐怕是找不到他的衣物了。这件事真得让人感到羞愧。我们恳请忘了它吧，就让这件事过去吧。"

我说："这再好不过了。让我们忘记这段历史吧。我们不会因为这件事对你们怀恨在心,你们也不要再为此感到愧疚了。"

他朗声笑道:"这真是太好了。我们都不要再提了!"

我对他说:"既然上帝创造了我们两个国家,我们就应该相亲相爱,互助互利。我们不该为了琐屑小事心存嫉妒,互相攻击。对彼此的需要,会为两个国家的永世友好提供坚强的保证。"

他真心地表示赞同。他说:"兄弟同心,其利断金。只要我们真心相待,就没有任何力量能够离间彼此。"

我说:"尽管不是女王派我来的。但是,我知道,我国统治者、我国的人民都希望两国能够和平共处,永世友好。同时,我也希望您能向尊贵的首领传达我们的良好心愿。我在这里所受到的隆重招待,一定会让英王感到欣慰,因为她国家的子民深受英国荣耀的庇护。"

他说:"如果您代表的是公爵阁下(指印度总督),或者持有公爵的信函。那么,我们款待您,也就是款待公爵。我们对您的尊敬,也就是对公爵的尊敬。但实际上,我们对您的款待,仅仅是出于对您个人的敬意,出于两国人民单纯的友谊。如果是朋友敲门,我们立刻会说'进来!'但这些跟我们对您的招待比起来简直不值一提。如果有愧疚,那就是因为没能把您照顾得更好。"

我表达了想尽早见到首领的意愿。我说我希望两国的友谊能够尽早建立。

他说:"如果您想早点出发前往喀什噶尔,我可以禀明首领,得到首领允许。当然,这不是一个主人该对他的客人说的话。无论如何，'出发'是你的心愿，它应该得到满足。作为主人，我想对您说：'鞍马劳顿，请您再多休息几天。'"

我说："我一点也不累，并对在此所受到的盛情款待深表感谢。不管是白天还是夜晚，我已经做好了出发的准备。跟马上就能见到首领相比，任何疲惫都微不足道。"

12月10日，肖先生和沙哈维尔进行了第二次会面。肖先生向沙哈维尔表达了希望拜见首领的意愿。沙哈维尔表示会尽快写信派人送往喀什噶尔，但还是希望肖先生能多住些时日。当日，尤孜巴什离开了叶尔羌。肖先生从其他官员口中得知他去了喀什噶尔。这是好的迹象，除了被限制活动范围令人感到厌烦，肖先生还得继续耐心等待。他曾试图得到允许骑马外出走走，却被礼貌地拒绝了。他们说这儿的习惯是客人在见到首领之前不可以随意外出。有一次，他登上了屋顶，但这件事马上就上报了。他不得不小心翼翼地防止类似事件再次发生。尽管如此，他的仆人还是可以去集市上买日用品的。

12月11日，星期五。仆人们去了巴扎，没有人阻止他们。他们回来后显得很高兴。他们说这里的商店同乌米瑞提斯（Umiritsir）一样，但是售货员全是女人。有一个大的圆形巴扎专门卖各种华贵的袍子，还有一个专门为印度商人开的旅馆。

15号那天，一名官员拿来一封英文信件，请肖先生把它翻译成波斯语。这封信是海沃德写给首领的。肖先生很快进行了翻译,并请代理人记录下来。信上说海沃德跋涉8000英里来此地进行贸易,他希望能得到首领的允许来这里做生意。消息还说海沃德正在从赛图拉来叶尔羌的路上;他因为后者的身份和来此地的目的而受到质疑。他坚持说不认识海沃德也没有跟海沃德联系;最终,他们似乎相信了他。

肖先生在20号的日记中写道:

> 今天早上,尤孜巴什告诉我总督已经同意召见我,并且悄声对我的仆人朱玛说:"现在礼物该拿出来了。"但事实上,我什么也没有准备,因为我并未得到通知。时间仓促,显然没有时间置办礼物了。我赶紧在已有的物品中做出挑选:一把来复枪、一把左轮手枪、一条粉色的丝绸包头巾、一些布匹以及120磅的茶叶。带上这些,我们就急匆匆地赶往宫殿。我把礼物呈给沙哈维尔时说希望他能够接受它们。实际上,这些东西并不是我想要献给他的礼物;拉载着礼物的驮队到现在都还没有到达。他显得非常高兴。他说我不用给他准备礼物;但是既然已经准备了,他也很高兴接受。
>
> 他接着说他已经写信向首领表达了我想要尽快见面的心愿,他认为这一两天应该就会有消息,到时候我就可以前往喀什噶尔告诉首领我想要说的话。
>
> 12月21日,叶尔羌。今天早上,许多甲状腺肿大的患者前来求药,其中有好几名妇人。我给他们涂了碘酒。我曾用这种方法在喜马拉雅山外治愈了许多病人。
>
> 尤孜巴什给我送来一件卡姆索。我把我的小型来复枪送给他,但是他不敢随身带走,因为害怕别人认为那是他

问我要的。于是晚上的时候，我让朱玛给他送了过去。

12月22日，叶尔羌。尤孜巴什下午过来说找到海沃德了。他们说他已经杀了他唯一的用以驮行李的牦牛作为食物；再过几天他就会没命了，因为他没有帐篷，也没有返回的工具。

我说："虽然我只是个商人，不能代表尊贵的公爵阁下。但是，我深知我国人民对贵国的情谊，以及想要建立邦交的良好心愿。只要贵国派了使者前往我国，公爵阁下就一定会派使臣前往贵国。"

他回答说："我国没有派人出使贵国，是因为对斯拉金特维特被谋杀一事怀有愧疚。可是贵国并没有需要愧疚的事，为什么不能先派出使者呢？"

我笑道："我不是正在向您解释这件事吗？我希望，从此以后，两国能够互派公使，并且成为惯例。"

他回答说："至于面见首领这件事，我相信再过几天就会收到消息。以前，首领都是在叶尔羌处理事务的；不过如今，他把行政机关搬到了喀什噶尔。我相信他也会邀我前往喀什噶尔的。我请肖阁下在叶尔羌停留了这些天，就是想跟您建立友谊，成为朋友。我想，如果您直接前往喀什噶尔，一定会很快忘记我的。"

我说："您完全不必担心这个。您如此盛情地款待我，细致又周到。我永远不会忘记您。我很高兴您能和我们一起前往喀什噶尔。在那里能有一个朋友，是一件令人无比高兴的事情。"

他说："恐怕我会比您晚到。你们应该很快就会出发了。"

随着圣诞节的临近，肖先生派人去巴扎买了一块带骨牛肉；于是他收到了总督派人带来的冗长的礼节性问候，意思是说如果他需要什么东西只能向总督提出，他不可以自己去购买。总督已经听说了即将来临的圣诞节，他会提供肖先生所需要的所有物品。结果，圣诞节那天，肖先生的府邸出现了12个手持礼品的人。除了极为丰盛的"达斯他干"，还有两件丝质长袍和一顶帽子。他们甚至送来了20种不同种类的叶尔羌面包。傍晚，肖先生派人给总督送去了一个金笔筒，还有一把金漆左轮手枪，后者是送给首领的。总督回赠给肖先生一枚精致的石榴石戒指。

一切准备就绪之后，我们前面的空地上铺上了洁白的桌布。我离开椅子，按照当地习俗，坐在火堆旁的地上。尤孜巴什坐在我旁边，然后是迪万·巴克什，还有我在赛图拉的米合曼达尔——他刚和海沃德一起来到这儿，最后是奉命侍奉照顾我的四五个班贾巴什，于是正好按方形坐成两排。在吃别的东西之前，要先吃一片蘸了盐的面包。我为大家准备了很丰盛的食物，主要是英国食品，当然也有很多当地的传统食物。万一客人们吃不惯英国食品，也还有其他东西可以吃。我幸运地还留有一些英国罐头汤，之后又端上鸽子派、烤鸡、羊腿，以及涂着奶油的苹果馅饼、葡萄干布丁；但是显然，客人们对抓饭、手抓肉、胡萝卜片更感兴趣，那应该是他们最常吃的东西。最后是葡萄、甜瓜、苹果、梨、石榴等茶果。看到这些，尤孜巴什冲我的仆人们大声喊道："嗨，你们应该先把这些端上来！"我没法教会他使用刀叉，但是好在吃苹果馅饼的时候他用了勺子。餐后仆人端来了茶和咖啡。因为从没见过咖啡，他们拒绝饮用。

塔什是我们在旅途中的"开心果"。他像个活宝一样插科打诨，对英国习惯感到不可思议，有些时候很天真，有些时候又很精明；这跟他是印度人和拉达克人的混血儿不无关系。他那有趣的语言总是让我们很快活，而其他人就做不到。尤孜巴什给他起了个绰号"撒旦"，即"魔鬼"。

1868年的最后一天，肖先生享受到了一顿和他以前吃的完全不一样的晚餐。首先端上来的是盛放在一个巨大容器里的爱尔兰炖汤，非常鲜美可口；炖汤的主菜中有一种类似黄豌豆的大型豆类，当地人称之为"鹰嘴豆"。另外一道菜是一大盘煎蛋卷，以蜜饯作调味酱汁，足够20个人吃。最后的餐后甜点，是把乳酪打散，和鸡蛋搅拌在一起的，味道真的很独特，盛放在小一点儿的碗里。

"没过多久，我一吃完饭，就进来了一支乐队。主奏者弹奏的是羽管键琴（拨弦古钢琴？）——就像一架没有键盘的迷你钢琴。演奏者左手控制着琴弦，右手拿着一种尖尖的工具在琴弦上下拨动。坐在他旁边的音乐家拿着一把长颈吉他，当地人称作'citar'。这种乐器有九根弦，但真正用来弹奏的只有一根，剩下的都是辅助发音、调整音色的。演奏者拿着弓在琴弦上摩擦，就像是在演奏大提琴。第三位音乐家演奏的是一支细长的横笛。其余的三个人一边摇着铃鼓，一边和着音乐吟唱。他们的演奏让我吃了一惊，这比印度甚至是克什米尔的乐师演奏得更精彩。他们的演奏很严谨，这种严谨体现在对时间和节奏的把控中，展示出熟练的技巧。你也许会说：'你又不懂音乐，怎么知道他们出色？'我承认我对新歌剧的评价不具有什么价值。但是，我认为即便是我，也能够对东方音乐做出判断。"

"有一个长相很古怪的家伙，即第一位歌手。他那浓密的红色小胡子从嘴角垂下来，眉毛粗浓而杂乱，眼珠颜色很浅，下巴的形状很像沃尔特·司各特爵士（Sir Walter Scott）在《昆廷·达沃德》（Quentin Durward）①一书中所描述的'阿尔丁森林野猪'的下颚。总之，他的外貌实在过于奇特、荒诞，当他开口唱歌的时候，脸部就会扭曲成难以形容的形状，真是可怕，就像是噩梦里才会出现的怪物。他边上的歌手，即第二位歌手与之形成鲜明的对比。这位歌手长得胖胖的，面容温和，看着就让人心情愉快；也许，他代表的是昆廷·达沃德从野猪邪恶力量中解救出来的那类优雅的市民形象。音乐显然为这个角色赋予了更多要求。他的歌声得足够响亮，才能压过伴奏的声音；这使得他那肥胖的脸颊不停地晃动，显得非常可爱。这两位音乐家所形成的强烈反差带给我们很多欢乐。"

"1869年1月1日，天空晴朗、阳光明媚；虽然寒冷才足够符合人们对这个季节的想象。今天，室外温度：华氏15度。水一落地就结成了冰，所有食物都硬得像石头。令人

---

① 《昆廷·达沃德》（Quentin Durward）：又名《惊婚记》，英国小说家司各特代表作品之一。——译者注

奇怪的是，在这样的温度下，叶尔羌周边的山谷里竟然还有葡萄。我的桌子上每天都有当地人送来的冻葡萄。昨天，我把葡萄放入热水中解冻之后搁在炉火附近的桌子上忘记了，现在它们又冻成了一团；因为葡萄表皮湿润，而屋里又太冷。冷馅饼在切之前得放火上烤一下。尽管如此，我却一点儿也不觉得冷；因为这儿气候干燥，没有风，而且当地长袍'jama'真的非常暖和——我现在就穿着它。另外，我们已经在旅程中适应了这种极端的寒冷。那时候，葡萄酒已经冻成块儿，崩裂了瓶子；而我不得不把葡萄酒连着瓶子一起掰成块儿，放进杯子。侍从们也经常用短柄小斧头和绳子凿冰取水。你知道吗，有一种很猛烈的风，它能吹透你的脊梁骨。与那些相比，现在的这点寒冷简直不值一提。"

"今天我听说了关于雅霍甫的一件轶事。由这件事可以看出，他作为男人那种精力充沛的天性，以及对传统东方尊严、身份观念的不屑。送信使跑去向他汇报迪万·巴克什到来的消息，结果他正在阿塔什山监工。雅霍甫在工地上亲自指挥防御工事的建造。当时，他全身都是尘土，腿也被掉落下来的石头砸伤了。送信使完全没有认出他。倒是雅霍甫先发现了送信使，把他叫到跟前，现场汇报急件。"

根据这些官员的说法，显然，肖先生很快就会得到首领的允许，出发前往喀什噶尔。这在他离开列城时，还是想都不敢想的事。他们即将沿着巨大山脉间的盆地一路向东。沿途，会进一步领略中亚的风土民俗。1月3日，他们收到国王允许面

见的许可,随之而来的,还有各种善意的举动:

"今天早上,用餐前,尤孜巴什带来了一个装满丝绸、锦缎的包袱,说是献给首领的礼物。这是我们昨天已经商量好的。因为我的大驮队还没有到,就先向他借了这些物品。等我的货物到了后再还给他。展示完这些东西,他又告诉我一个令人振奋的消息:明天就可以起程去喀什噶尔了——这是他用波斯语跟我的两个波斯语仆人说的。我将他送出门。在门口的时候,他又从长袍的衣襟里拿出一个小包,里面装了11块有刻章的银子。一块全尺寸的,十块小一点的,总价值35英镑。他悄声告诉我把东西收起来,别让别人看见;这是总督让他带给我的,以备不时之需。说完这些,他像往常一样敬了个英式军礼(这是我教他的)便告辞了。我显然认为总督是出于我们之间的个人友谊而给的这些馈赠,因为我确实需要钱。总督能考虑到这些,真是太周到,太体贴了。这样我就不用靠卖东西赚取路费了。要不是总督提供了足够养活一群骑兵的食物,养活这么多人真会让我力不从心——现在叶尔羌城里所有戴着高高帽子的苦行僧们每天都来我的大门口处化缘,他们的家人、朋友以及我的侍从们的马匹也全都靠我供养。另外,我每天还会收到17个先令(50腾格)的零用钱。我忘了介绍当地的货币。①这里主要流通的货币,是一种中间有

---

① 中亚的货币,主要为一种小银币,称为"腾格"。这种钱币,一面铸有国君名,另一面通常铸有城镇名或铸造的时间。还有一种金币,较小,也薄得多,称为"提拉"。铜钱称为"普尔"。参见王治来《中亚通史·近代卷》,新疆人民出版社,2010,第279页。——译者注

小方孔的小型铜币。25个铜币相当于1腾格（约合4便士）。每500个铜币穿成一串儿，相当于20腾格的价值。这里的人都是一串串用的，只有需要的时候才分开。我每天都会得到两串半铜币（相当于4美元）。"

● ● ● **第十四章 喀什噶尔之行**

1月4日早上,总督送给肖先生一匹灰色骏马,告诉他即刻启程前往喀什噶尔。除了肖先生本人,总督还给他的仆人们也准备了马匹,甚至还有驮行李、货物的马匹。加上尤孜巴什及其随从的马,总共有27匹。第一天启程,总会因为这样那样的事而拖延。他们直到中午才出发。肖先生对此行做了如下描述:

我们一直沿着新城城墙的一侧骑行。我也因此有机会近距离观察这些防御工事。深、宽各20英尺左右的沟渠把道路表面分成两部分,沟渠这边是一片缓坡。沟渠两侧以土坯相护,内侧筑起带城垛的土墙,用以挡住沿缓坡前行的敌人的视线。墙壁上有很多枪口，守城之人把步枪架在这里，直接向外射击，可以有效阻止敌人进攻。城垛里侧还有一道沟渠，越过沟渠便是主城墙。从斜坡顶端算起，主城墙的高度在30～35英尺，厚度也差不多；每隔60码左右有一个方形的发射口，作为侧翼防护。而在城墙拐角处通常有一座堡垒，这个堡垒顶上建有一个两三层楼高的塔楼。城门两侧的城墙非常坚固，将近50英尺厚。城门口，两道沟渠交界处，还有外垒作为防守，并与两座沟渠之间的土墙相连。穿过第二道门，就进入两城之间的地带。四周是高起的城墙，城门入口处建有一座塔式建筑。

我们继续西行，沿途不时冒出各种小寺坊，仿佛在指引着西进的方向。在当地，他们使用一种指向西方的罗盘。走了将近3英里的时候，我们停下来，等待尤孜巴什；然后和他一起穿越了一个人口稠密的村镇。

在尤孜巴什赶上来之前，我们刚刚从桥上通过了一条大约15码宽的河流。据说这条河是从叶尔羌前面的大河上分流出来的，并流向色勒库尔（Sarikul）①。因此，叶尔羌是被这两条河流所环抱；但是这两条河流并没有重新汇合。我们跨过的这条河最后消失在阿克苏附近的塔克拉玛干沙漠。

然而，在我们走出叶尔羌6英里远的时候，突然进入一条小路。小路周围覆盖着长着杂草的沙丘。横向穿过沙丘的这条小路有8英里长。但是，我猜沙丘的直径绝没有8英

---

① 色勒库尔（Sarikul）：清代新疆地名，位于帕米尔高原东部，为塔吉克族聚居区。1954年成立塔什库尔干塔吉克自治县。——译者注

里。它的表面有洪水反复冲刷的痕迹。洪水退却后，泥沙在这里堆积，形成肥沃的冲积平原。湿地中间有一大片洼地，非常宽，全是沼泽和水洼，几乎看不见尽头。在这些沼泽和水洼的表面，能看见一条若隐若现的溪流。也正是这条溪流，将它们连成一个整体。就像我们所知道的那样，奔腾的溪流将沙丘上的轻质土席卷而下，顺着地势在下游沉积；洪水退去后，轻质土仍堆积在下游和两岸；久而久之，形成纵横交错的河道。

走过这片积沙区，就是平原。平原的尽头，是南北走向的山脉（据说，此山脉自西绵亘12英里）。这里的气候和印度完全不同，在我写下这些文字的时候，我正深深地体会到这一点。因为从坎格拉到外喜马拉雅山脊的距离也是12英里。当你置身坎格拉的时候，你会以为这些山脉就在眼前：山上的每个峡谷、每块石头，都看得清清楚楚。但是，在这里，离帕米尔12英里远的地方，只能勉强辨识出帕米尔的轮廓。

村落分散点缀在平原脚下，与分布在叶尔羌周边的城镇比起来要稀疏得多。在这些高山之中有多少鲜为人知的神秘村落啊，几乎没有几个欧洲人能够有幸看到！这样看来，将这些山脉称之为"Bam-i-doonya"（世界屋脊）似乎有些名不副实。面前的这些低矮山丘，看起来几乎是一条长长的水平线，而高处的景象完全看不见，只有一些若隐若现的影像。尤孜巴什指着山脉的西面对我说："山的那边是巴达哈伤；再往前，右边，是布哈拉；然后继续往前，一直到那山脉消失再也看不见的远方，就是通往我家乡安集延的路。北边，那里，没有山的地方，就是俄罗斯

（西伯利亚）。"通过他的讲述，我了解到首领统治的区域一直延伸到巴达哈伤，那里有很多牧民和村庄。他告诉我那是"克孜尔塔格"（Kiziltâgh，意为"红山"），显然这只是当地人的叫法。东方人给每座山都起了名字，却未对其整体做出命名。

因为祷告的缘故，我们做了短暂停留，而后转向西北偏北的方向。穿过田地又骑行了4英里左右，我们遇到了阔赫罗巴特（Kokh-robât）伯克。下马之后，他握住我的手，并引着我们进入以这个名字命名的村庄。这个村子比较大，村里有两个骆驼商队客栈。大一点儿的客栈里有很多双峰骆驼和成捆的货物。在客栈的院子里，我见到一种新鲜玩意儿——当地村民在地里工作时用的双轮开放式马车。我忘了说，我们在来的路上曾见到一些"阿拉巴"（只有一个轮子，由三匹或者四匹马连成一排，并列前行，用车里的缰绳驾驭）。穿过集市，走了几百码，我们来到一个矩形的大广场。广场四周被高大的城垛所包围，这些城垛都才修建不久。随后进入一个带有花园的庭院。院子的一边是一座建筑的外墙。我被带进一个铺着地毯、生有炉火的房间。我的代理人和随从们也都已经被安排到合适的房间住下。尤孜巴什告诉我在去往喀什噶尔的路上还有很多这样的旅舍，它们被称为"oorda"，专供有身份的人入住、休息。山的背阴处有两三英寸深的积雪，在平原和山的另一面却只覆盖了薄薄的一层。天气异常寒冷。凛冽的寒风把我的代理人都吹病了，就连尤孜巴什都抱怨说他的脚被冻得失去了知觉。好在我有总督赠送的毛皮长袍，没有感觉到一丝寒意。

我们在白天的谈话中也聊到了总督。他以学识渊博而著称。但是他给我的感觉是：热心关注那些大家都不曾留意的东西。在他还是浩罕可汗的机要秘书的时候，曾以可汗的名义给布哈拉的埃米尔写了一封信。这封信在当地没有一个人能够看懂，大家都不知道他写的是什么。他也因此名声大震，被认为是中亚最有学问的人，是黑暗中的一盏明灯。我的代理人刚到叶尔羌的时候，总督就以同样的方式对他进行了考验；当然，我认为应该没有那么严格，无非就是想看看他是否能够毫不费力地阅读完自己的信件。

第二天，我们前进的方向改为西北方向，需要穿过山脚下那片布满沙石的戈壁。其中有一段路程的右边全是低矮的丛林，据说这些丛林一直延伸到阿克苏。丛林里有各种野兽，例如老虎。走到半路的时候，我们又在一处人迹罕至的"客栈"处停了下来。客栈附近还有一座寺坊和两口井（将近100英尺深）。几个阿拉巴停在不远处喂马，女人们则斜着眼睛偷瞄我们这些从没见到过的陌生人。她们地位较高，面容姣好，乌发。她们的长相让我想到了鲁宾斯（Rubens）①画笔下的那些有着美丽杏眼的女人。客栈对面的山脊静静地流淌在广袤的大地上，一路向西绵延，消失在远方的暮霭中。时间仿佛凝固在这一刻，天与地也纠结、静默。当我们即将抵达目的地的时候，那些消失在暮霭中的山脊又出现在了眼前。高挑的山峰刺向苍穹，令人

---

① 鲁宾斯（Rubens）：比利时画家，17世纪巴洛克艺术最杰出的代表，擅长绘制宗教、神话、历史、风俗、肖像以及风景画。——译者注

惊艳。显然，尽管那些低矮的山脊向后隐退了，山脉仍在继续绵亘。

在到达晚上的宿营地之前，我们路过了一个已经破败的寺坊。寺庙旁边还有一口干涸的水槽。据尤孜巴什说，这座寺坊是成吉思汗西征时修建的，水槽也是他们当年所挖。当时，成吉思汗带着大队人马途经此地，浩浩荡荡的驼队驮载着大量饮用水。他们到达这里之后，安营扎寨，并按照一贯的做法，挖了很深的水槽；然后将带来的水注入其中，供牲畜饮用。他们说成吉思汗命人搭建了足以容纳10000人的巨型帐篷。成吉思汗就在这个帐篷里招待、宴饮宾客，就连喝茶用的杯子都是宝石制作成的！

一边聊天一边向前走，不知不觉就走入农田，这属于一个名叫克孜尔（Kizil）的村庄。Kizil 是"红色"的意思，也就是说这片土地的颜色是红色的。我推测土壤里一定含有铁元素。果然，这个推测很快就被证实了。因为我们很快就看见了几个冶炼铁矿石的高大熔炉。

今儿一整天都在刮大风。肆虐的北风吹打在脸上，刀割一般。尤孜巴什建议我可以先回"oorda"，那里房间宽敞但是比较冷；或者是去镇上找个什么地方，那里应该要暖和点儿。我当然不会放弃一切可以了解民风民俗的机会，想都没想就选择了后者。接待我们的官员长相特殊，跟常见的当地人很不一样，这让我觉得很奇怪。他的鼻子很长，又挺又直，是典型的西方鼻子；瘦削的脸庞上深嵌着两颗大大的圆眼睛。我听见他在门外和人用波斯语交谈，于是便想弄清楚他的身份。他们告诉我，他是安集延的塔吉克人，一个类似波斯人的民族。这个民族在鞑靼人入侵前统治着这里。他是我见到的第一个塔吉克人。我急切地想要和他交谈，但是总也没机会。

傍晚，水塘结了厚厚的冰层。村里的孩子们在冰面上滑来滑去地嬉戏着，那场景就跟在英国一样。第二天一早，当地人就聚集在一起，像往常一样，目送我们离开。我们继续向西北方向前进，穿过那些耕地、牧场，以及荒地。

山脉亦为西北走向，沿着我们的路线绵亘向前。骑行将近3塔什（tash，长度单位，据说1塔什相当于14英里），在一个到处都是铁匠铺的村子中停了下来。主人把大房间腾出来让给我住，自己则带着家人住进了里面的卧室。主人的妻子是个幽默而忙碌的主妇。她非常感激我替他们说情，因而没被尤孜巴什把全部家当扔出屋外。我们享用了主人端上来的茶、肉类和面包，即所谓的达斯他干。我送给他们一个甜瓜表示感谢。晚一些的时候，主人端来一盆热气腾腾的"马卡罗尼"（macaroni）汤，主妇则端来新烤的面包。这都是此时正需要的美味！主人还给我的印度随从们也盛了热汤，而实际上他们根本吃不完。在我的暗示下，他们把汤端出去分给外面的其他仆人。房间布置得整齐、温馨，跟普通的英国小家庭很相像。橱柜里摆放着擦洗干净的陶制碟子；精巧的大衣箱子也摆放得整整齐齐的。院落里有堆满稻草的牲口棚和马厩；雄赳赳的公鸡带领着母鸡们在院子里大摇大摆地走来走去；角落里也种满了作物。屋顶上堆着干草和稻草；后门直通砌着围墙的果园。洁白的雪花飞舞在村庄上空，纷纷扬扬地飘落在屋顶、洒落在院落。地面被一两英寸厚的积雪所覆盖。环顾四野，白茫茫的一片，更加具有家的气息。路两旁的水塘已经结上了厚厚的冰。冰面上留下了男孩子们穿着钉有铁炉条的靴子滑出的道道痕迹。

下午，我拐到一条小巷子里去看冶炼铁矿石的熔炉。熔炉看起来就像一个四五英尺高的骰子盒，盒子顶部中间位置留有一个缺口，烟可以从那里出去。在骰子盒的外部围坐着六个孩子，他们每只手都抓着一个皮质风箱——总共有12个风箱。灼热的气体源源不断地从盒子顶部开口处溢出，熔化的矿石液体从底端缓慢流出。熔炉下面是一个两英尺左右的深坑，表面砌着砖块；矿石溶液就是在这里提取的。一个工人用铁锤把矿石敲碎，并在烟囱旁不停地把碎矿石扔进熔炉；另一个人也在同时把木炭投放进去。20"查拉克"（charaks，计量单位，1查拉克相当于16磅）的铁矿石和相同重量的木炭混合熔烧24小时之后，就可以产出4查拉克铁。这些铁的质量非常好，有细密的纹理。用这种铁制成的工具非常坚固，看起来很像钢。在印度山区，也以同样的方式冶炼磁性氧化铁，但是铁矿石的熔融提取远不及这儿。在印度，只有两个人同时拉风箱，也就是说，只有四个风箱运作；金属熔液还没有凉，工匠就已经开始捶打冶铸了。可是这里，在打开熔炉之前需要将金属熔液放置一个晚上等其全部冷却。矿石是一种黑色的石头（在离工地15~20英里的山里开掘的），被砸成方块状。

我们从熔炉工地折返的时候，看见一个四五岁的小孩子正吆喝着他的驴子在水塘边喝水。小孩儿家离这儿不过20码远，却懒得走路，非要骑上驴子；但是因为他的个头矮小，很难爬上驴背。小孩儿一开始想要抓住驴腿，然后再顺势往上爬，试了几次都没成功。我们觉得非常有意思，一直饶有兴趣地想要看看小孩儿怎么爬上驴背。最后他把驴撑到了墙根边，自己先爬上墙，然后从墙头跳到了驴背上。小孩骑坐在驴背上，脸上的表情甚是得意。抡起鞭子在驴背上抽打了几下，驴子就飞奔着消失在邻近的田野当中。在当地，小孩骑行的习惯就是这样养成的。

下午，尤孜巴什带来英吉沙伯克派来的两名官员。他们一见面就拥抱了我，并且告诉我他们是被派来迎接我的。过了一会儿，他们又转身端来达斯他干和一只羊，并且向我解释说村子里实在没有什么东西可以准备，还请我不要介意。由于这里不属于尤孜巴什亲戚（指叶尔羌总督）所管辖的范围，因此他显得无能为力；甚至没有弄到吃的东西。因此我分了半只羊给他，还有一个古怪、弯曲的桌子。

第二天早上（1月7日），我又去观看了附近的那些炼铁炉。这个熔炉是专门为昨天的那些金属熔液提纯的。经过一个晚上，熔炉已经冷却。早上8点左右，炉床被打开，一块还温热的铁块从底下被挪了出来。炉床微微向前倾斜并逐渐变窄。冶炼炉的底部直径比上部大一些，越往上直径越小。

跟往常一样，这里的村民也对我的行为感到十分好奇。他们问我的代理人，我一直坐在椅子上不会感到累吗？我一顿饭要吃好几道菜用好几个盘子，这也让他们吃惊不小。要知道，他们每顿饭都只有一道菜，盛放在一个大盘子里。四五个人就一起围着这个盘子吃。

我和伙伴们从农舍出发，在村外与尤孜巴什及他的队伍会合，继续向西北偏西的方向骑行。道路的左侧一直都有连绵起伏的群山。走着走着，眼前竟然出现了昨天看见的那些低矮沙丘。我们本以为它们已经消失在茫茫戈壁了。穿过草原和农田的结合部，我们在沙地边缘处的一间孤零零的"蓝噶尔"（langar，休息室）处停下来稍作休息。正当我们坐在火堆前休息的时候，遇到了一位前来迎接我们的米尔扎巴什（Mirza-bashee，参谋）。我们在他的陪同下走完了到英吉沙的剩下的一段路。

连绵起伏的沙丘缓慢流动在道路右侧，就像海面上的波涛，随着海浪的拍打涨落忽隐忽现。我们从沙丘的间隔处横穿而过。组成山丘的沙砾是分层的。每一层都由不同石质的沙砾组成。沙丘间的空地上覆盖着已经凋零了的草木。我们沿着空地之间的缝隙骑行了约5英里，来到一条小河岸边。有水的地方就有生命，这条小河在沙丘中为自己灌溉出一条生命之源。河岸沃土面积虽然不大，却长满青草，形成沙丘间的峡谷地带。河上的桥已经毁坏，我们直接涉冰而过。事实上，当时有一群劳工正忙着往冰面上撒土，好为我们铺路。他们还在冰面到岸边之间尚未封冻的地方搭建了一座临时木板桥。负责此项工程的官员们也加入我们的队伍之中。

河流上游就是沙丘的尽头，那里人口稠密。穿过这最后一片沙丘，我看见了这几天以来最美丽的风景，仿佛回到了克什米尔谷地——这是由我们身后，即左侧雪山的映衬下所产生的幻觉。极目远眺，是望不到边际的良田美木。错落参差的大小果园间遍布着星星点点的农舍、庄园。果园、农舍分布有序，错落有致。一条小道从平原中穿出。眼前就是英吉沙城！我们用了很短的时间走完大约50码的路程来到这片平原，接着又骑行通过一个类似大城市郊区的村庄。我竟然看见一座房子的墙上画着轮船和火车！在进入主街道前，我们先向左拐，沿着旧城高大的土墙骑行。离开这里后，在米尔扎巴什及几位官员的引导下，来到一处行宫。这里照例有高大的院墙、庭院以及大房间。新城离我们这里有半英里远，与我们到旧城的距离一样。从城的规模来说，新城更像是一个大型要塞，而不是城镇。给我安排的房间布置得很舒适：地板上铺着美丽的毡毯；靠墙的地面上摆放着一张装饰着丝绸的大厚垫子，离炉火很近。我和那些前来探望我的人在炉火旁坐了下来，随从们和代理人也被安排在这里的其他房间。虽然旅馆里还有很多空房间，但是尤孜巴什却不得不住到附近的一间农舍里去。显然，只有首领的客人才有资格住在这里，其他人是不得留宿的。昨天接待我们的那位官员带来了丰盛的达斯他干，一只肥羊，还有家禽。在尤孜巴什的提醒下，我送了他一件吉拉特，即长袍；另一件吉拉特送给了米尔扎巴什。

今天下午，我在附近溜达闲逛，恰巧经过尤孜巴什下榻的农舍。他就站在门外，看见我，热情地招呼我进屋喝茶。他把我安排在挨近炉火的地方坐下，自己则按规矩洗了脸和胳膊，然后让我留下和他一起吃饭。他递给我一碗看起来像是糨糊疙瘩的汤。他非常希望我能够留下来，和他一起吃尚未出锅的羊肉抓饭。但是我真的得离开，因为天色确实已经不早了。我怕再晚，天就黑了，我会找不到回去的路。

8号早上，我的译员接待了一位毛拉。这位毛拉说，他目睹了斯拉金特维特被杀害的整个过程。毛拉在倭里罕之前到达喀什噶尔,随后倭里罕就派士兵包围了喀什噶尔新城(要塞)。斯拉金特维特问还要包围多长时间。倭里罕回答说:"三个月。""哦,"斯拉金特维特嘲讽道,"我们国家的人只需要三天就可以拿下这里,易如反掌。""是吗?"倭里罕答道,一转身就下令处死斯拉金特维特。斯拉金特维特被带到喀什噶尔河边,在那里被处死。行刑人在他口袋里发现了一个指南针和一块表,想把它们送给毛拉,却被毛拉拒绝了。

下午我在附近走了走,看了看。田野被一两英寸厚的积雪所覆盖,水塘也都结了坚固的冰层。田里有很多人工渠,为适应地形而被开凿成各种走向;在这个季节已完全干涸,只有需要灌溉的时候才会引入河水。积雪下面还有印度玉米的嫩芽,这应该是最后一茬农作物了。回来的时候,我听见尤孜巴什呼喊我的声音,当时我正鼓励我的代理人穿过结冻的冰层——他这辈子从没干过这事儿,觉得很恐怖。尤孜巴什在他居所外面的水泥台上铺上厚厚的毡毯,我们可以坐在上面聊天——这在东方是很普遍的,大家都习惯于坐在屋子外面。他拿着我的小双筒望远镜观察这个村子。

我的侍从白天去了镇上。两个大门之间的直线距离超过1100步,但是郊区的规模要比城内大一倍。今天正是每周一次赶集的日子,大街小巷全都挤满了人。我的侍从在客栈找到了两个同胞(印度商人),他们看着门对面挂着的长排带骨牛肉放声大笑。旅行真是个神奇的东西,它能让人消除偏见;他们也许只是想起了在印度类似可笑的场景。

1月10日，我们仍滞留在英吉沙，我走了很长时间才走到离我最近的山丘附近。这是座东－西走向的丘陵，看起来与大雪山是平行的。我测量了一下水塘里的冰层，足足8英寸厚！下午我接到消息，说第二天早上可以启程。于是，在11号这天，我们走了25英里路，来到这里——叶甫昌（Yepchang）。这个村子既有肥沃的农田，也有牛马遍野的草原。我们从河流狭窄处的木桥横渡库苏河（Koosoon River）。河流的这一段大约有五六十码宽；据说因为流沙的缘故，在过河时很危险。可是现在河流已经完全被封冻了。我们在路上碰到了叶尔羌总督的兄弟穆罕默德·伊塞克·江（Mahammad Isâk Jân）。我们下马，热烈拥抱彼此，互相问好。他从喀什噶尔出来，正在返回叶尔羌的路上（我们在路上的时候，他就已经到喀什噶尔了）。我请他代我向叶尔羌总督问好。下午2点左右，刚好碰上一间农舍，因为同伴们要做祷告，就在那儿停留了一会儿。他们可以用热水沐浴净身。这家有个四五岁左右的小孩子，尤孜巴什一直在和他闹着玩。一会儿做鬼脸吓唬他，一会儿戴着那双大手套满屋跑着追他。小孩儿又跑又闹，这使得他的母亲不知所措。上马后，我们聊了很多。尤孜巴什告诉我，他的级别，即100人的长官，一年的俸禄是300"铁拉"（tillahs，300铁拉约合150英镑），士兵是30铁拉（15英镑）。除此之外，还有军服、配饰、装备以及战马，战争时期俸禄会加倍。我们又说到了骑马。尤孜巴什认为我的译员骑马的方式有些特殊，跟大家都不一样；然而，我骑马的方式和尤孜巴什是一样的。译员的鞍鞯辔头当然是印度式样的：短马镫，缰绳拉得很高。我注意到当地人马上的鞍辔确实跟英国人的很像。

到了叶甫昌之后，我们直接去了客栈。在那儿，见到了负责接待的官员"马哈拉姆巴什"（Mahrambashee）。他也已经按照规定的一般程序安排了欢迎事宜：先把我们领入客房，然后上达斯他干。从他的行为举止可以看出这是一个灵活、周到、善于交际的人。他穿戴得体，与人交流爽快、热情，让每一个人都感觉到被重视。你还记得斯蒂福兹（Steerforth）那位绅士风度十足的侍从吗？他使大卫·科波菲尔（David Copperfield）①觉得自己年轻了许多。眼前这位无疑就是他的翻版。

我们于第二天早上离开叶甫昌；昨天接待我们的那位官员当天晚上就出发前往喀什噶尔通知我们即将到来的消息。我们在半道上又遇见了。我们沿途经过了一个人口稠密、遍地良田的村落，还穿过了四条河。第一条河离叶甫昌5英里远，河床宽1/4英里，有很多河道纵横交错。离我们最近的那条河道上的冰都化开了，可以看得见潺潺的水流。马匹不得不踩着碎冰雪，从流水中蹚过去。很多包裹都被打湿了。其他河道要好走一些，可以借助冰层或者从临时木桥上通过。远处的河面上有一道很宽的大坝，将河流拦腰截断，看起来就像是两条独立的河流。其中一条人工开凿的河道将河水引往高处。过了这个河床，再往前走，路的左右两边各有一个小村庄。我们从桥上过了第二

---

① 斯蒂福兹（Steerforth）与大卫·科波菲尔（David Copperfield）是英国小说家查尔斯·狄更斯长篇小说《大卫·科波菲尔》中的人物。——译者注

条河。过桥时看到一架阿拉巴正被人吃力地从冰水中往外拖曳。我们在过最后一条河的时候，在岸边停留了一小会儿，因为要做晚祷告。喀什噶尔新城尽收眼底——它就在一片开阔地的中央。我们走近后发现，那里的防御工事跟叶尔羌城的防御工事极其相像，只是规模小一些。拐过几个城墙转角，我们来到东北偏东方向的城门前。我们在那里见到了当地的尤孜巴什。这位尤孜巴什手里拿着欧洲产的双筒来复枪。他和负责接待的官员走在前面，领着我们穿过城门，经过哨卡；那里坐着一队排列整齐的士兵。到了第二道城门的时候，士兵人数增加了不少。再经过最后一道门，就真正进入新城了。守卫在第三道门口的士兵，四人一组，共同看护着一挺名为"泰弗尔"（taifoor）的巨型老式步枪。这种步枪有支架，枪托靠在地上。我们在第三道门的入口处下马步行。眼前是宽阔的大道，道路两旁是穿着明亮制服的卫兵——气宇轩昂，不苟言笑，仿佛是进了法庭。这条大道有200码左右长。然后，就有手持权杖的引导人员前来带路。他把我们带到街道右侧的一处院落内。这是一座由许多庭院组成的新建筑，我的房间在最里面。房间的面积比叶尔羌的小一些，但是在房间前面有一条大回廊可作接待用。房间里铺着忽炭大地毯，并铺衬着一些小地毯。

刚坐下，就有人送来了达斯他干。来者问我打算什么时候面见首领。我回答说当然希望立刻就能见到首领，但是出于礼貌，我应该在第一次见面时献给首领一些礼物；然而这些礼物现在却无法及时卸下并准备停当。他们回答说："如果可以，那就明天去见首领吧。"然后给我派了一名"马哈拉姆"（Mahram，即引导员）和一位"达赫巴什"（Dahbashee，即十个人的长官，负责警卫）照顾我的饮食起居。

我们现在开始准备明天需要敬献给首领的礼物，并把它们归置在一起、打扫干净。天黑以后，尤孜巴什过来问我准备给首领送上什么东西，我派印度代理人取来了礼品清单。与此同时，马哈拉姆也走进来，坐了下来。当礼品单取来后，我注意到尤孜巴什根本不关心我送什么东西，而是转移话题说："你想送什么就送什么；我的任务只是指导你他在场时所应该注意的事项。"马哈拉姆离开后，尤孜巴什低声对我说，当着马哈拉姆的面，他不可以对我的礼物做任何评论。否则，马哈拉姆会向国王汇报说尤孜巴什告诉客人送什么东西，不送什么东西。这样的话会很麻烦。我趁机问尤孜巴什，我是否应该给首领的儿子也单独准备一份礼物。在确定周围没人以后，他回答说："除了首领之外，不要给任何人送任何礼物，哪怕是一根针。如果首领知道你给其他人也送了礼物，会很不高兴的。"

●●● 第十五章　滞留在喀什噶尔

肖先生在到达喀什噶尔后的第二天,即1月12日,面见了穆罕默德·雅霍甫。以下记录了他们见面的整个过程:

我们很早就起床了。按照吩咐,把献给首领的礼物摆放在托盘里。9点左右,各类官员、侍从前来接我。我在我的尤孜巴什(顺便提一句,他和首领同名,都叫穆罕默德·雅霍甫)、昨天刚认识的尤孜巴什以及马哈拉姆巴什的陪同下,前往首领的宫殿。在我们身后,还跟着三四十名拿着我的各种"那扎尔"(nazar,礼物)的侍从。从我的住处到首领的宫殿之间,是一条宽阔的大道。大道两旁全是人。五颜六色的长袍看得我眼花缭乱。走过宫门,又

第十五章 滞留在喀什噶尔

穿过几个开阔的方形庭院,我们进入内城。每一道城墙外都有很多禁卫军,他们庄重、严肃地坐着或是站着,看起来似乎跟那些庄严、肃穆的建筑融为一体。禁卫军的制服全是绸制长袍,等级不同样式也不一样;其中大部分人装备精良,等级应当不低。队伍里还有一些拿着奇怪武器的游牧人。这是我第一次看见拿着弓和箭的士兵。他们是卡尔梅克人(Kalmâks)。所有这一切离奇得就像是小说中的场景。色泽艳丽的华服、古老的弓箭和严肃庄重的气氛汇聚在一处,仿佛是回到了1000年以前。最里面的院子比其他的都要小一些,只有几个经过挑选的贴身侍从坐在那儿。大家全在最后一道城门前停了下来,只有昨天见到的那位尤孜巴什作为引导官陪我进入。

眼前出现了一座亭子,亭子的顶端有精心设计的回廊,回廊上雕绘着阿拉伯式花纹。尤孜巴什引着我从侧门走了进去,穿过一个小房间,来到大厅——应该就是首领接见宾客的地方。在大厅中间,靠近窗户的地方,坐着一个人。我立刻意识到,这就是首领。于是赶紧走上前行礼问安。就在我快要走近的时候,首领也起身迎了过来。边走边向我伸出双手。我按照当地礼仪握住首领的两只手,以示礼貌和尊敬。首领很热情地邀请我坐在他对面。坐下后,我又再次站起,询问他身体状况是否安好——这也是此地的习俗。首领向我摆摆手,示意让我坐下,离他近点儿。首领问候了我的身体,在我回答之后,又表达了希望我的旅途还算顺利的良好心愿。原谅我蹩脚的波斯语,但从他时不时地微笑中,我觉得他还是听懂了我的意思。而后,有一分钟的沉默,彼此都在等对方先开口说话(这是这里的礼节）。最终，首领先开口，说了一些关于天气的话题（就跟英国人一样）。我们简单聊了几句。我告诉首领，不是萨赫比君王（Lord Sahib，指印度总督）派我来的，他也没有委托我带任何信函；我来到这里，完全是出于对他大名的仰慕。听到这些，首领非常满意，频频点头。他告诉我，当他听说受人尊敬的肖阁下将要来到他的领地的时候，他真的是欣喜至极。萨赫比很伟大，跟他比起来，自己则很渺小。我回答说："总督阁下是很伟大，但是他的主人——我们的女王陛下更伟大。"听到这儿，他瞪大了眼睛。我继续说，我希望我国与其他朋友之间可以建立起一种友好的关系。而朋友之间是没有强弱之分的。他问道："你没有事先给我写过信吧？"我回答说："我写了。我曾委托我的代理人送信到叶尔羌，但是出于某些原因，他没能把信交给您。我对此表示遗憾。为了表达我的歉意，请收下我的礼物。"我告诉他，我带来了几支英式步枪的样本，希望他能够收下这些礼物，宽恕我之前的不足。他笑着说："你我之间还送什么东西？我们都已经是朋友了，你能安全抵达就是最好的礼物。"在说这话的时候，他伸出两根食指，做出弯曲的动作，以此代表我们的友谊。我说我希望能和他进行更深一步的交流，但是看起来他好像没有那么多时间，而且也没有翻译在场来弥补我蹩脚的波斯语。他说："你，我，这就足够了。不需要第三个人。朋友之间是不需要翻译的。"接着他伸出手热情地握了我一下。然后他又补充道："从今天开始，好好享受几天吧，把这儿当作你自己的家，四处走走看看。两天之后，第三天的时候，我们再见第二次面，你可以带上你的译员，我们聊一个小时。以后我们可以经常见面，我们的友谊也会由此逐渐加深。"

之后，他叫人端来一件粉色的缎子长袍，命人给我披在身上。而后，就和蔼地跟我结束了谈话。我的向导等候在内院门口，见面之后，我们一起穿过那个华丽的亭子返回。在经过各道大门的时候，与之前停在门外的人马汇合。尤孜巴什一直把我送到驿馆门口，才道别离开。每个人在离开的时候都祝我"moobârak"，也就是快乐的意思。我则回应说"Koolligh"。

在面见首领之前，就有人告诉我译员是不可以和我一起去的。当地官员也告诉我，如果我想说什么，这次就应该全部说出来，以后恐怕就没有机会了；首领很忙，是不会常常召见人的。尽管如此，我还是觉得我不应该这么做；有些话是不能在第一次见面就说的，即使有翻译也不行。因而我寄希望于第二次会晤。你看，这样就很合适，首领显然也期盼着第二次的见面。如果我一开始就做好长篇大论的准备，可能连从何说起都把握不准；最关键的是，有可能会冒犯到首领。我不明白这些官员为什么要给我这样不明智的建议。

在白天，我们就开始充分体会到被忽视的感觉。没有人提供任何服务，也没有官员来看望我们。就连生活必需品也是在要了很多次之后才送过来，而且提供的数目仍不够。跟之前沙哈维尔提供的款待，以及在叶尔羌时所受到的礼遇完全不能相提并论。在这里，我们主仆都挤在一个庭院里。而以前，我自己的住处是独立的，有三个院子。代理人和他的随从们也都有自己的套间。那些在院子里来回奔跑的小孩,还有没完没了穿梭于储藏室的仆人,都让我感到头痛。没有一点儿私人空间,也毫无个人隐私可言。

最后,当我看到我的仆人把一盘面包端到我房前的时候,我的忍耐达到了极限。过去,这些东西一般都是由一定级别的官员端来的,而且按照一定的礼节,那才叫"达斯他干"。可是现在呢?当然,这件事本身不值一提。但是在东方,缺乏尊重则预示着危险。我决定尽力去阻止类似事情的发生,于是命令仆人把面包连同盘子一起扔在门外,并告诉前来询问的人员说我不需要这些东西。我的这一举动把朱玛吓呆了,他告诉我最好不要这么做,这会被视作对首领的大不敬。我严令他按照我说的做。我的译员也赶了过来,脸上满是害怕的表情。他请求我把盘子端进屋来。朱玛则躲进了厨房,直到这场风波平息之后才出来。果然,我的举动很快就产生了效果。没过多久,就有官员过来了解情况,命人端走了我门口的盘子。司掌内务的"斯卡尔"(Sirkar)也来了。他挨着我的译员坐下,不停地道歉,请求我原谅。他告诉我这些天他们一直都在为一个盛宴忙活,对我多有怠慢,照顾不周的地方还请多多包涵。然后,他走进我的房里,亲自铺开桌布,摆上果盘、蜜饯等食物。这些东西都是门外的随从带来的。他接着就站在那里,直到我撕开并吃下第一片面包,表示原谅之后,才放心离开。他走后不久,我们就听见了宰羊的声音。这第二只羊是给我的译员的,第一只羊早晨照例已经给我了。虽然天色已黑,但是各种丰盛的物品仍在源源不断地送过来,包括木柴、草料、大米、玉米等。事实上,这些东西他们早就已经准备好了。

晚饭过后尤孜巴什前来拜访，请求我宽恕之前的照顾不周，请我千万不要动怒。他向我解释道："这几天有个很重要的节日，大家都在为盛宴做准备，因此有所怠慢。如果首领知道了这件事，可能会使几位官员丢了性命。"我回答说："我没有生气。事实上，我很感激首领的善意。"他说："我向您保证，从今以后，类似的事情一定再不会发生。"我们又聊了一会儿他才离开。通过这些对话，我了解到，他已经跟负责照顾我饮食起居的人严厉谈过话，并告诉他们说我是很重要的客人，务必悉心照顾。傍晚，心怀愧疚的斯卡尔又来向我致歉，请求原谅。我告诉他，见到他我很高兴，而且现在我的目的也已经达到了。我微笑着招待了他，请他喝茶、吃点心，然后很友好地送走了他。

这件事就这么结束了。我希望这是我最后一次因为仆人的照顾不周而动怒。由此可以看出，首领已经下令要好好招待我们；但因为有很多事务要处理，他不可能过多关注官员是如何款待我的，于是贪婪的官员就私自扣下了本属于客人的物品。然而，还有一种可能，沙哈维尔也许过高地估计了首领为我提供的接待标准；出于野心，或者是其他一些私人原因诸如特殊情况下可寻求庇护，使得他对我这样一个英国人做出超高规格的款待。而后一种原因的可能性似乎更大。但是这样说的话又有一些事情无法得到解释，比如我在这里被当众接待时所享有的规格确实比在叶尔羌要高得多，但是在个人事务方面又没有得到应有的尊重。

肖先生从第二天就开始收获他的胜利果实。物品源源不断地送了过来。厨房每天都会送两次热菜（第一次是通心粉汤，第二次是羊肉抓饭）。早上，首领派人送来几只鸡和野鸭。尽管享有众人的尊敬，肖先生的人身自由是受到限制的。在这种环境下，他还不敢冒险。他在14号那天的日记中写道：

我又过起了囚徒一般的生活，跟曾经在叶尔羌城一样。尽管首领告诉我可以出去走走，不用拘谨。我还是觉得这话更像是一种客套。在一个遥远的国度，仗着当地首领的承诺而四处招摇，无论如何都是不明智的。但是，你可以想象一下，无所事事的一天，又没有书可以读，是多么的痛苦难熬（我带来的书，早就已经看过上千遍，倒背如流了）。和我的古德随从们聊天倒是很有趣，特别是褚玛鲁（Choomâroo），他总有很多街头巷尾的趣事，再加上自己的评论，润色渲染一番，更加有意思。每一个外出的人回来时都会带来点儿外面的消息，我们就经常聚在一起聊天儿：新开的商店、才打开的通道城门、新添的家具……都能让我们聊上一个多小时。每隔几天就能看见一个新来的印度兵，这让我们兴奋不已。在如此枯燥乏味的生活中，能有一两个陌生人的闯入，是多么令人欣喜啊！这就像是生活在乏味殖民地的拓荒者们看见定期到来的邮轮时的心情。我们不愿意轻易放过任何一个话题，往往是抓住一个话题就翻来覆去不停地说，尽管真的已经没有什么可以发挥的了。那感觉，就像是狗叼着早已啃干净的骨头不忍扔掉。我唯一的活动就是从回廊的这一头走到回廊的那一头。我们的交谈只要有一点儿活跃的气氛，比如说高昂的声调、欢快的笑声,都会引得院子外面的人趴在门口观望,看起来就像一只只趴在洞口的土拨鼠。

第二天,首领派人询问他的近况,并表示歉意:因为要处理的事务太多,他们的会面不得不延期。首领对送信的人说:"去,告诉肖阁下,我现在有太多事情要处理,会面不得不往后拖。但是,我真心希望,就在这一两天我能抽出时间与他见面。我是真心把他当作朋友的,请他一定不要着急或是感到不安。"肖先生请来者回复首领,请首领放心,他一定会耐心等待,因为他也不希望这次的谈话太过匆忙。他又补充说他也希望多准备几天,这样他就能有充足的时间安排妥当自己的事情。

肖先生随后的经历证明:在东方,更改时间不是什么大不了的事情。我们来看看他的游记。

1月20日,我邀请尤孜巴什和马哈拉姆与我们共进晚餐。厨房送上热菜,我们来了一顿具有当地地方特色的聚餐。他们三人直接用手从盘子里抓东西吃;只有我坐在椅子上,有自己的私人小盘子和刀叉,这让他们十分羡慕。他们问我是否允许他们使用我的汤勺搅拌他们的茶水。我很愉快地答应了,他们也因此而感到愉快。他们吃完饭后,我命人摆上葡萄。他们见状大吃一惊,发出恐怖的唏嘘声:'怎么可以在吃完肉以后吃葡萄?'他们惊异的表情就好像是英国人在吃完甜点后又看见了端来的浓汤。我解释说这是英国的习惯,并没有不敬的意思。他们却坚持认为这样很不规范。他们向我解释了他们看问题的道理,翻译成欧洲的表达方式就是:水果比肉类好消化,所以应该先吃。

截止到今日，仆人们还是可以随意进出的。可是今天他们大多被赶了回来，禁止外出。我的译员询问了我有关阿比西尼亚囚徒的故事，显然他觉得我们现在的处境跟那个差不多。毫无疑问，这种拘禁让人恼怒，而且很荒唐。但是我倒不觉得我们有多焦虑。

我了解到这里棉花的价格是每斤1腾格，即3腾格可以买四磅棉花。

1月20日，星期三。——好几天过去了，尤孜巴什一直都没来看我。今天我派人带去了我的问候，他也很快托人带回口信说他很想来探望我，但是一些无赖（指首领的侍卫官们）对他实施了监控，因此他不敢来看我。

1月22日——这天早上，叶尔羌的地方长官到了。他也受到同样的列队欢迎，并且立刻向首领表达了敬意。当然，他也同时奉上了献给首领的礼物，这其中包括100库尔兹（koors）银子（等于1700英镑），30匹马，以及30名奴隶。这些奴隶从头武装到脚，每人还有4套备用服装。除了这些，各色小物件不计其数。他自己骑着一匹高大健硕的骏马，鞍褥由金黄锦缎制成，马鞍上还镶嵌着绿松石。尤孜巴什出城一直走到叶甫昌去迎接他，直到下午一点，觐见过首领，才又来到我这里。尤孜巴什说他饿坏了，从昨天破晓就没吃过东西。我请他和我一起用餐，他狼吞虎咽地吃了很多。

叶尔羌地方长官托人给我带来很多问候，他说他听说了我所遭受的一切，知道我厌倦了这种监禁（昨天，我受够了这种日子，向尤孜巴什抱怨了一通。他安慰我说，像我这样重要的人物自然不能跟普通人一样随意四处溜达；但同时，他也觉得我出去走走的愿望是合乎情理的）。长官要我再耐心等等，情况总会好转的，而且我可以跟他一起返回叶尔羌。为了保密，当着侍从的面，尤孜巴什没有提长官的名字。我不知道长官跟我的友谊是否能深厚到与首领的命令相抗衡；但是显然，他希望我能够相信他。

我有几个印度哑铃，没事儿的时候练练用以打发无聊的时间。尤孜巴什看见后很喜欢，希望我能借他试试。他说这真是不错的东西，用来锻炼胳膊上的肌肉再好不过。他尽力像我一样把哑铃举起来，但是坚持不了多长时间。我教了他一些小技巧，比如向上举哑铃的同时可以把一只脚向后错一点儿，这样更容易用力。他一遍一遍地练着，对这个新奇玩意儿表现出极大的兴趣。

尤孜巴什说在叶尔羌和喀什噶尔每年会有两三次地震；但是去年，在叶甫昌，几乎每天都会震两三次，一直持续了八个月。附近所有的房子都被震塌了，不得不重建。好在震波没有殃及附近的村庄。

肖先生以日记的形式记录了他在喀什噶尔的生活。开始几天都只记录了驿馆里发生的琐事，没有特别的地方。我们只挑选跟首领、当地长官以及民俗有关的内容来看看。

1月29日，自从踏上这片土地以来，我头脑中的一种想法变得日益坚定起来。今天，我的土伯特随从朱玛又证实了我的想法。他说，在遇到我之前，这里的人们对英国统治印度一无所知。"弗朗克"（Frank）这个称呼，指的也仅仅是领地在遥远地方的南方人。他们只从边境听说克什米尔大君是个伟大的统治者。所有从拉达克来的商人都被认作克什米尔人，是克什米尔"阿克斯卡尔"（Akskal，领事）艾哈迈德·沙赫（Ahmed Shah）派来的。印度商人不敢跟他们争抢市场，一半是因为惧怕叶尔羌长官，更多的一半则是因为害怕克什米尔长官。叶尔羌长官可能会拘禁他们，克什米尔长官则掌握着他们的命运，决定着他们能否进入拉达克市场。去年克什米尔大君下调了拉达克市场关税，引起各方关注，甚至有谣言产生，说英国人占领了土伯特。今年，我和海沃德相继来到这里，终于使这里的人们相信了英国人在印度至高无上的地位。直到去年他们都还好像不知道英国势力在那里的存在，而只是向克什米尔和德里的大君派去了一位使节。再就是对于"弗朗克"这个称谓的所指。现在，他们将所有的英国人都称为弗朗克人。而事实上，最初，不仅包括我，连同我的印度侍从都被称为弗朗克人。

这场误会的发生说起来引人发笑。当我和四名印度侍从来到那里的时候，最初传来的报告说有五名弗朗克人抵达赛图拉。几天前斯卡尔来替首领问话。他说，据他们所知又有一名弗朗克人（他特意礼貌地加上"萨赫比"这个词）与穆罕默德·纳扎尔一起，正在来喀什噶尔的路上。首领想知道我是否知道这件事情，是否了解这位弗朗克人此行的目的。我回答说我只知道海沃德，并不知道除我们之外还有第三个英国人会来。第二天，斯卡尔跟我说他们弄错了，那个弗朗克人并不是英国人，而是一个穆斯林。事实上，他是我的另一个朋友。一两天之后，传来叶尔羌总督抵达的消息；同一天到的，还有海沃德。海沃德受到首领召见，被安置在城外的房子里。第二天，有关于他言行的进一步报告也传了过来。据说，他问首领："您为什么从城墙下引水进来呢？我能从城墙上将水引进来。"还有说法称他是一个年纪很大的人。这让我们很困惑，但很快就明白过来，一定是他那满脸银白色的胡须使大家对他的年龄产生了误判。几天后，朱玛想办法从那位守卫海沃德的官员处打听到，他和海沃德根本就没有离开叶尔羌。

2月3日晚上，尤孜巴什来看我。我在给他演示完如何移去盖子、熄灭蜡烛之后，就问他最好的是英国枪还是俄国枪。他立刻大喊；"英国枪！别的枪都没用。"接着他又跟我说以前来过几个英国人，但是他们都被杀了。我是第一个被当地首领款待的英国人。我说："我被款待的消息一定会传到英国。"他说："在叶尔羌的另一个弗朗克人不顾侍卫们的阻拦多次骑马外出，他将不得不被遣回。现在有一名侍卫日夜守卫在他门前，以防他外出。因为这个原因，他也不会被带到喀什噶尔见首领。"我回答道："在别人的土地上应当遵守当地人的规矩。"然后我就转移了话题，我说："安集延人第一次听说英国人是在什么时候呢？"他说："30年前。"我又问："那有关于印度方面的事情呢？"他说："我们在过去两三年中曾听到过一些传闻，但是了解到的情况十分有限；直到您的到来，我们才知道。"

在二月的大部分时间里，肖先生都忙着从仆人带来的各色消息中分辨出有价值的信息。此时，他的仆人已经允许去集市了。他也是在那个时候确定了首领软禁（事实上就是如此）他之后的目的——送他回列城。既然没有性命之忧，失去几天自由又能怎么样呢？他的仆人萨尔达（Sarda）从当地官员那儿了解到，首领对这位英国人的来访是非常欢迎的。他说，以前客人只能在此逗留两三天；可是这一次，首领竟然允许肖先生在他身边住了这么长时间，足以说明首领对肖阁下的深厚情谊。萨尔达提到肖先生因长时间被关在房子里而感到烦恼。官员对此的回答是："萨赫比无须多虑，这是这里的惯例，一般是为了考验那些陌生的来访者。从来就不允许他们随意走动，而且通常只允许他们在此停留一两天。"

"译员和仆人们使用陶制的地球仪，通过太阳系的运转来演示日食和月食的形成。译员提出一种理论，他说这种现象是由天上的'塔'（即天文学上的黄道十二宫）的影子引起的。但是他的这种说法引起大家的嘲笑；因为如果这些塔是透明的，那么它就不会产生影子，可是如果不透明，我们就应该可以看见它们。"

"译员有关'珍珠'形成的理论认为，有一些神灵在贝壳中栖息修炼，等到快下雨的时候浮出海面，抓住一滴雨，然后快速合上蚌壳，再次潜入海洋深处；这时候，贝壳里的雨滴就变成了珍珠。当他得知我曾经吃过数百种类似的带壳动物的时候显然是吃了一惊。我告诉他珍珠也不是雨滴变来的，但是他显然坚持自己的那套理论。这些东方神话认为雨滴是风神的家，是将来珍珠的胚胎。在阿拉伯神话故事中，它们被描绘得惟妙惟肖。"

第十五章 滞留在喀什噶尔

肖先生在 2 月 25 日的日记中写道：

"有一天，我们的马挣脱缰绳跑了出去；在它们沿着城墙兜了大半个圈子之后被逮了回来。我假装对于它们没被摔伤而感到奇怪，借机让尤孜巴什向我介绍一下城墙的情况。他步测出城墙有12英尺宽。他说：'有一条路可以通向城墙顶端，两侧是一人高的碉堡。'这就使得整个城墙顶端的厚度多了4英尺左右。城墙将近40英尺高，墙体呈倾斜状，底部宽度应该超过20英尺。靠近城门的墙体部分更厚一些。"

"今天有点儿新鲜事可写。首领派斯卡尔送来了礼物：满满一箱库车梨。我们随便聊了几句，说到我启程的事情。我对他强调说，再过几个星期冰雪消融，河水暴涨，只怕到时候路就不通了。他回答说首领正在为我的离去做准备。"

"傍晚的时候，马哈拉姆巴什显得极为活跃健谈。为了解开我的疑惑（我们曾聊到喀什噶尔山上的森林的情况），他告诉我北边的这条山脉叫作喀克夏勒（Kakshal）；南边的是柯孜勒孜山（Kizilzé）。喀克夏勒山向东延伸，名为慕孜塔格（Moostagh），在慕孜塔格那头，便是天山。当然，这一点我已经知道了。喀克夏勒山脚下有一座名为阿图什（Artash）①的古城，它距离喀什噶尔大约有20英里路程。"

"顺着蜿蜒险恶的山路下到一个峡谷里。峡谷中更是

---

① 阿图什（Artash）：位于天山南麓，塔里木盆地西缘。——译者注

异常难走,其宽度只允许单马通行。好不容易到了慕斯塔格峰(这是山峰的名字,不是山脉)脚下。慕斯塔格峰极为险峻,道路完全被挤压在山石、奔流之间,断断续续、若隐若现。也正因此,被雅霍甫选为关卡。借险峻的山体作为依托,只需十杆枪就可守住过往道路,真正是'一夫当关,万夫莫开'。从库勒(Kool)和阿勒玛特(Almatee)来的两条道路在此汇合成一条路。要越过这座山,只有这一条路可走。几个月前首领亲自来此视察关卡的建造进展情况。当时已经建好了一面墙,但是因为这面墙影响到了饮用水的补给,首领很不满意,于是下令推倒重建。他本人亲自督工,和大家一起干活。影响力可想而知,官员、贵族们也纷纷加入进来。马哈拉姆巴什至今对此记忆犹新。他说他当时背着大石块在山里上上下下,辛苦得不得了——这也正是穆罕默德·奥马尔(Mahammad Omar)在叶尔羌要向首领传递我到来的消息的时候。这座用石头建造的关卡十分稳固牢靠,重要的是有充足的水源补给。现在驻守在这里的是500名投诚的清政府士兵、200名东干人(Toongànees)以及300名当地士兵。这道关卡被命名为'慕斯塔格·塔什库尔干'(Moostagh Tashkoorgan,即冰山上的石头堡垒)。从这儿到喀什噶尔骑行需要三天,到阿勒玛特(Almatee)的伊塞克湖(Issik-kül)平原七八天。俄国人对此地虎视眈眈。"

"首领身上有11处伤,其中有五处都是被俄国人的子弹打的。在围攻叶尔羌的时候,他身中数枪,身体内侧和大腿都被击中,胯下的几匹战马也都被射杀。他拿包头巾进行了简单的包扎,没有向任何人提起;直到周围没人的时候，才会因难以忍受的疼痛而扭曲呻吟。马哈拉姆巴什和另外九名马哈拉姆也参加了那场战役。'首领向所有人隐瞒了自己的伤情。'马哈拉姆巴什说：'我的脸受伤了。'（他一边说，一边给我展示伤疤）'是被长矛刺伤的。无论白天还是夜晚，我都躺在帐篷里呻吟。趁没人的时候，我才坐起来喝茶、吃点东西；一旦有人进来，马上就躺在地上打滚，做出极痛苦的样子。眼看着伤口快要长好了，就狠心把结痂揭了，豁出血来。我承认，如果要围城两年的话，我真能一直这样不停地把长好的痂揭了。我可不想再钻入枪林弹雨之中。到处都是子弹，一颗射到了我的马鞍上，还有一颗击落了我腰带上的扣子。我相信如果当时击中我面部的不是长矛而是子弹，我早就已经没命了。该死的子弹！如果不是因为它们，我也是个勇士。首领不关心他自己的性命，我却关心我自己的生命。当我受伤躺在帐篷里的时候，我能听见内心深处两个小人儿的对话（他伸出两根指头给我比画）。一个小人儿说：'出去战斗！'另一个说：'待在这儿，哪都别去！'晚上的时候第一个小人儿获胜，我觉得我应该出去战斗；可是一到白天，第一个小人儿就被第二个小人儿打败了，我仍旧躺在帐篷里。我也因为受伤得到了首领的赏赐：一个库尔兹（koors）以及一件锦袍。'"

3月1日，肖先生把在喜马拉雅收养的那名孤儿交给忽炭总督尼亚孜伯克（Nyaz Beg）代为照料。首领特地修书表示感谢。斯卡尔带走了男孩以及男孩的东西，他说总督会好好照顾男孩，等男孩长大后会把东西交还给他。同时，他的兄弟也可以经常去探望他，但是不能拿走他的财产。男孩会和总督的两个儿子一起长大，他们年龄差不多。

3月6日，肖先生正式得到消息，海沃德已经抵达喀什噶尔。他在3月11日的日记中写道：

"跟往常一样，大部分的时间用来打探消息，从各种传言中辨别真伪。我希望能从中得到一点儿有价值的消息，比如说我什么时候可以离开。有的人说我们还要在这儿待一个月，还有消息说我们三天之内就可以离开。我告诉尤孜巴什，在英国，即使是犯人也有权利向当局提出自己的申诉；但是在这里，连个帮我送信儿给首领的人都没有。尤孜巴什还是跟从前一样，编造了一堆理由——为首领开脱。"

"今天收到了海沃德的来信。信写得很长，内容也非常有趣。看来我们之前所听到的那些传言是过于夸张了。信的前半部分是在叶尔羌写的，他对当地人的热情好客给予高度赞扬，他说那会是他对这个国家最美好的回忆；后半部分是在喀什噶尔写的，字里行间透露出对首领的不满，他甚至认为首领是全亚洲最大的流氓、无赖。显然，他在叶尔羌河流域来回奔波劳累，还是有所收获的。"

"我确信穆罕默德·雅霍甫是在利用我。他们早就知道我不是政府派来的（我曾多次告诉他和叶尔羌总督自己不是政府派来的，他们也同意并表示相信），可还是希望大家能误以为我是英国使节。我到叶尔羌的时候，受到大队人马的列队欢迎。我相信这也就是代理人没能把信送到的原因，如果不是我亲自把信呈上，那就是最大的失礼。

幸运的是，信中的要求已经获得允准。但是他们关心的是阵容豪华的仪仗以及华丽的辞藻。"

"马哈拉姆巴什告诉我们，多年以前，俄国人向清政府购买到了山脚下沙漠中的几公顷土地。清政府很高兴，觉着这么点儿土地竟然能换来500个元宝（yamboo）十分值得。但是一年以后，他们看见这片荒地上竖起了一座堡垒。俄国人以堡垒为中心向四周扩张，而清政府只能瞠目结舌地干看着。这个堡垒最终成为要塞，也就是阿拉木图（Almatee）①，也被称为'维尔内'（Vernoje）。"

3月20日，首领召见了肖先生的代理人迪万·巴克什。首领热情地招待了他，这让他感到莫大的荣耀。首领说："坐下，为我祈祷吧。"随即，迪万·巴克什用阿拉伯语反复说了几遍正规的祷告词。祈祷结束后，代理人就被请到了隔壁的房间，首领已经命人给他准备好了长袍和达斯他干。在这之后，他又被领进内院，远远地向首领行礼道别。按照当地习俗，在得到一件长袍之后马上就要穿在身上，三天之后才能脱去；包头巾也是一样，得戴三天才能更换。

3月底，肖先生收到海沃德的秘密来信。海沃德在信中表达了自己的恐惧，怕会遭遇不测。肖先生仍然相信限制只是暂时的，他们最终会得到自由；关于这一点他在回信中做了说明。侍从们不再像当初那样受到限制，官员还是那么友好。朱玛甚至得到允许，可以去喀什噶尔老城看看。从老城回来后，他告

---

① 阿拉木图（Almatee）：今哈萨克斯坦最大城市，位于哈萨克斯坦东南部边境。——译者注

诉肖先生，老城比叶尔羌要大些，而且人口稠密，有五个城门；马厩是地穴式的，所有的屋舍都有地下室。

喀什噶尔，3月27日。今天早上，尤孜巴什在我起床前来见我的译员，并让周围仆人退下，然后说："我已经对斯卡尔讲过了，老是让萨赫比待在这里哪儿也不可以去是一件令人羞愧的事情。斯卡尔回答说他也无能为力，但是萨赫比不久就会获准动身，在一名使节的陪同下回国，并拜见其君主。"

晚上，正当朱玛同我谈论叶玛达尔·达克瓦（Dâd-Khwâh）以及他背信弃义的行径的时候，我听到了马哈拉姆巴什的脚步声。我们很快转移了话题，聊起茶叶的价格。马哈拉姆巴什进屋的时候正好听到朱玛说："过去这里的茶叶每斤只卖两个腾格（tanga）。"马哈拉姆巴什大声纠正："不对！"然后两人就这一问题展开了激烈的辩论。最后他冲出屋子，大笑着说："我要拿来让你们见识一下。"过了一两分钟，他再次出现，手里拿着两套茶具；并进一步解释道："就是在清政府统治时期，每斤茶叶的价格也没有低于4～6腾格的。"他还说明天他就去集市上请来年龄最大的老人，老人会证实他的话不是假的。我看到精明的马哈拉姆巴什被如此蒙骗，而且还顺势了解到茶叶的价格，真是太高兴了。首先，转移了他对我和朱玛私下谈话产生怀疑的注意力；其次，他又为我弄清楚了茶叶过去和现在的价格——这正是我想要知道的。每斤4个腾格相当于每磅1便士1先令。

喀什噶尔，星期二，3月30日。马哈拉姆巴什给我拿来

第十五章　滞留在喀什噶尔

一副卡尔梅克人的弓箭。弓是用牛角做成的，有5英尺宽6英寸长，两头拉着一根肠线做弓弦。弓的两头被折弯，弓弦缠绕在两节弯曲处。箭长39英寸，箭尾带有三根羽毛，还有各种不同式样的铁箭头。

马哈拉姆巴什说喀什噶尔旧城有几家书店，但是店主漫天要价。

4月1日，肖先生写道：

"首席尉官说首领会在6天之内启程前往英吉沙。他已经得到命令，于三四天后带着我们一起去英吉沙。后来，尉官又解释说：'你们也可以跟其他官员一起走，但是我觉得首领认为你们跟着我可以更自由一些。'"

"我从其他途径也得到了消息，雅霍甫将在6天内启程。"

"尤孜巴什提出一个理论。他说，这个季节是树叶、果实生长的关键时期，树木会从人身上汲取力量。因此人在这个季节会觉得虚弱和倦怠。"

"两天后，尤孜巴什总是说所有的一切都是上帝的安排，搞得我很不耐烦。我回答说：'我的烦躁也是上帝的安排。'这在他看来完全是无稽之谈。我说：'上帝赐予我生命，使我能够完成众多有意义的事情。但他也剥夺了我整整三个月的宝贵时间。要知道，一寸光阴一寸金，光阴一去不复返。'他回答说：'不，不是这样的。你没有浪费它们；你会看到，你停留在这里的时间是有价值的，你会有意想不到的收获。'"

眼看就要重获自由了。经历了太多的谣言，肖先生终于在被软禁三个月之后，等到了首领的决定。

"4月5日下午，斯卡尔过来传达首领的旨意。他说首领问我，是希望与官员见面还是见他？我回答说：'不管首领如何安排，我都十分愿意接受。'过了几分钟，斯卡尔又说：'做好准备，今晚会有人找你。'我估计他前面之所以那么问，只是想试探我。"

"他离开后，我检查了枪支。这是我唯一的两支枪了。尤孜巴什建议我把它们作为礼物献给首领。我知道，自从我一进城，他们就对这两把英式火枪垂涎不止；因为他们也知道这些枪我是留作自用的。英国造的武器在这一地区非常罕见，他们一个也不想放过。"

"下午八点左右，有专门的官员来接我。他们把我带到宫殿前的广场上。宫门还没开，我暂时等候在正对宫殿的角落里。通往宫内的道路非常宽阔。宫门亦高大而庄严。道路两旁是排列整齐的持枪卫队，令人肃然起敬。宫门缓缓地打开，我们从卫队中间穿过，进入广场。广场周围装点着中式灯笼，散发出温暖的橘红色光芒。对面有一个亭子。亭子呈开放式建构，可以看得见里面的灯火，感觉很温馨。引路的官员将我送至亭台下就不再向前了。我自己踏上台阶，进入屋内。雅霍甫正坐在窗格旁边。他挥手招我进去，坐在他对面。他告诉我不必拘谨，怎么舒服怎么坐（我当然是按当地人的习惯坐的，真是一种折磨）。按照惯例，我们互问身体健康，然后他叫来一名印度尉官充当翻译。翻译进来后站在我们所坐位置后面的窗户下面,好对双方的话语进行翻译。我无法记录下来我们所有的谈话内容,因为我坐在那儿连说带听了一个多小时。主要内容可以归纳如下:首领先表达了自己对我的欢迎,他说我的到来让他倍感荣幸;英国人无比高贵,而他的权力和地位都显得卑微;跟伟大的玛丽嘉·帕蒂夏(Malika Padishah)女王①相比,自己就跟小拇指尖一样渺小(他边说边伸出自己的小拇指)。我则回答说,我希望我们可以建立起深厚的友谊。朋友之间没有什么不平等可言(你会说我的回答完全是陈词滥调,没有一点新意。但是别忘了,这位首领的语句不也跟第一次见面时如出一辙吗?)他说:'上帝保佑。'然后又说我是他的兄弟,如果城外那些嘶鸣的战马听说我的到来(他指的是俄罗斯和浩罕),他也会随之声名大噪。我回答说不是女王陛下派我来的,我也没有受萨赫比君王(印度总督)的委托。我之所以来到这里,完全是出于对首领的仰慕。我唯一能做的就是代他向我国当局传递消息,当然这也还要通过跟我熟识的官员(我注意到尉官在翻译的时候声音很低,近乎耳语)。"

"首领回答说,我是他的兄弟;并对我大加恭维。他说尽管他早就听说过英国,知道那是一个强大的国家;可是却从没见过英国人,我是他见到的第一个英国人。他确信英国人是友好的,不会伤害他们。他说:'我把你当作兄弟;我相信你会给我好的建议,无论你说什么,我都会

---

① 我注意到,他现在已经知道了女王陛下。我们第一次见面时,他还只知道"Lord Pasheah"——印度总督。看来这段时间补了不少功课。

采纳。我准备派遣使节出使你的国家，你觉得怎么样？'我说：'您有这样的想法真的是太好了。贵国如若真能派遣使节，这真是一件令人振奋的事情。'他接着说：'我会派出使节，同时，我也要修书一封给总督阁下，请他务必确保我的使节能够顺利面见女王。''您想得太周到了！'我回答道。'现在的问题是时间。您觉得什么时候去合适？'我说：'这由您决定。使节可以跟我一道走，也可以在我之前或之后走。但是我觉得，无论是哪天走，您都应该尽早确定下来。'他说：'当然。我准备让使节跟您一道走。既然您觉得他应该早点走，我决定只留您三天。三天后，你们一起去叶尔羌。无论是在英吉沙，还是在叶尔羌，一路上他由您指挥。'我说：'太好了。既然是您的命令，我就恭敬不如从命了。我会向他解释，一切都按您的吩咐来，免得在见到我国君王时不知该作何回答。'他说：'就这样办。明天傍晚我们再谈。我准备去'麻扎'（Mazâr），到时在英吉沙见。我会派人去找你（我听到了'pisar'这个词，好像是儿子的意思，但是翻译没有提到），我们通过他联络。当他去找你的时候，请你务必确定身边没有其他人，只有你们两个人，让仆人们都出去。无论日后发生了什么事，在你回到英国之前，对我们之间的谈话都要保密。'我向首领做了保证。他说：'英国女王就像是一轮骄阳，把光辉洒向大地。我身处寒冷之地，无比希冀女王陛下的光辉。以前，我只是一个卑微的奴仆，上帝赐予我这个伟大的国家。您的到来使我倍感荣幸。我希望您能帮助我，成为两国之间的桥梁。有什么需要只管提，只要我能做到，我一定会满足；我希望您也能同样做到。好吧,您就要回去了,还有什么要对我说的吗?'我说:'我会告诉他们您是那么的伟大,您传到印度的名声还不及事实的1/2。'他大笑起来,伸出双手握住我的手不停地摇。他说:'不管女王(Malika)是否派遣使节,这是她的权力。您应该派一个仆人带商品货物回来,知道吗?您应该派代理人回来,您能做到吗?一年内我能见到他吗?'我说:'如果您允许的话,我当然会那么做。'他说:'这就对了。让他带上英国所有的货物,您也记得要给我写信,需要什么尽管说。您的来信将是我最大的财富。'我说:'我相信通过这种方式,我一定能经常得知您的情况,知道您幸福康乐,国家繁荣昌盛。这会是我最大的幸福。我相信您的国家一定会百代永固,万世长兴。'"

在接下来的谈话中,穆罕默德·雅霍甫对肖先生及肖先生的国家大加恭维,说了很多赞美的话,并提出要派人和肖先生一起去英国,拜见英女王。文中做了详细描述:

"结束了这种形式的谈话之后,我喝了茶,首领命人将一件长袍披在我身上。我以为我就此可以离开了。但是,在我穿上长袍之后,他又再次请我坐下,重复了刚才说过的内容。首领终于决定让我离开,由他的儿子把我送到城门外。翻译显然认为我对这份荣耀没有表达出足够的感激,我应该多说一些恭维话才对。因此对我说:"想想首领对您说的话,他可从没对任何人讲过这么多话。"我不知道他是否觉得我应该站起来有所表示或是有一点儿别的什么仪式；但是首领显然不这样认为。他制止了翻译，告诉他只翻译他说的话就可以了。

回去之后，我被大家包围了，大家都想知道我和首领谈了些什么，此行有什么结果。

第二天早上，斯卡尔带来了首领的临别赠品，包括几袋金元宝和银元宝，还有一些金粉。他说这是给我路上的盘缠。我粗略估计了一下，价值应该在690英镑左右。他又拿出大约价值45英镑的银子交给译员。然后又拿出一件华贵的深红色缎袍和一顶天鹅绒高筒帽——这些全是给我的。缎袍上有金线做的刺绣，相当精美。当然，译员、所有的随从也都有袍子。不久之后，又有人牵来一匹骏马。此马体格健美，配有考究的马鞍。他们伸手做了个请的动作，把马的缰绳交到我手中。当天傍晚，我又被领去见了首领。一切照旧，只是在我入座之后，我的译员亦被允许进入庭院，远远地向首领请安致敬。首领透过窗子向他做了回应，然后用手捋着胡子，说："是个不错的家伙。"跟以前一样，他还是拿自己跟女王陛下做着比较。他将女王称为"七大洲的统治者"。他掰着指头对我说："明天去察尔沙姆巴（Char-Shamba），后天去旁吉沙姆巴（Panj-Shamba），然后是星期五，也就是大后天，我准备去英吉沙。我的儿子会留在这里。您和他在这儿等几天，星期五的时候来英吉沙找我。我对英吉沙有很深的感情，因为它是我在这个国家攻占的第一个城镇。我想在那里供奉一座神殿。我们会在那里安排好一切。我准备派给您两三个有地位、有智慧的官员同行，他们会护送您安全离境，然后跟您一起去您的国家。"

我们又进行了深入的谈话。他说："我对那位英国人惨遭不幸感到很羞愧。当时的强盗倭里罕害了他。"我回答说："众所周知，这跟您没有一点儿关系，请不要因为这件事而自责。您说的那位探险家不是英国人，而是德国人。尽管如此，我们还是为他的遭遇感到遗憾。他在来这里的路上曾到过印度，因此也算是我们英国的客人。"他接着伸出六根指头："看！这是我在这里的年头。在这之前，我什么也不是。"

我回答说："那些生在帝王家的王公贵族，自身并没有过人的才能；只是因为出身，就享有别人所没有的权力。但是另一些王，如帖木儿、亚历山大，他们完全是靠自己的能力建立下不朽功勋，他们才是令世人所敬仰的。"他握住自己的长袍，说："愿你说的话是真的。"（你会觉得我也太会说话了，但这就是这儿的习惯。微不足道的事也会被赞颂得天花乱坠。）

他又接着说："还有另一个英国人也来到了叶尔羌。你知道他是谁吗？"我说："我曾在土伯特遇见过一个英国人，他想和我一起来叶尔羌，但是我拒绝了他。因为之前我只请求您允许我一个人来叶尔羌。"他回答说："那好，不管来者是谁，我都表示欢迎。"

我终于可以离开了。此时，我的身体近乎僵硬。知道吗？我在衣服外面又穿了三件厚重的长袍，一件罩一件，全是今天下午首领赏给我的。这是这里的习俗。我忘了说，当我进门的时候，首领对我说希望我能喜欢这些长袍。

我本打算送给斯卡尔一件象征荣耀的长袍，感谢他给我带来首领的礼物。但是他拒绝了。他说如果首领知道他收取了客人的礼物——即便是最微不足道的礼物，也会割断他的喉咙。

4月7日，星期三。今天一早，首领就离开喀什噶尔前往英吉沙。当天下午，肖先生写道：

"海沃德托人送来消息，称首领已经允许他离开了，可是他还没有得到可以离开的消息；所以估计他们想要扣留他。对此我要抱歉地说，今天我的一个随从听到了一个不好的传闻，首领派了使节跟我回印度，但是海沃德将作为人质留在这里，直到使节安全返回。"

"我立刻命令朱玛去找叶玛达尔·达克瓦。看起来他似乎有一些影响力，而且也比较友好和明事理。朱玛对他解释说：'如果你们不顾一个英国人的意愿而强行将他留在这里，无疑是有害无益的；更别指望能达成互派使节的良好初衷。如果你们不放海沃德离开，就会陷入与英国政府的外交纠纷之中，后果是很严重的。'"

第二天传来消息，肖先生可于次日离开，海沃德也于同日离开。

第十六章　重返叶尔羌

1869年4月9日星期五，肖先生在一队人马的护送之下离开喀什噶尔，走上返程之路。他在日记中写道：

"我们10点出发，有两辆'阿拉巴'（araba，乡村两轮马车）装着行李，随从们也都和行李一起挤在车上。天气很差，一会儿刮风一会儿下雨。斯卡尔将我们送出城之后，又走了一段距离，才纵马离开；由他的副官——穿着红袍的亚萨瓦尔（Yasâwal）陪我们继续前行。在去叶甫昌的路上已经有人奉命为我们准备好了早餐，并在这里的一处老宅安顿下来。我和萨尔达出门，纵马一英里外，来到一片沙丘之上，喀克夏勒（Kakshal）的美景尽收眼底。沙丘的北边是喀克夏勒山和喀兰塔格（the Karantagh），其西面是一座由南到西南走向的高大雪山（即柯孜勒孜山）。我们可以清楚地看到喀什噶尔城。心旷神怡，令人为之一振，只是间或的妖风阴雨让人颇为狼狈。等我们回去的时候，'阿拉巴'也已经到了。那是一种倾斜的马车，有两个巨大的轮子。"

"天晴以后，我又去了一趟沙丘，好好儿欣赏了周围的景色。田里生长着几英寸高的小麦，还有大麦，全都抽出了嫩芽。除了小麦、大麦，地里还有其他一些庄稼。几头小公牛埋头拉着犁，嘴上戴着笼嘴——为了防止它们啃噬作物。我还看见几匹马在耙地，将犁出的土块碾碎。农舍旁边的树上挂着葫芦，葫芦上还有孔，看上去像是被山雀凿的。据说，这种长着黄色喙的黑色鸟儿到了夏天就变成深蓝色的了，当地人称它们为'卡拉库克卡克'（kara-koochkach）。他们告诉我，这里印度谷物的产量是每'查拉克'（charak）种子出产64'查拉克'谷物。小麦和大麦的产量比这个要少点儿。这个地区并不种植水稻。我还看见几辆鞑靼独轮手推车，使用起来非常轻巧、便利。"

"树上发出了新枝，有的几乎挂满了树叶。河水都被引去灌溉了，所以水流量很小，几乎看得见河床。在第三条河上，正在施工建桥，是雅霍甫下的命令。河中央已经建起了两根桥墩。支架由铆钉固定，内铸钢铁、岩石。另外在河岸前边还有几个不那么精致的桥墩，应该是防浪堤。在防浪堤和大桥之间的空地上插着很多柳木桩，估计也是用来坚固河堤的。"

"到处都是农田，只有最后一条河旁的盆地被留作牧场。星星点点的农舍分散于四野,离农舍几百码外是果园和种植园。在路上可以看见许多阿拉巴。"

"第二天早上阳光明媚,万里无云。路旁的池塘上弥漫着白雾,还结着稍许薄冰。我又跑到高处,向四野张望了一番。视野开阔,蔚为壮观。西南走向的雪山绵延数英里,甚是壮丽。南北两边的山脉交会于西方,一路绵亘下去。在山脉之间的空地上,长满了马刺,看不见雪。南边的山脉几乎骤然突起,隆起高大、挺拔的山峰,然后一个迂回,从人们的视线中消失。但是北部的山脉却继续向西延伸,直到消失在远处;若隐若现的雪山(前面的是喀兰塔格,再往西的是慕孜塔格)交会于世界尽头的平原(它们分别被命名为卡克沙尔、阿图什等)。穿过这些较低的边缘地带,顺着高大山脉旁的道路一直往前走,过八九个小山口就是阿克苏。"

"尤孜巴什生病了,下马躺进了车里。我们暂时在一个村子停了下来,吃了点儿茶点和抓饭,我还喝了点儿咖啡。稍作休息之后,快马加鞭赶往英吉沙。这一地区的土地在冬季耕种的情况大大超出了我的想象。当然,也有不少牧场。"

"在抵达英吉沙之前,我披上了一件深红色的缎子长袍,还戴上了一顶天鹅绒帽子,所以骑在马上的我就跟凯旋似的!我被安排住在城边的一个寺坊里,对面是卡拉比(Kolab,中亚的一个小城邦)大使的营地。"

"我的马哈拉姆巴什阿兰·阿宏(Alam Akhoond)在半道上迎接我们,并与我们一同骑行。我看见前面还有很多官兵,身影忽隐忽现,看不真切。有时候像是消失了踪影，有时候又突然出现在眼前；我们怎么也赶不上，却也相距不远。他们一直在前面带路，早就安排妥当了一切。"

4月11日，星期日，在英吉沙，肖先生写道：

"这是我几个月以来最开心的一天，有一种重获自由、进入新世界的感觉！我们住在城门外的一个寺坊里，这里距城大约有1/4英里远。跟所有的寺坊一样，这座寺庙也建在高于地面的月台上。月台三面被围，只留出一面挂着绸制遮帘。这种遮帘在印度语中被称为'卡纳特'（kanât，指一般被用作屏障的墙）。剩下的卡纳特封闭围合，形成一个一个小型格子间。这些小型格子间一个挨着一个，在寺庙的右侧连成一排。寺庙外有一个小花园。这个花园归寺庙所有。在花园里有一个池塘，仆人们的房间就建在池塘边上。"

"城门到这儿大约有100码远。从这里到城里的路上总是挤满了人，热闹得不得了。在这儿能看见很多穷苦的百姓，有残疾受伤的、瞎眼失明的，还有断腿行动不便的，以及各种乞丐。在看了3个月的墙壁之后，能看见这么多人、这么热闹的场景的确令人兴奋。熙熙攘攘的人群水泄不通，身处其中，经常被挤得忽左忽右把握不住方向。几个年轻小伙子在推搡中起了小冲突，不仅将三四英寸厚的土灰溅得到处都是，还互相抓土扔撒，引得众人十分不满。更巧的是，就在他们闹得不可开交的时候，刮起了旋风——当地人称之为'恶魔'（devil，这里指印度常见的一种小型旋风)。黄土更是被刮得到处都是。争斗中，有人把帽子抛了出去，刚好扔进旋风里，只见帽子在旋风里不停地打转。好些人也争相把自己的帽子扔进旋风里，看着这些帽子在旋风中飞腾旋转取乐。"

"然后，他们就开始舞动圆锥形的高帽，身旁还带着一个瓢儿。他们一百多人坐成一排，等着轮到自己接受施舍。乞丐们每隔一段时间就会来到外国人的营帐里请求施舍；当他们得到想要的面包、大米时，他们会重复地进行一种阿拉伯式的祈祷动作：一边念念有词，一边伸出双臂缓缓地从面部摸到胡须。其中有一个留着杂乱长发的人走过来，手里还牵着一匹马。他用波斯语向我请求施舍，不过不是为他自己，而是为他手里牵着的那匹特别出众的骏马。我以前听说过骑马的乞丐，但从没见过。据说他们在骑马乞讨方面名声很大。在这群乞丐中，我还惊喜地认出了一个四五岁左右的小孩儿。这是一个很有趣的孩子，我在喀什噶尔见过。他只有一只眼睛，口齿不清却仍能滔滔不绝地念诵阿拉伯语祈祷文，还时不时从外套下摆的口袋里掏出一块糖或者几个阿月浑子坚果，并举起来向路人乞讨。"

"另一群人由妇女组成。她们戴着黑边的圆帽（这是她们冬天的装束），白色面纱。当她们经过我的住处的时候，停下脚步，放下面纱遮住脸。当那些长者、有名望的人经过的时候会向我伸出双手，行礼致意。门前的大道上永远人声鼎沸、热闹嘈杂，骑着高头大马的人流络绎不绝。有穿着鲜艳制服的官员，他们肩头挎着枪，腰间系着镶银的腰带，上面挂着宝剑。有缠着厚厚白色包头巾的毛拉，他们身上穿着宽松、随意的无带素色长袍。还有骑着主人的马儿外出找水的马夫，他们脚上穿着高筒靴，屁股底下骑着一匹，手里还牵着一匹，那装扮非常像英国的马夫。"

"在我们住所的另一面，有一些人正在菜园里劳作。他们干活儿很卖力，从这边平地一直延伸到远方的山脊全部都重新翻了土。他们这种严谨认真的工作态度，纵是任何一个英国人见了都会自愧不如。我给他们送去一些面包。他们很恭敬地鞠躬以示感激，然后坐下来，围在一起吃。我发现他们装水的容器很特别，那是一个中空的葫芦。为了保温，葫芦被裹在大衣里，喝水的时候再从大衣里拿出来。他们很快吃完了面包就又立刻开始工作，整个下午只休息了两次。其实并不是休息，而是祷告——就近卧拜在地上，进行祷告。"

"在跟菜园同一方向的地方还有一排带着围墙的兵营，一名蓝衣上尉带着几十名脚蹬红色靴子的士兵从那里走出。他们的制服很具有东方特色：及膝长袍，不管是蓝色的还是红色的，都有一个黑色的绳边；相同颜色的裤子，很宽松，塞在靴筒里；帽子是锥形的，蓝底儿红顶。每人配有一把半月形弯刀。腰带两边挂着弹药包和火药桶。他们还不知道列队行进，只是一窝蜂地跟在上尉后面往前走。"

"下午，有人带回一匹饰有精致马饰的骏马，那是为译员进城见首领而准备的。马饰质地精良、做工考究；鞍布用丝绸缝制，上面还有精美的刺绣。"

"第二天早上（4月12日）首领单独召见了我。我被带进城,沿着一条宽阔的街道进入'乌尔达'(Oorda)门口。首领在最里面的庭院里,跟往常一样,坐在窗户旁边。我在首领对面坐下。跟上次一样,首领告诉我不必紧张,怎么舒服怎么坐。翻译被叫了进来,站在一旁。我们互致问候,然后接着上次的话题继续。这种谈话以后不会再有了。他说他准备派使者和我一起回英国,此人官居高位。我们应该在杏子成熟前出发,那时路也就通了(我必须在此强调一下,伊斯兰历每隔32年划分一次四季,也就是说它们不可能根据月份来指示季节,而完全是按照自然现象来指示时间的。诸如收获的季节、果实成熟的季节,或者正如此刻,首领所说的杏子成熟前)。他说他会下令沿途总督向他汇报我的情况,并派人一路保护。这个人完全听从我的吩咐。只要有丝毫不合适,我随时可以将他从克什米尔打发回来。"

"接着,他又问,他是否应该像以前一样,在克什米尔留下一个商人负责搜集各种消息。我回答说:'当然,我还希望您尽快在拉合尔找到代理人。通过他,各方消息才能准确传达。'我所说的这些话都是在极不情愿的情况下讲的,所以一开始我就告诉他,我对这些事无能为力,一切都有赖于他自己拿主意。他却把这看作个人之间的友谊。他说:'你了解印度的一切。但是如果你的朋友根本不愿意把他所知道的一切都说出来,要这样的朋友还有什么用呢?'后面的谈话都是以女王为中心进行的。他说女王就是太阳,将光辉洒向世界的每一个角落,温暖世间万物(翻译在这里陷入了混乱。因为在印度人的观念里,太阳是敌人,是要敬而远之的。他完全弄不清楚首领的这个比喻到底是什么意思）。首领接着说，他不配做这样一个强大帝国的朋友，但是他希望能得到女王陛下的庇护。由于他已经被周围的敌人和嫉妒他的势力所包围，所以迫切希望能与英国建立友好关系。"

"他又再一次提到友谊这个话题。我告诉他，他永远在我心里，我永远都不会忘记他。他说：'请保证您一定会派仆人回来。给我写信，告诉我你的情况；我也会经常写信给你。当然，一定要告诉我你还需要什么。'我说我保证一定会这么做，等等。在这次的谈话过程中，他始终面带微笑，每说完一句话，都会探过身来，用浅显的波斯语问一句：'Mâkool, Shaw Sabib？'（你能听懂吗？）整个谈话过程都让我感到很友善。喝完茶，又有人端来长袍给我披上。首领紧紧地握住我的手，并说愿主保佑我能安全回家。然后伸展手臂，用阿拉伯式的祈祷祝福我，并将手从面部一直捋至胡须。翻译奉命把我送至住处，然后向我询问了给女王送礼的注意事项，并且一再请我保证不告诉别人。"

"我被迫含糊地提了建议：这些东西应当是这里的特产，不能太占地方，易于接受而且便于运输。于是他就列了一个单子，包括翡翠、丝织品，等等。他离开的时候向我承诺，一定尽快赶回来。可是直到我们启程他都再也没有出现过，因为我们几乎立刻就动身了。我们骑马穿过英吉沙的集市，前往托布洛克（Toblok）。我在傍晚的时候骑行至附近山区，视察路线；此地山势颇为壮观。据朱玛说，这里有一条路直通卡拉比（Kolab）和巴达哈伤（Badakhshan）。"

"剩下的路程只花费了三天，就到了叶尔羌。旅途中没有意外发生。沿途经过的地区就像是一个花园，树木枝头长满了新叶。果园里繁花盛开。"

进入叶尔羌后，肖先生写道：

> 我还住在上次住的地方。同样的，屋里已经准备好了达斯他干；接着又上了好几盘热菜。用过餐后我就去拜见总督，整个见面过程很愉快。总督热情地拥抱了我，兴奋地向我问这儿问那儿。他先表达了见到我的愉快之情，然后又为在喀什噶尔没能相见表示遗憾。他讲了一个寓言故事：所罗门能听懂动物说话。他无意间听到蠕虫国王警告它的臣民离所罗门远一点儿。所罗门很生气，他质问蠕虫国王为什么要这样做。蠕虫国王回答说："如果他们认识了你，就不会对我心存敬畏了。"
>
> 听完这个平铺直叙的寓言，我大笑着说，尽管首领向我表示出莫大的友谊，但是总督是我的第一个朋友，当然会在我的心中占有优先位置。
>
> 傍晚，我跟班贾巴什达答罕（Dada Khan）聊到了从喀什噶尔到叶尔羌那段路上的古代遗迹。他说，那处古迹位于一个叫作阿拉湾（Arawan）的地方。其实就是一个洞穴和一大批已经断裂了的古代石阶。洞穴入口又窄又小，断壁残垣一直堆砌到洞穴口。洞穴里面却很大，有很多弯道岔路，就像是个迷宫。这些石阶就是著名的"齐黑尔斯通"（Chihil Sitoon），又被称作四十级台阶。尽管这处古迹很古老，当地却没有关于它的传说。
>
> 尤孜巴什拿来一支枪让我看。他说这支枪是我送给首领

的，现在首领又把它赠给了总督。总督模仿我，也给这支枪配了一个银质火药瓶，还有一个带着银链子的银制塞子。

几天过去了，没有发生什么重要的事情。肖先生开始担心他之前留在拉达克的货物，这跟他冬天收到的消息完全不符。十天后，留下来看管货物的随从抵达叶尔羌，他们汇报说秋天的时候，因为向导的错误带领，他们迷路了，死了几匹马，货物也就被耽搁在喀喇昆仑山脉脚下。好在当地总督热情、周到，肖先生他们并没有因为货物滞留而感到丝毫不方便。拿回货物之后，他们给叶尔羌长官送了不少东西，感谢他之前的热情款待。

4月27日海沃德抵达叶尔羌。他一到就派人给肖先生送去一封私人信函，信中再现了首领送他离开喀什噶尔时的场景。

叶尔羌，5月1日。看到我从牛蹄子上提取的油脂，尤孜巴什异常兴奋。他们好像觉得用这种油脂就可以使枪械保持清洁。

他带来一支俄国制造的双筒滑膛枪。枪托已经严重松动，并用铆钉进行了加固。他请我让仆人把它清洗一下。他亲手把扳机拆开，发现里面脏得惨不忍睹。我跟他说，就像马匹需要喂养，枪械也需要定期保养；如果忽略了这一点，这两样东西都会变得毫无用处。他们几乎每天都会拿来各种类型的枪支要我查看，并说明这些枪支为什么会出现故障。这些枪一般都很脏，而且缺乏维护。我每天都要与总督手下负责枪械的人联系，派人告诉他这些枪支有什么问题。

我刚才冲着"罕萨玛"（khansama，厨师）发了点脾气，因为他想把总督送来供我们享用的食物中的剩余部分私自变卖并从中获利——就像他在印度时的做法。迄今为止，我都十分大方，还让侍从给来访的人提供面包、大米、肉类等食物。今天褚玛鲁想给他在巴扎的古德朋友带一些大米。但是当他去厨房取大米的时候，我却听到了争吵的声音。罕萨玛不愿意给褚玛鲁大米，为此絮叨不断。我命令罕萨玛给褚玛鲁大米，并告诉他如果有什么话说，也要在执行完命令之后再说。吃完饭，我把罕萨玛叫过来，并对他说："你有什么话，现在可以说了。"他却只是哼哼哈哈。我看着他的窘态，大笑着对他说："还是让我提醒你你想说些什么吧。你还想像在印度时那样，捞外快占便宜对吗？我知道，在印度，你们可以额外捞取两倍的薪水或者其他的好处。但是，现在，在我们离开这里回到印度之前，你最好别这么干。我希望给这里的人留下一个好印象。迄今为止，我们已经把送给我们的所有东西都分发出去了。不要因为你，所有这一切都变了。我希望我们能够善始善终。"这番话好像对他触动很大。我的确相信这些话会起作用，因为有许多的印度人都希望获得慷慨大方的好名声；但另一方面他们又不愿意放过任何一个能够占小便宜的机会。他们的财物有相当一部分就浪费在炫耀大方上了。

5月11日，肖先生写道：

"在和尤孜巴什交谈的时候，我表达了内心深处的担忧：真不知道还有多久才能回去，离开这么久朋友们一定很为我担心。他回答说因为洪水的缘故道路仍然无法通行；而且伟大的首领也不会让我这么快就离开，做事情从容、谨慎是他们的传统。另外，如果我在这个季节上路，一定会死去大量的马匹，考虑到这一点他们也不会让我离开。然后他又画了一张画给我看，画中呈现出的是朋友们看见我安全抵达后的欢乐场景。他告诉我，朋友们看见我回来一定会非常高兴的，他们会很热情地迎接我，欢迎我荣归故里。我不自觉地被他逗得笑出了声。尤孜巴什就是这样，总能在我抱怨的时候逗我笑——这算是他的拿手好戏吧。"

"早上班贾巴什过来看我，他说他已接到通知，我们会在一个月后离开；他会和我们一起上路，直到把我送到赛图拉。他还带来了一匹马——总督送给我的礼物。他说，总督问我还有什么需要的东西，尽管开口，不用客气。我说：'我真不知道该说什么好了。我说我得买匹马，总督大人就送了一匹马给我；如果我说我还需要买其他的东西，总督也一定会把它们当作礼物送给我，这真是太让人不好意思了。确实，我还要买一些东西，比方说骡子、丝绸样品等，但这使我左右为难。如果我自己直接去买这些东西，总督一定会不高兴；可是如果我告诉他，他又一定不会要我的钱。这真是太让人为难了。'他说：'如果你信任我，我会为您准备好一切。至于骡子，我也会为您准备好，就当是帮您驮东西的，总督不会知道。您可以先让它们驮一些轻便的东西，到桑株以后再把东西卸下来。'"

"今天上午译员收到了总督的来信。信中写道：他听说我给自己买东西还不让他知道，以免他把这些东西送给我，这让他感到伤心。因为这不是朋友间该有的行为。我让译员回复他，我已经让他把信念给我听了，而且我回答说：'总督的关心总是那样无微不至。正因为这些善意，我才不好意思再加重他的负担。总督对我的情意我深深地感知到，我确实不想再给他添麻烦了。'"

"我觉得，我所描述的当地人对待马的方式在许多方面跟我们没有多大区别。无论白天还是夜晚，马鞍、负重都不解下来，很多当地人甚至都不让他们的马卧下休息。据说，如果马儿卧躺下，谷物就会钻进它们的腿和蹄子里，使它们变跛。所以，当马儿休息的时候，他们会在马头上拴根绳儿，不让马儿卧倒。在白天太阳还没有升高的时候，他们会让马儿在经过的第一条河里喝足水，然后整天或者好几个小时都不再给马儿水喝。在即将上路或者骑行的时候，会有小男孩牵着马儿来回溜达两三个小时。两三个小时之后，就会从头武装到脚，笼头一直罩到下巴那块儿；即使是在最热的季节，也要戴上厚重的马饰。几个小时以后，才给它们喂点儿水和草料，然后再喂谷物。据我观察，除非时间还早，会给它们擦个澡；否则，一般都是第二天早上才做清洗。无论如何，马匹进厩后至少五六个小时之内不会再动它们了。"

"在清洗的时候，马夫先用梳子梳理鬃毛，然后再换成一种用树枝扎成的小笤帚清洗全身。他们很快地转动着手腕，手里的扫帚也就随之快速、频繁地扫落在马儿身上。先是从马毛相反的方向扫，然后再顺着来一遍，一点儿一点儿清理干净。通过这种方式，整个马匹的毛发会变得蓬松干净，很有光泽。马夫用来扎扫帚的细小嫩枝条很像学校里用来抽打捣蛋鬼们的桦树条。如果主人发现马夫偷懒，没有清洗干净马匹以及马饰，他们也会用这种枝条狠狠抽打马夫。主人经常来检查马夫的工作。他会把袖口稍微弄湿，然后在马儿身上蹭一下；只有白色的袖口上没有留下一点痕迹，他才会满意。在这里，马匹很少钉马掌，除非要去山区。但是我必须指出，这里并没有硌马脚的碎石路——这里全是土路，马蹄一抬，就会扬起黄色的粉尘。"

肖先生成功地找到了一个人。这个人说他有斯拉金特维特的东西。他本来答应把东西交给肖先生，后来又拒绝了。他说过段时间会把东西送到拉达克。5月很快来临了，肖先生一行开始准备上路。20日，肖先生写道：

"今天早上尤孜巴什带来了总督的消息。总督说我们这几天就可以上路了，应该准备好东西，特别是马匹。如果还需要什么一定要告诉他，作为朋友，千万不要客气。我回答说，按照我们的习惯，问朋友要东西是不合适的，我不会那样做。他大声叫道：'你现在不是在英国，你应该接受我们的习惯。'于是，我的代理人就列出了一个物品清单，上面全是我们需要的东西。我完全没有办法阻止他。尤孜巴什说，如果我不告诉总督我需要什么，就这样离开，总督会非常生气，他会觉得自己被冒犯了。"

"后来，译员又见了朱玛。他让朱玛尽快准备好15匹

第十六章　重返叶尔羌

马,因为我们10天内就会出发。商人们也已经把他们的货物运到了喀拉喀里克(Kargalik),准备上路。因为四五天后河水(叶尔羌河)会上涨;到那时,只有乘船才能过河。"

"两天后,尤孜巴什带我去拜访总督。我们说到了天气。总督说这两天太热了,而且没有降水,真是很糟糕;虽然安集延也很热,但是因为经常下雨,所以要好很多。我说:'我想安集延的气候很像我的国家英格兰。我听说,那里冬天下雪,夏天下雨,跟我们国家一样。'他说:'也许因为英格兰在安集延西边,两者所处的位置相当,所以气候也相似。'我解释说英格兰比安集延的纬度高,在更北一点的地方。在我的国家看北极星,要比从这里看到的更高一些。'真的?'他说(用一种好奇的语气):'我的确不知道。你们国家处于哪个气候带呢?在你们那儿,白天最长有几个小时?16个小时吗?'我回答说:'我们把全球划为五个气候带,所以,我真的不知道按照你们的标准,英格兰属于哪个气候带。但是,在我们那里,白天最长的时候可以达到18甚至19个小时。'他对此显得很难以置信。"

"然后我告诉他,我们会去更靠北的地方捕鱼。夏天的时候,太阳永远在地平线之上,永远没有黑夜。他很好奇生活在那里的都是些什么人。按照他们的理解,那种气候一定会给人造成很大的影响,他们应该比其他民族更有活力,精力更充沛才对。我告诉他生活在那里的是因纽特人,他们的身高还不到我胸口(我边说边比画)。他说一定是因为太冷了,影响到了他们正常的生长。我告诉他英国政府已经派了船只舰队去那里考察，英国学者、医生都对那里独特的自然现象很感兴趣。他说：'那真是太明智了。你们的政府很了不起。'我说：'我们英国人对任何事都有很强的好奇心，我们渴望了解新鲜事物。我们尤其对中亚感兴趣。您知道吗？我们相信这里是人类的发源地，目前居住在欧洲的人，也就是西方人，最早是从这里迁徙过去的。因此，我国的学者迫切想了解有关这些地区的历史。'他说：'我可以给你一本这方面的书，或者专门给你写一本。'我对他真诚地表示感谢。我说：'我跟您说这些，是因为我觉得您也跟我国的学者们一样，对历史非常着迷。'他于是就说：'您是我认识的第一个英国人，我也是您认识的第一个安集延人。我相信我们之间的友谊。友谊之门已经敞开，我希望这扇大门永远不会关闭。'我回答说：'这也是我来这里的原因。首领吩咐我每年派人过来这里，所以我也希望借此机会年年都可以获得您的消息，知道您平安健康。'他回答说：'大门已经敞开，我相信会像您说的那样。'我接着告诉他，我已经离家很久了，朋友们一定非常担心我。如果您和首领同意，我希望能尽早启程。他说：'您是我们的贵客，我们不可以对你说"你走吧"；相反，我们应该希望您能一直留在这里。因为山口那边的道路还不畅通，还会耽误你一小段时间；当然，不会很久，也许这个月底道路就通了。商人跟我说，如果时间合适，请我允许他们离开。但是我不会让他们走。我觉得，任何人在您之前走都不合适。'"

"我把茶点挪开（跟以前一样，谈话开始的时候会先上达斯他干)。有仆人拿进来一套上下叠穿的长袍(两件)。当我穿上长袍的时候,总督站起来看着我笑了。他说:'我们已经把你变成了一个地道的安集延人。您穿着我们的服装,也学会了我们的礼仪。'我回答说:'我们有一句话叫入乡随俗。'这句俗语让他很高兴。然后,跟往常一样,他把我送至门口,彬彬有礼地和我鞠躬道别。"

"在这次谈话中我特别提到了气候带。对不同气候带的划分,反映了人类对天气、季节的认识,是人类知识的一种体现。根据我的经验,亚洲人对距离的认识是建立在白天、黑夜的长度上的。他们根据白天的长度划分气候带,而不是经度和纬度。"

5月27日,海沃德悄悄给肖先生送去了他的地图和手稿,因为他听说肖先生会在他之前离开。但是,在第二天,肖先生很开心地写道:

"尤孜巴什宣布我们后天启程。但是在海沃德的来信中提到,他们也是那一天离开。又是忙乱地准备。"

"晚祈祷结束以后,我去拜访总督,问他是否需要什么东西,我可以让人从印度带过来。他说他是一个战士,对一个战士来说,枪是最好的礼物。然后,我又试探性地问他,对这位据说要和我一起走的使者有什么看法。他当着使者的面说,大门已经敞开,我的名字以及我们之间的友谊已深深地刻在了他的心里。任海枯石烂,我们之间的友谊永远不会改变。"

5月29日：

"我一直忙着准备东西，包括为一名阿訇安排九匹到拉达克的马。尤孜巴什送来了礼物——两匹丝绸、一双靴子、糖果，等等。他说，总督明天早上有事，所以我最好现在通过译员与他道别。译员去了，并把我的左轮手枪作为礼品的一部分送给了他。总督说他是我的朋友，因此希望能得到我的贴身物件——折叠刀和罗盘作为纪念品。我立刻就把它们送给了他。我知道，他主要是想要我的罗盘。但是他不知道我还有一个！"

第十七章　穿越喀喇昆仑山口，
　　　　　结束旅程

　　1869年5月30日，肖先生离开叶尔羌。马车直到下午3点才备好，因此他们只走了七八英里的路，没能路过太多城市。通往南方的道路满是春天的气息，一路的绿色令人心旷神怡。农舍与果园星星点点地散布于四野。有一家农舍的院墙很别致，是用木条搭起的架子，架子上爬满了葡萄藤。他们就在这个爬满葡萄藤的地方落了脚。半个小时后海沃德也到了，他住在另一个地方。

　　第二天早上，肖先生和海沃德终于见到了彼此。海沃德告诉肖先生，他没有得到进城允许，所以只能停留在叶尔羌城外，不能进去。在行进了一天之后，他们住在了波斯卡姆

（Poskyam）①。在波斯卡姆，他们被领到镇子里的一些房子中，被很多人包围着。傍晚，有一个"中了邪"的男人被带过去要肖先生治疗。但是肖先生拒绝了。

满眼的绿色令人欣喜，旅程显得有意思得多，道路似乎也没那么长了。当地官员热情好客，为探险家们准备好了相应的食宿。因为他们住宿的地方通常是农舍，所以总是能看到漂亮的花园、美丽的绿荫。肖先生与海沃德经常一起在庭院用餐。真是个让人愉快的旅程！这里土壤肥沃、气候宜人、沃野千里，到处都能看见粗壮的葡萄藤，还有成片的胡桃树与桑树。

他们在喀拉喀里克停留了三天。尤孜巴什用当地歌舞招待了他们。他们真正见识到了这里的乐队，欣赏到吉他、大提琴、扬琴等乐器的演奏。在这里，6月4日，还不是瓜果成熟的季节，只有很少早熟的水果，比如油桃、杏儿。麦田还是绿油油的一片，离收割还早呢。这里终年少雨，灌溉田地全靠山里的溪流。

6月6日，他们前往比沙里克（Besharik），骑马穿越戈壁，只用了一天就到了。第二天骑行22英里前往博拉（Bora）。一路上也还是戈壁荒地，有很多卵石、沙砾，很像海滩。真到了博拉山谷，却是另一番景象——那是戈壁上的绿洲：土壤肥沃，植物葱翠，田里的玉米足足有两英尺高。山谷里有一条溪流。溪流两岸长满芦苇。肖先生在6月8日和9日的游记中这样写道：

---

① 波斯卡姆（Poskyam）：今新疆泽普。公元3世纪，波斯卡姆属莎车国。泽普县位于新疆西南部的喀什地区，南靠昆仑山北麓，东接塔克拉玛干沙漠的西缘。地势由西南向东北平缓倾斜，以叶尔羌河为界，与莎车县相望。——译者注

第十七章 穿越喀喇昆仑山口,结束旅程

山脚下的平原寸草不生,极为贫瘠。我们从博拉山谷一路走下来,山坡上有很多溪流,形成凹陷的湿地绿洲,成为这个地区极具特色的一道风景。我们在从库热瓦特(Kokhrabat)到英吉沙途中也看见过类似的景观。

我们在山丘之间蜿蜒了12英里,终于遇见了另一块绿洲——奥依塔库村(Ooee-Taghruk)。进入村庄走了1英里左右,我们明显感觉到地面开始下陷,逐渐低于地平面,形成一块巨大的凹地。在凹地两边有300英尺高的悬崖。这块平原由水蚀石块(包括花岗岩)和沙砾构成,很像是内陆海的海滩。我估计这里曾经是一片海域。从海滩的斜坡到凹地平原(也就是想象中的内陆海)被分裂成支离破碎的峡谷和沟壑。大部分的峡谷里只有杂草和灌木。可是在这些峡谷的源头——博拉、奥依塔库、库什塔克(Koshtak)、桑株等地,却是牧草丰美的绿洲。这里天气十分寒冷。果实还没有成熟,山坡平原上仍旧是铺天盖地的绿色。

第二天我们从库什塔克前往桑株。在最后的5英里,全是低缓的沙丘;又经过一个800~1000英尺的大下坡,就进入桑株谷地。我们在下坡的半道上遇到了老朋友阿兰·阿宏和两个吉尔吉斯头人。城门外已经备好了达斯他干。我们骑行了2英里,经过屋舍田野,穿过山谷河流。海沃德被安排住在一个美丽的花园里,我住在穆罕默德·拜(Mahammad Bai,桑株的一位老人)家。到了穆罕默德·拜家之后,我被安排坐在一个铺着毡毯的、略高于地面的台子上。抬头仰望,头顶正上方悬着类似于帐篷的穹庐顶。吉尔吉斯头人坐在靠近地毯边缘的位置。老人的儿子

为我和尤孜巴什倒上茶，然后也为头人们添上茶。后来，忽炭的伯克曼苏尔·霍加（Mansoor Khoja）来拜访我。他身材肥胖，是叶尔羌城前任总督。后来失宠被判入狱1年，6个月前才刚放出来。我在叶尔羌所住宅院以前就是他的。他新近被派来桑株，看起来比他原来的官职要低一些。我为了安慰他，就说桑株地理位置极为重要，是印度和中亚交往的门户。他听后自嘲道："那么我就是'看门的奴隶'（Ghoolam-i-Darwâzah）。"

他来我这儿坐过几次，每当尤孜巴什不在的时候，他就开始向我诉说他的不满（他请求我不要说出来）。他说："我一定会尽力而为。前任伯克（即沙里夫·罕，Shereef Khan，我上次来桑株时曾见过他）因专横、残暴被停职入狱。农民苦不堪言。"他又说："所以我要让农民过上好日子，借钱给他们，让他们买牲畜……"

我们在桑株停留了一天，准备路上所需的物品、补给。年迈的穆罕默德·拜和他的儿子们都很友好。穆罕默德·拜是一位有钱的农场主，有一个美丽漂亮的女儿。这位可人儿经常肩上扛着一个罐子外出取水，身边跟着女仆。我曾有幸见过她几次。她来去匆匆，根本顾不上在门口流连张望，也有可能是罐子里的水装得太满，以至于无法停留一下看看我这位来自英国的客人以及所带来的奇妙的东西。我后来才得知，我的尤孜巴什曾经看上了这位年轻的女士，并且疯狂地爱上了她（我不得不说他太有眼光了。姑娘那浓密的睫毛、蔷薇色的脸颊，以及嘴角边浅浅的酒窝无不让人心醉神迷）。他曾请求穆罕默德·拜把女儿嫁给他。但是老人拒绝了。老人说他希望女儿嫁给当地人，就住在附近。他不希望女儿嫁给士兵。因为士兵总是不稳定，今天在帕米尔，明天又跑去了边界。尤孜巴什希望能够说服老人。当我看见尤孜巴什飞快地跳下马拥抱一位年老的农场主的时候，着实吃了一惊。但是，爱情就是这样，无论在这里还是其他别的什么地方。

他们于 12 号离开桑株。为了绕过湍急的桑株河（Sanjoo river），他们走了另一条路。第一天，他们沿着山涧前行，傍晚时留宿在一个独居的农舍里。山涧两岸全是沙地。

"第二天早上出发前，尤孜巴什叫来了果园的主人——一个年迈的毛拉，并对他说：'做一次祷告吧（dua kilip）。'听到这话，老人立刻跪在地上，伸出双手。其他人也都照做：跪在地上，伸出双手。我们都捋完胡须后，尤孜巴什朗声呼喊表示其信仰的祷告词。然后，我们就上路了。"

"继续沿着溪流前行。溪水流入深山，我们也随之深入山中，眼前即刻出现了壮美的波峰。它们环绕于山谷。山体之上绿草萋萋，与峰顶的积雪交相辉映；这与先前光秃贫瘠的群山形成强烈反差。谷地拐向西面，我们在夜幕降临之前留宿于两座山体交会的地方。前面有一个小山口，我们准备明天穿过这个山口，折回桑株谷地。到了那儿，我们将不用担心河水上涨。"

"海沃德经常停下来四处观察。尤孜巴什似乎已经对此习以为常，他对我说：'如果有新路的话，他又会掉队的。'他们觉得他此行的唯一目的，就是要找到一条通往他们国家的最优路线。"

"和我们分手的时候快要到了,尤孜巴什更加小心谨慎。因为补给还没运到,我们到的时候,他只能给我们准备些凉饭作为早餐。"

"6月14日,我们穿过了楚楚谷口(Chooo-choo Pass)。首先沿着山谷边缘爬行了6英里,然后就轻松爬上了谷口,接着又进入一道山岭。翻过山头,下坡直通狭窄的深山峡谷。峡谷那头,却是一方较为开阔的山谷,从那儿即能通往桑株河谷。我们一直沿着这条溪流前行,曾三次涉水而过。溪流岸边有旧城墙遗迹,那是过去为守卫河谷而建的。下午两点,河水突然上涨,行李还未来得及运过去;我们不得不暂作停留,等河水退去。河流周边有一些废弃的屋舍,是当年守军驻扎的营房。屋内空无一物,只有些废墟断石。我们就先睡在地上,以马鞍做枕。尤孜巴什和他的部下生了火。这里还住了个猎人(Shikaree)。据说此人擅长骑射,可以射中顶在头上的苹果,而绝不伤及旁人。他曾当着首领的面表演过这个绝技,得到首领重赏。"

"第二天早上河水退去了,行李也终于运了过来。我们于5点出发,继续顺流而下。下午在一块有草的地方扎营暂住,与吉尔吉斯人商量后面该怎么走。"

"6月16日,我们来到一个叫作'吉基科·耶拉克'(Kichik Yelâk,意为'小牧场')的地方。前行5英里再向右拐入一个山谷,又走了8英里,便到了一个被大片绿草覆盖的开阔谷地。我们在左侧的河谷连接处,遇见了吉尔吉斯人的营地。吉尔吉斯人很友好,他们为我、海沃德、译

第十七章 穿越喀喇昆仑山口，结束旅程

员以及尤孜巴什每人各搭建了一个阿库依。尤孜巴什告诉我，从前有一小股俄军在奇姆肯特（Chimkend）附近被包围，他们答应三天内皈依。但是，三天后，他们已经加强了防御工事，拒绝改变信仰。"

"所有的吉尔吉斯人都走出营帐迎接我们，有很多是熟人。这个部落是由22个家庭（一帐为一个家庭）组成的，他们称之为'玉儿特'（yürt）。每个玉儿特住的毡房被称作'阿库依'（akooee）。他们不养骆驼。据我测量，一个吉尔吉斯阿库依的周长为51英尺，中间高8英尺，圆顶到各边的距离是4英尺。"

6月17日，肖先生和海沃德抵达格里姆·德万（Grim Dewân，即桑株山）——肖先生在七个月前来过这里，当时他正去往叶尔羌。他们派了几个侍从带着行李先走，其余的人暂作休息。你不会想到，用来驮运行李的工具，既不是马，也不是骆驼，而是吉尔吉斯人的牦牛！离别总是令人伤感的，分手的时刻终于到来。探险家们在18日早上与众人道别。尤孜巴什给了肖先生一个深情的拥抱，就在他们骑上牦牛离开的那一刻，落下了眼泪。队伍里还有几个官员，一直陪着他们翻越格里姆·德万山口。肖先生说：

"我们先爬上一个长满青草的山坡。此山环绕于三座雪山之中，地形类似于谷仓。然后转弯，爬上南边的山脊。直到快到山顶了，才看见积雪。而我们现在所处的位置，离山顶还有1500英尺。我们还在南坡看见了1000码左右的积雪。那些积雪已经开始消融，成为一片泥泞。等我们

爬上山顶，才看见之前运送行李的人在山的另一侧。我们在此地与送行的官员道别。有五六个吉尔吉斯人赶着15头牦牛与我们一同前往赛图拉。我们顺着溪流走下山，在河床附近扎营——这也是我们上次安营扎寨的地方。"

"19日早上，我们逐渐靠近喀拉喀什河。吃过早饭后，我们又逆流而上走了20分钟。此段河流河水极深，汹涌的河水猛烈地冲击着礁石，吐出白色的泡沫。我们先让马从前面绕过去，而吉尔吉斯人则骑着牦牛过河。河流有40码宽，平均深度为2英尺，水流速度经测算为每小时4英里。我们又走了20分钟，才与前面的马队汇合。然后又前行一小时，在一片草地和灌木丛中扎营。"

"我们在这儿停留了一天，等驮送行李的队伍。在等待的过程中，给马钉上了马掌。一位吉尔吉斯老人看见了我的这本日记，问我这是什么书。我说这只是我的日记。老人伸出手指，小心翼翼地触碰着它，然后虔诚地吻了一下。"

"老人告诉我，这个部落本来定居在色勒库尔（Sarikol），由30帐组成。20年前，受'坎巨提人'（Kanjootees，他这样称呼他们）迫害，迁移到萨利基亚（Sarikeea）①。雅霍甫到来之后，原本安居乐业的吉尔吉斯人被迫离开阿莱平原（在浩罕）。他们现在总共有200帐。从赛图拉到色勒库尔地区的塔格杜姆巴什（Taghdoombash）骑马需要10～15天时间，大约相当于从安集延到帕米尔的时间。这附近没有叫色勒库尔的湖，只有

---

① 萨利基亚（Sarikeea）：地名，喀拉喀什河上游的一块牧场。

一个叫喀拉库尔（Karakul）的湖。绕湖一周需12天。帕米尔绿草如茵，有许多野生动物，其中有一种长着大角的动物（Ovis Poli，羚羊？），雄性的被称为'arkar'，雌性的被称作'goolja'。这种动物很害羞。吉尔吉斯人问我有没有法兰克人的枪，根据他的描述我估计他说的是来复枪。他说他们都想有一支，愿意拿任何东西与我交换。"

"我们离赛图拉堡越来越近了。21日，我们在离要塞还有2英里的地方遇见了前来迎接我的班贾巴什。在他身后还跟着五个卫兵。我们互相问候了身体健康，然后一起向前走。我们过了两次河，在要塞附近扎营过夜。夜里下了点雨。"

"23日，我只带了少量东西上路，把其他东西留在了后面。海沃德也是这么做的。我带上了自己的5匹马和朱玛的3匹马。班贾巴什与4名卫兵陪我走了1英里之后，礼貌地告别离开了。傍晚露营的地方长满了青草。草上结有冰晶。山谷东边有雪山。河流两岸的树枝上凝有冰碛。"

"第二天前往奇布拉（Chibra），大约走了8小时15分钟，行程15英里。从苏格特（Souget）通往奇布拉的道路蜿蜒曲折，谷地到处都是石头。我们先向西南走了1英里，然后又往西走了半英里（这儿有一条从西边过来的峡谷，沿着这条峡谷可以进入吉尔吉斯山口峡谷）。接着又朝西南偏南走了几英里，终于走出了那片碎石峡谷，进入一个十分平坦的地方。这儿四面环山，只在中间留出一片开阔的空地。我们继续向西南偏南方向前行，又走了几英里后，前方出现了雪山。在山脚下，我们发现这些山丘的左右两侧各有一条山谷延伸出来。我们拐入左侧山谷，朝着西南方向的山口走去。相反方向（即西北方向）的那个山谷路况差不多，但是积雪要少一些。走了6英里，我们逐渐走出谷地，来到一个覆满积雪的山冈脚下。这个山冈不太高，但是相对陡峭。我们花了15分钟爬上山顶。从山顶眺望，可以看见开阔的山谷中有一条通道。它先向西南方向蜿蜒3英里，再向东南偏南的方向蜿蜒半英里左右。在这儿有一条已经干涸的河道。河道里有不少裸露的石块，还有死去的马匹。我们在此地停下来。穿梭于低矮雪山间的道路一直通往西北方向的喀拉喀什河，不算难走。"

"25日，我们从奇布拉前往察塔尔塔什（Chadartash）。我们向南走了6英里，下到宽阔的山谷里。山谷两岸的山脉越来越和缓，越来越低，最终陷落于平原或成为台地。我们转而向西南偏南的方向前进。眼前出现了高大的雪山（喀喇昆仑山）；我们自奇布拉开始，已经目睹了它的一座座山峰。登上右边的高原之后，我们发现了一条西南走向的捷径。此条小径通往喀喇昆仑山口。左侧的雪山越来越多，重重叠映，形成一环又一环的壮丽景象，并与我们身后的苏格特山脉相交会。这座雪山巍峨而壮丽，直面喀喇昆仑山，恰好与我们眼前的山脉平行，这使得我们能更好地看见全景。在我们的左边，是一处高高的不规则台地。这个台地与群山一样向东延伸，绵延至卡拉喀什河上游。"

"穿过这些山，在南面有一个山口。这个山口位于两座山峰之间。我前面提到的那块高高的台地被称作'都伯萨·塞高特'或'赛特库尔'（Dubsa Sergot or Sertkol），看上去十分荒凉。前方有一条河，从山上流下来，河床宽阔，但是已近乎干涸。这条河与另外两条河共同构成叶尔

第十七章 穿越喀喇昆仑山口，结束旅程

羌河（但是这里水量极小，流速缓慢，河床遍布圆形的小石头），呈西北走向。另外两条河流来自喀喇昆仑山和奇布拉。'山脊、高原上一望无际的冰雪让我想到了冰岛的景色。这些山的高度可能还没有超过18000英尺，但是山下高原的海拔却很高。东方和西方景色之间的差异是显而易见的。'"

"我们再次下入河床，攀爬山道，朝喀喇昆仑山方向前进。山路崎岖，一会儿下，一会儿上，起伏不平的道路给我们完全不同的体验。我们先向西南偏南的方向走了几英里，穿过那条从都伯萨·塞高特台地流过来的几近干枯的河床。这条河明显是从喀拉喀什山口流过来的，并在这里折向西南。顺着它就能找到叶尔羌河。在4英里之外的河岸边，有几匹死去的马，表明这里是被称为'马立克沙'（Malikshah）的停留地。在左侧台地上有六头白鹿（藏羚羊）。我们沿着干涸的河床走了11英里，直到看见从喀喇昆仑雪山延伸出来的几条低矮山脉。这些山脉就像是进山的大门。我们再次进入深山，即瓦哈布基尔噶山（Wahabjilga）。然后我们从南向西南方向走了3英里，穿过一个宽阔的山谷。在山谷中间的空地上有一块大石头。石头附近有点儿水，周围长满了杂草。不远处的山坡上长了点土伯特尖草。这里就是察塔尔塔什（Chadartash，意为'石头帐篷'）从马立克沙到这里，一路上既没有水，也没有草。"

"第二天，我们走了一个半小时，差不多5英里。在察塔尔塔什东边有一个开阔的山谷，从那儿大约15英里远的地方再穿过积雪覆盖的丘陵，就可以到达一处通往外面的

山口。这个山口呈东南走向,有可能通往喀拉喀什。海沃德想试试这条线路,我们就此分手。我踏着巨大的冰层继续向前。冰层在此地极为常见。洪水泛滥,旧的一波还未退去,新的一波又冲上来,持续不断的河水在极低的温度下迅速凝固,形成大大小小为数众多的冰层。站在1英里外的高地上,苏格特山的景观一目了然。我们在一处长着点儿青草的山坡上停下来,这里的河床是一小块铺满小圆石头的平地。据说再往前走就没草了,而山口还远着呢。我们爬上3英里外的一处山脊远眺。"

"6月27日,星期日。我们耽搁了一天。早上,骡子和尤孜巴什的灰色马不见了,我们不得不四处寻找。尤瑟夫(Yoosaf)循着马蹄印一路找了下去,就像是一位老猎人循着猎物的踪迹。我自己在四处徒劳地搜寻了一番以后,也在他那个方向发现了两条踪迹。我又另外派了两个人带着食物,沿着马蹄印去找尤瑟夫。这时候海沃德的马夫来了,他说海沃德的白马死了,他在来的路上看见了我的两匹马,它们朝察塔尔塔什方向跑去了。我大声责骂他没把马拦住(海沃德在后面的来信中说我应该拿鞭子抽他一顿)。因为海沃德没有足够的钉子给马钉马掌,于是我让他给海沃德带去了几枚剩下的钉子。"

"直到第二天都没有消息,不管是马还是人,一个人也没回来。我不得不再等一天。这可真是考验人的耐心。我清点了马匹,剩下的18匹马还都待在营地周围方圆100码的范围内。"

"沿途每隔几百码,就有一具牲畜骸骨。我们的帐篷就搭在这些骸骨之间。一到晚上就能听见狼嚎。这些眼里泛着绿光的动物就埋伏在周围,虎视眈眈地等待着奔向'自由之地'的马儿。"

"下午3点,派去追赶尤瑟夫的阿布都拉(Abdulla)回来了。他说他一直跟着骡子的足迹追到奇布拉附近,从留下来的痕迹判断,尤瑟夫显然有几次差点抓住它们,但都没能成功。它们一定已经跑出山谷了,也许会碰上给我运送行李的队伍。如果是这样,我决定,无论如何,明天一定要出发。"

"日记就先记到这里了。我实在没有时间写了,哪怕是只言片语。接下来在路上遇到了很多困难,这使我甚至在晚上也没有时间记上两笔。"

"那个小伙子尤瑟夫,他从27日开始追踪跑掉的骡子和灰马,一直追到寸草不生的荒原。追了整整一天,肚子饿得不得了,总算是遇到了运送行李的队伍。那里距离赛图拉还有60英里。那些仆人跟在我们后面,他们已经抓到了逃跑的马和骡子。"

"我前面提到过构成喀喇昆仑山脉的众多高山,它们的山脊全是平行的,就像是等待检阅的队伍。当你通过那些山脉之间宽阔的山谷的时候,你会发现山脉的高度越来越低,最后仿佛完全埋没于无尽的冰雪之中(只有少数山峰冲破冰雪,傲然刺向天宇)。山谷却一直在升高,但是上升的坡度不大,不会影响赶车前行。最后,横亘在路上的山脊看起来还没有铁路的路基高,尽管它的高度可能有数百英尺。在这样的山脊间便形成了喀喇昆仑山口,它看起来更像是某些古代湖泊的出水口,而不是我们所理解的山口。所谓的喀喇昆仑山脉其实也就是相当于盆地周边高起的边缘，或者是一个有着不规则形状的高原的突起部分，而不像是连绵不断的群山。山脉南坡尤为壮观，你根本不会想到，这里就是向东流向中国和向南流向印度的两大水系之间的分水岭。尽管喀喇昆仑山的海拔有18000英尺，但是这两旁的相对高度却不过像是山丘，而且也并不是终年被积雪所覆盖。路上全是死去马匹的骨架。山上空气稀薄，行走数天都见不到星点植被，长途跋涉的人们常常因为心理压力过大而死亡。"

"从山口往南走一天的路程，眼前便出现了真正冰川时代的山脉。印度河的源头之——沙尧柯河（the Shayoh river）即发源于此。这里与其说是'海'，不如说是'冰河'，完全就是'冰的海洋'（Mer de Glace of Chamounix）。两道冰川从陡峭的山崖直灌而下，落地之时激起蓝色的波涛，倾泻到大片的平地上。在这片看似荒凉的高原上，经常可以看到藏羚羊。这些长着七弦琴一般犄角的美丽动物，是羚羊种群中最为优雅的一支。根据高原四周的阶梯状地貌特征，可以推测出这里曾经是一个深达200英尺的湖泊，湖水从缺口处流出形成河流。许多迹象表明，这个湖泊是在冰川多次冲击下面峡谷的过程中形成的。"

"我们离开这里之后，顺河流而下，进入狭窄的山涧。这个峡谷相当狭窄，每到河流拐弯的地方路就断了，只好不断地从水流中蹚过去。有好多次我都觉得，那些撞击飞溅起的水浪似乎要把自己的路都堵住了。"

"最危险的是一个被叫作'库木丹'（Koomdan）的巨大冰川。冰川上有很多突起的高峰，估计有200英尺，在蔚蓝色的天宇下闪耀着晶莹的光辉。当时我正骑着马过河。

在走到一半的时候，明显感觉到马儿有些瘸，估计是踩到了冰块，或是被河床底的冰川所划伤。我不得不下马涉水。那水是真正的冰川水，寒冷刺骨。所有的马儿都在水里扑腾、挣扎，就像一群困入浅滩的鱼——我们陷入了流沙区！大多数马匹都成功上了岸，但是有两匹马陷了进去，它们身上驮运的东西也被水流给冲松了。马儿精疲力竭，大口大口喘着粗气（实际上这里水深不到2英尺）。它们的头几乎被河水淹没！河下的沙子既然能吞噬一匹马，那么也完全可以把人吞没；所以我们费尽全力把马头从水中拽出来。这时，行李包裹被水流卷走了，轻装的马儿终于摆脱了流沙，爬上岸。上岸以后，它们完全累坏了：半卧在地上，紧咬着牙齿，全身都在颤抖。我看见它们的鼻孔里有血流出来。"

"我们在3英里之外的路上再次遭遇冰川。经过仔细勘查，我们认为马儿完全不可能过去。据向导说，对面悬崖雪崩，冰川流经此地被阻，冲击之后便成了现在这个样子。更糟糕的是天上开始下雪了。我的随从像当地人一样蹲坐在地上，为自己的不幸命运恸哭不已。他们的衣服已经全湿了，是刚才过河时弄湿的。不管怎么样，夜晚还是如约而至。我们别无选择，只好暂作停留。马儿已经饥肠辘辘，我们却找不到一根草。只希望在马儿被饿死之前，能找到一片肥美的牧场。派人取来了所有的行李，给马儿喂了点粮食。我带了两个人先走，去探路。把帐篷、卧具、炊具等全都留在了这儿。"

"过了冰川之后，我们不得不再次涉水。不过这一次，完全是靠自己的两条腿。水流很急，河里经常有山上掉落下来的冰块。它们漂流、旋转、顺流而下，有时候会暂时堵住河道，使上流的河水不能马上流下来；可是要不了多久，便又打着旋儿让出了河道，或是被水流冲散，汇入河水中。我们趁冰块堵住河道、水流暂时变小的那一瞬间跃入河里，全速向对岸冲去。可还没冲到一半，就听见'轰'的巨响声。回头一看，一股裹挟着冰块的巨大洪流正向我们冲过来。此时只有河中间的一块岩石能作为我们唯一的避难所。我们手脚并用地爬上去，几乎在同一时刻，洪流拍了上来，击中了塔什的膝盖。好在我全力拉住了他，将他从水里拽出来。"

"岩石本就没多高。水流还在源源不断地向我们袭来。河水眼看越涨越高，我估计要不了多久它就会把我们的避难所淹没。趁水流减少的当口，我和同伴纵身跃入河里，拼命冲上岸。几乎在同一时刻，又一股洪峰奔涌而下。我们眼看着那块救了我们一命的石头完全被夹杂着巨大冰块的汹涌波涛所吞没。有些冰块肯定重达1吨以上！"

"衣服已经完全湿透了。我们躺在一块巨石的背风处过夜。这里好像是一个巨大冰川的崖面，它的冰尖刺向天空，高达200英尺。第二天晚上，我在海拔16000英尺的地方发现了一个石洞。我蜷在里面正合适，既防风，又防雪。可是第二天我们又不得不在肆虐地暴雪中艰难跋涉，那些雪没过了我的大腿。铺天盖地的大雪让人辨不出方向，向导已经失去了作用；我不得不拿出罗盘来引路。天黑了下来，我们已经在雪地里走了8个多小时。由于向导指错了路，而且我们也希望能够找到人类聚居的地方，所以一直走到大半夜。此时已经完全没有力气了，只好停了下来。

我们靠在一块石头后面休息。石头高不过3英尺，但还是能挡点儿风。这回，我们一点儿食物都没有了。"

"天还没亮我们就又上路了。我觉得喉咙里仿佛有块烙铁，脚也像铅块般沉重。在走了10英里以后，我们终于看见了一个小窝棚。那是藏民放牧临时搭建的小木屋。我们终于吃到了东西——牛奶和大麦饭，这简直就是世上最美味的东西！"

"我们终于穿过了喀喇昆仑山口和萨瑟尔山口（Sasser Pass），到了英国的管辖区。汤姆逊博士（Dr. Thomson）是到此探险的第一人。过了这个地方，便是我们的测量员和运动员十分熟悉的地区，尽管他们极少真正深入喀喇昆仑山脉。现在，我就像是一个跑完了全程的运动员，终于看见了终点的那条红绳。这条'红绳'最初是画在海岸边的一些工厂周围，而现在却出现在遥远的喀喇昆仑雪域高原上，成为印度和中亚的分水岭。"

19世纪70年代初，肖先生结束了这项勇敢而又成功的探险，回到英国。后来他又接受英国政府委派，作为特使面见雅霍甫；他也因此而重返印度，并在土伯特结识了许多志同道合的伙伴，第二次造访叶尔羌。英国驻列城前任总督福赛斯（Forsythe）[①]先生即加入其中。福赛斯提供了关于中亚纬度、

[①] 福赛斯（Forsythe）：英国驻印度政府代表。1869年7月，福赛斯率领英国政府使团自拉达克出发，奉命与雅霍甫取得联系，却因为雅霍甫远征未能碰面。但次年（1871）年底，雅霍甫派遣使者携带书信拜访英国女王和印度总督。1873年7月，福赛斯再次率队前往喀什噶尔访问雅霍甫。他们沿途进行了细致的考察，带回大量地理资料，使团成员发表了大量探险记录和观察报告。——译者注

经度、海拔方面的数据。这些数据和海沃德提供的数据共同纠正了我们之前在中亚这块地区地理方面的错误。本书中的插图来自著名地理学家彼德曼博士（Dr. Petermann）。

关于第二次探险的情况，根据肖先生和福赛斯先生的汇报，英国皇家地理协会已经做了报道。但是，被大家寄予厚望的海沃德先生的报道却没有办法刊登出来。海沃德于19世纪70年代初在吉德拉尔（Chitral）[①]被谋杀。那是一片未知的区域，在吉尔吉特附近，靠近奥克苏斯河的源头，离贝洛尔达格、兴都库什、喀喇昆仑山共同构成的帕米尔高原不远，在此之前没有欧洲人到过那里。

[①] 吉德拉尔（Chitral）：位于今巴基斯坦北部地区，是重要的交通要道。——译者注

后记：征服希瓦

　　正如第一章所预测的那样，沙皇俄国军队在本年度（1873）的头几个月成功入侵了中亚地区。尽管沙俄新晋侵占领土不属于本选辑关注重点，但就中亚目前的政治和社会状况以及俄罗斯在中亚政策的未来发展而言，完全有理由在这里加上一个章节。

　　沙俄帝国侵吞其亚洲邻国领土的手段众所周知。这是一个关于狼、羔羊和浑浊溪流的古老故事。只有在这种情况下，羊才是狼，狼又变成了熊。强者不停地把水搅混，然后弱者就被吞食。

　　沙俄对外声称要维持边境贸易的公平与公正，要用和平和文明来影响这些半开化的部落；实际上却以贸易条约为幌子，不断推进着强权。一旦遇到抵制或反抗，就会采取更严厉的手段进行打击。通过这种策略，位于锡尔达里亚（the Syr Daria）①富饶河谷中的希瓦汗国被纳入沙俄的统治之下；布哈拉，甚至是更远的小城邦也都被迫与沙俄帝国缔结"友好"关系。然而，希瓦坚持保持敌对态度。比起合法的贸易，它似乎更喜欢劫掠，而且也不会放弃其掠夺性的习惯。希瓦曾唆使已臣服于俄国的哈萨克人暴动，并引诱他们归顺希瓦，向他们征收赋税；甚至还向经过草原的俄国商队征收关税。这使得沙俄奥伦堡总督大为光火。

由于这些和其他类似的原因，沙俄当局认为，只有采取强有力的措施，才能使反复无常的民众进行理性思考，换言之，采取新策略制裁希瓦。沙俄对希瓦汗国的征服整整持续了两个世纪。

俄国吞并希瓦的第一次尝试是在1717年，彼得大帝统治时期。据说，是应汗国可汗沙·尼亚孜（Shah Niaz）及其继承者的请求做出的决定。1700年希瓦汗沙·尼亚孜·伊斯哈克曾授权使者给彼得大帝的亲信送去一封信，提议签订一个条约，其中提出了希瓦的君主成为沙皇的臣民并缔结防卫联盟的建议。但实际上，希瓦汗的兴趣主要在贸易事务上，称臣和结盟只是诱饵，意欲诱使俄国接受贸易条款。但是，这却被沙俄作为向希瓦提出主权要求的重要依据。而后继任的希瓦汗王也曾向沙皇表示臣服，愿为沙俄藩属，请求彼得大帝将其置于沙俄的保护之下。

因此，彼得大帝派出了远征军。远征军从乌拉尔山口进入，顺利穿过乌拉尔山，几乎到达汗国大门口，却遭遇埋伏，尽数

---

① 达里亚（Daria）：中亚当地民族语言中"河流"的意思。锡尔达里亚，即锡尔河流域。——译者注

被杀。所谓友谊和顺服，不过是虚有其表。

在接下来的一个世纪里，不仅是沙俄，整个欧洲都为之震动的重大事件让希瓦人从俄罗斯的复仇中得到了很长的一段喘息时间。

1839 年，沙俄再次派出远征军进攻希瓦汗国。

战役一直持续到 1872 年的秋天。1873 年春，沙俄三路大军一起出动：一路师团从里海（Caspian Sea）① 东南侧出发，在阿特里克河口（Atrek）附近，从西边突袭；一路师团从里海北岸附近的奥伦堡（Orenburg）② 出发，穿过咸海（the Aral）③－昆格勒（Kungrad）④ 一线城镇，从北边攻入希瓦；第三路部队在俄属突厥斯坦总督考夫曼（Kaufmann）的亲自指挥之下，自塔什干出发，从东边攻打希瓦。三路大军分头出动，在希瓦会合。会合后由考夫曼将军（师长）任总指挥。⑤

但是，真正在作战中发挥作用的只有两路大军。离开契基

---

① 里海（Caspian Sea）：内陆湖，位于中亚西部，南北狭长，形状略似"S"形。——译者注
② 奥伦堡（Orenburg）：位于南乌拉尔山山麓，1735 年建为要塞，是俄罗斯重要的铁路枢纽。——译者注
③ 咸海（the Aral）：位于今哈萨克斯坦和乌兹别克斯坦交界处、克孜勒库姆沙漠中部。原为世界第四大内陆湖泊。因不合理利用，咸海面积大幅缩减，如今几近干涸。——译者注
④ 昆格勒（Kungrad）：地名，位于今乌兹别克斯坦境内。——译者注
⑤ 根据 1867 年 7 月 11 日帝俄亚历山大二世·尼古拉耶维奇（1818 年 4 月 29 日~1881 年 3 月 13 日）的旨令，中亚突厥斯坦总督区成立，设总督府于塔什干（今乌兹别克斯坦共和国首都）。最初突厥斯坦总督区涵盖以塔什干为中心的锡尔河和以维尔内为中心的七河两省，而后管辖范围渐次覆盖了哈萨克草原以南的绿洲地区。帝俄陆军大臣办公厅主任，曾经担任沙俄侵占波兰的总督，号称"半沙皇"的康斯坦丁·彼得洛维奇·考夫曼被任命为首任总督。——译者注

什拉尔（Tchikishlar）靠近阿特里克河的那一路分遣队在与酷热和干渴搏斗了数周之后，人、马疲惫不堪，已无力折返，扎营于克拉斯诺沃斯克（Krasnoodsk）①，并在严酷的条件下坚守到5月1日。尽管这支队伍被打败了，却有效阻止了希瓦人从那些生活于西南干草原地带、好战的部落中征募士兵。

奥伦堡分遣队于5月下旬抵达昆格勒。希瓦军队在楚德捷利（Chudjeili）做了抵抗，但仍被打败向南逃窜。俄国军队穷追不舍，一直追到曼吉特（Mangyt）。两军在曼吉特再次交火，希瓦军队再次失利，于6月1日撤退到首都。考夫曼将军带领第三路部队穿过克孜勒库姆（Kyzyl Kum）沙漠②和巴特卡克库姆（Batkak Kum）沙漠，从东南方进入希瓦。

就在俄军向希瓦首都靠近的时候，希瓦汗派人送来消息：希瓦投降，准备交出整个汗国。但是还没等到俄国的回复，汗王就带着人逃跑了。6月10日，城门打开，俄军没费一枪一弹即占领希瓦首都。

第二天是彼得大帝生辰。俄军在希瓦首都举行了神圣的祭拜仪式。向伟大的沙皇陛下表示敬意，同时也向阵亡的俄军将士送达哀思。

几天之后，从惊恐中回过神来的希瓦汗在宰相的陪同下重返陷落的首都，正式宣布投降。依照沙俄一贯的做法，帝国承认希瓦汗国的独立地位，希瓦汗仍是名誉上的统治者；但是另设一个帝国的行政管理机构。

---

① 克拉斯诺沃斯克（Krasnoodsk）：今土库曼斯坦西部城市。——译者注
② 克孜勒库姆（Kyzyl Kum）沙漠：又译作"克孜尔库姆沙漠"。该沙漠位于咸海东南方向，锡尔河与阿姆河之间，面积约30万平方千米，分布于乌兹别克斯坦、哈萨克斯坦和土库曼斯坦境内。——译者注

希瓦陷落，下一个问题接踵而至。沙俄会怎么处置希瓦？

战役打响之初，沙皇俄国当局就宣称不会对希瓦进行永久性占领。沙俄占领亚洲邻国土地的经验表明，如果希瓦人知道沙俄要永远占领希瓦，那么在得知远征军到来的时候就会迅速逃跑撤离。正如英国军事评论家所说的那样：尽管酷暑难耐的平原让远征军疲惫不堪；可是，拥有巨大野心的俄国人并不急着离开。既然已经占领了希瓦，那么一定不会轻易离开。虽然一再声称撤退，却一直没有停下前进的步伐。这是俄罗斯一贯的伎俩，其国土也是由此不断扩张的。

据俄罗斯帝国报纸（半官方的）报道：沙皇允许希瓦那些无秩序的部落继续存在，但是必须迁往西伯利亚。沙俄当局会为这次大规模的迁徙支付赔偿金。这无疑也是俄国的策略。俄国人会占领奥克苏斯河谷，这是其中亚计划的一部分。如果希瓦人不听话，等待着他们的只能是噩梦。也许，相比较而言，他们更愿意服从这个相对来说还算是有一定自由的体系，然后逐渐地适应一种比较文明的生活方式。

希瓦汗国占据着奥克苏斯河下游河谷地区。我们对这片区域知之甚少，仅有的这点了解也要感谢爱冒险的威恩伯格先生（Mr. Vamberg），是他伪装成游行僧人混入希瓦，我们才能获得关于这片土地的信息。在这里，河流两岸孕育生命，滋养作物，形成绿洲；河流之外的地方是贫瘠的草原，由游牧部落所占领。

对当地人来说，奴隶制——是战争、贫穷以及所有不幸的根源。沙俄征服希瓦后，宣布解放奴隶。希瓦汗公布了沙俄管理委员会法令，下令永远废除奴隶制。数以千计的俘虏从奴役身份中走出来，以自由民的身份生活，或者是按照自己的意愿回到亲人身边。

人名、地名中英对照

第一章

Aral	咸海
Caspian	里海
Indus	印度河
Gangers	恒河
Mount Küen-lün	昆仑山
Himalaya	喜马拉雅山
Constantinople	君士坦丁堡
Peking	北京
Cape Comorin	科摩林角
Polar Sea	北冰洋

Aryan	雅利安人
India	印度人
Oxus	奥克苏斯河
Jaxartes	锡尔河
Pamir	帕米尔
Karakorum	喀喇昆仑山
Hindu Kush	兴都库什山
Alexander	亚历山大
Tartar	鞑靼
Genghis Khan	成吉思汗
Tamerlane	帖木儿
Baber	巴布尔
western Turkestân	西突厥汗国
Russia	俄国
Thian-Shan	天山
Khokand	浩罕
Cashmere	克什米尔
Ladâk	拉达克
Yârkand river	叶尔羌河
Khoten river	忽炭河
Affghanistan	阿富汗
Lieutenant von Heller	冯·海勒中尉
Kalmucks	卡尔梅克人
Kirghizes	吉尔吉斯人
Bombay	孟买
Calcutta	加尔各答

Oxenburg	奥克斯博格
Ural river	乌拉尔河
St. Petersburg	圣彼得堡
Jose	乔斯
Lob	罗布
Belur Dagh	贝洛尔达格
Dapsang	达普桑峰
Shaw	肖
Yang-hissar	英吉沙
Kâshghar	喀什噶尔
Yarkand	叶尔羌
Khoten	忽炭
Usch	乌什
Turfan	吐鲁番
Aksu	阿克苏
Alps	阿尔卑斯山
Pyrenees	比利牛斯山
Mont Blanc	勃朗峰
Karakash	喀拉喀什河
Shahidoolla	赛图拉
Tibet	土伯特

第二章

Marco Polo	马可·波罗
Sir Henry Yule	亨利·玉尔爵士
Nicolo	尼古拉

Maffeo	马费奥
Constantinople	君士坦丁堡
Crimea	克里米亚
Volga	伏尔加河
Bakhara	布哈拉
Kublai Khan	忽必烈可汗
Acre	阿卡城
Clement Ⅳ	克雷芒四世
Viterbo	维特尔波
Tedaldo Visconti	特达尔多·威斯康提
Syria	叙利亚
Scanderoon	斯堪的让湾
Ayas	阿亚斯港口
Gregory Ⅹ	格列高利十世
Sivas	锡瓦斯
Mardin	马尔丁
Mosul	摩苏尔
Baghdad	巴格达
Ormuz	忽鲁谟斯
Kerman	克尔曼
Khorassan	霍拉桑
Balkh	巴尔赫
Badakhshan	巴达哈伤
John Wood	约翰·伍德
Tangut	唐古特
Kaipingfu	开平府

Khingan Mountains	兴安岭
Pauthier	彭泽尔
Karájáng	合剌章
Yangchan	银川
Champa	占城
Indian Seas	印度洋
Siangyang	襄阳
Herodotus	希罗多德
Persia	波斯
Arghun	阿鲁浑
Bulughan	卜鲁汗
Kukachin	阔阔真
Zayton	刺桐城
Sumatra	苏门答腊岛
Kaikhatu	乞合都
Ghazan	合赞
Tabreez	大不里士
Ithaca	伊塔卡岛
Messer Gasparo Malpiero	梅瑟尔·加斯帕罗·马皮耶罗
Taican	塔里干
Kishm	基什姆
Pashai	白沙瓦
Keshimur/Cashmere	克什米尔
Saracens	撒拉逊人
Vokhan	瓦罕
Pamir/Pamere	帕米尔

Bolor/Belur/Bielor Dagh	贝洛尔达格
Cascar/Kashgar	喀什噶尔
Cotan/Khoten	忽炭
Pein	媲摩
Charchan/Chachan	阇鄘

第三章

Vasco de Gama	瓦斯科·达·伽马
Cabul	喀布尔
Ghuznee	哥疾宁
Kandahar	坎大哈
Herat	赫拉特
Lieut. John Wood	约翰·伍德中尉
Fyzabad	法扎巴德
Sir-i-kol	瑟伊库尔湖
Hayward	海沃德
Chitral	吉德拉尔
Robert Shaw	罗伯特·肖
Vigne	维涅
Baltistan	巴尔蒂斯坦
Iokardo/Iskardo	斯卡杜
Hermann Schlagintweit	赫尔曼·斯拉金特维特
Adolf Schlagintweit	阿道夫·斯拉金特维特
Robert Schlagintweit	罗伯特·斯拉金特维特
Humboldt	洪堡
Deccan	德肯

Madras	马德拉斯
Ibi-Gamin Peak	艾比加敏峰
Sikkim	锡金
Assam	阿萨姆
Brahmapootra	雅鲁藏布江
Simla	西姆拉
Wallé Khan	倭里罕

第四章

Godfrey Thomas Vigne	戈弗雷·托马斯·维涅
Constantinople	君士坦丁堡
Armenia	亚美尼亚
Loodiana	卢迪亚纳
Bilaspore	比拉斯布尔
Sultanpore	苏丹布尔
Runjeet Sing	兰季德·辛格
Sutlej	萨特累季河
Delhi	德里
Chumba	昆巴山
Budrawar	布德拉瓦尔山
Brihma	布里希玛山
Rihursi	瑞哈瑞斯
Trekotar	崔库塔尔
Milton	弥尔顿
Jamu	查谟
Golab Sing	戈拉布·辛格

Urjum Sing	乌尔辛姆·辛格
Tani river	塔尼河
Rajawur	瑞加乌尔
Thána	塔纳
Tata Koti	塔塔科蒂
Barumgulu	巴鲁古鲁
Poshiana	波希亚纳
Pir Panjal	比尔·本贾尔岭
Pere Hypolite Desideri	希波利特·德斯戴瑞神父
Lahore	拉合尔
Hodgson	霍奇逊
Sutlez	苏特勒兹山
Huripore	呼芮博乐
Shupeyon	舒博阳
Durawur	杜拉乌尔
Arabul	阿哈布勒

第五章

Shahbad	沙哈巴德
Verinag	威瑞纳
Emperor Jehangir	贾汉吉尔皇帝
Ahmed Shah	艾哈迈德·沙赫
Islamabad	伊斯兰堡
Anat Nag	阿娜娜格泉
Vishnu	毗湿奴
Pandoo	盘杜（巨人名）

Koroo	科罗
Cyclopes	库克罗普斯
Sierras	塞艾拉山
Pandrynton	潘丁顿
Whewell	惠威尔
Asoka	阿育王
Avante Verma	阿万特·维玛
Jerusalem	耶路撒冷
Wolff	伍尔夫
Abyssinia	阿比西尼亚
Kush	库施
Palmyra	巴尔米拉
Persepolis	波斯波利斯

第六章

Jelum	杰赫勒姆河
Srinagur	斯利那加
Tukt-i-Suliman	图克-依-苏里曼山
Huri	哈瑞山
Huri Purbut	哈瑞-波巴特山
Shalimar	贾西玛
Chunar	纳尔岛
Hydaspes	希达斯皮斯河
Amir's bridge	埃米尔大桥
Kishtawar	基什特瓦尔
Durawar	杜拉瓦尔

Drogjun	德罗郡
Noor Jehan	努尔·贾汉
Agra	阿格拉
Shah Hamadan	沙赫·哈马丹
Tamerlane	帖木儿
Samarkand	撒马尔罕
Mar	马尔
Venice	威尼斯
Kutawal	库特瓦尔
Moorcroft	莫克罗夫特
Shalimar	夏乐美
Leh	列城
Naples	那不勒斯
Assyrian	亚述
Judith	朱迪斯

第七章

Iskardo	斯卡杜
Wulur lake	乌拉尔湖
Bundurpore	班迪波拉
Nasim Khan	纳斯木汗
Diarmul	卓奥尔峰
Ahmed Shah	艾哈迈德·沙赫
Ahmed Ali Khan	艾哈迈德·阿里·汗
Kholi-Palus	科利帕洛斯山区
Gholam Shah	古勒姆·沙赫

Medea	美狄亚
Deotsuh	德图平原
Mohammed Ali Khan	穆罕默德·阿里·汗
Shighur	辛格呼尔
Burzeh	布尔孜
Arindo	阿林多
Nagyr	纳格雅贺
Hunzeh	罕萨

第八章

Shayok	夏洛克
Nubra	怒布汝
Khopalu	卡帕卢
Lassa	拉萨
Chorbut	乔尔巴特
Hanu	哈努
Siksu	辛德苏
Bhuts	巴孜
Dr. Royle	罗伊尔博士
Salvator Rosa	萨尔瓦多·罗莎
Skerwuchun	斯科尔乌春
Kulutzi	库勒兹
Gulab Sing	古拉布·辛格
Runjeet Sing	兰季德·辛格
Kemis	卡米斯
Pituk	皮土克

Tok	托克
Juan Sing	胡安·辛格
Ayu	阿玉
Musdagh	木孜塔格峰
Gilgit	吉尔吉特

第九章

Capt. Valikhanoff	瓦利汉诺夫上尉
Mr. Johnson	约翰逊先生
Semionov	谢苗诺夫
Kovalevsky	科瓦列夫斯基
Bozoorg Khan	布素鲁克汗
Mohammad Yakoob	穆罕默德·雅霍甫
Koochee	库车
Reinthal	莱因塔尔
Kangra Valley	坎格拉山谷
Roopshoo	罗普舒
Diwân Baksh	迪万·巴克什

第十章

Kooloo	库鲁
Mecca	麦加
Bara Lǎcha	巴拉拉恰
Rookshin	卢科辛
Pangong Lake	班公湖
Lake of Geneva	日内瓦湖

Lausanne	洛桑
Vevay	威潍
Sinde	信德
Mansorawar	曼索拉瓦湖
Brahmapootra	布拉马普特拉河
Attock	阿图克
Dr. Cayley	凯利博士
Karakash River	喀拉喀什河
Labore	拉合尔
Momin	莫敏
Mr. Thorp	托普先生
Chagra	察格拉
Shahidoolla	赛图拉
Masimik	马斯米科山
Chang-chenmo	羌臣摩河
Shayok River	夏洛克河
Chitral	奇特拉
Tashee	塔什
Kabeer	喀贝尔
Lingzeetang	林孜塘
Guddee	古德
Lak-zung	拉柯尊
Tarldatt	塔尔达特

第十一章

Atkinson	阿特金森

Robinson Crusoe	鲁滨孙·克鲁索
Maharaja	马哈拉贾
Mihmandâr	米合曼达尔
Sanjoo	桑株
Jooma	朱玛

第十二章

Kiliân	客利安
Ali Nazzar	阿里·纳扎尔
Yoozbashee	尤孜巴什
Panjabashee	班贾巴什
Scythian	斯基泰
Sir H. Rawlinson	罗林逊爵士
Sakae	塞人
Amyrgian Scythians	阿米吉亚斯基泰人
Alam	阿拉姆
Shereef	沙里夫
Kéwas	克瓦斯
Beg	伯克
Kazee	哈孜
Vizier	维齐尔
Takla-Makan	塔克拉玛干沙漠
Kargalik	哈尔哈里克
Frangs	弗朗克人
Andijânee	安集延
Shaghâwal	沙哈维尔

第十三章

Umiritsir	乌米瑞提斯
Sir Walter Scott	沃尔特·司各特爵士

第十四章

Sarikul	色勒库尔
Kokh-robât	阔赫罗巴特
Rubens	鲁宾斯
Kizil	克孜尔
Mirza-bashee	米尔扎巴什
Yepchang	叶甫昌
Koosoon River	库苏河
Mahammad Isâk Jân	穆罕默德·伊塞克·江
Mahrambashee	马哈拉姆巴什
Steerforth	斯蒂福兹
David Copperfield	大卫·科波菲尔
Mahram	马哈拉姆
Dahbashee	达赫巴什

第十五章

Mahrambashee	马哈拉姆巴什
Kalmâks	卡尔梅克人
Choomâroo	褚玛鲁
Sarda	萨尔达
Kakshal	喀克夏勒

Kizilzé	柯孜勒孜山
Moostagh	慕斯塔格
Artash	阿图什
Kool	库勒
Almatee	阿勒玛特
Mahammad Omar	穆罕默德·奥马尔
Issik-kül	伊塞克湖
Nyaz	尼亚孜
Almatee	阿拉木图
Dâd-Khwâh	达克瓦

第十六章

Yasâwal	亚萨瓦尔
Kakshal	喀克夏勒
Karantagh	喀兰塔格
Kolab	卡拉比
Alam Akhoond	阿兰·阿宏
Toblok	托布洛克
Badakhshan	巴达哈伤
Dada Khan	达答罕
Arawan	阿拉湾
Kargalik	喀拉喀里克

第十七章

Poskyam	波斯卡姆
Besharik	比沙里克

Bora	博拉
Kokhrabat	库热瓦特
Ooee-Taghruk	奥依塔库村
Koshtak	库什塔克
Mahammad Bai	穆罕默德·拜
Mansoor Khoja	曼苏尔·霍加
Chooo-choo Pass	楚楚谷口
Sarikol	色勒库尔
Sarikeea	萨利基亚
Taghdoombash	塔格杜姆巴什
Karakul	喀拉库尔
Chibra	奇布拉
Souget	苏格特
Chadartash	察塔尔塔什
Wahabjilga	瓦哈布基尔噶山
Yoosaf	尤瑟夫
Abdulla	阿布都拉
Shayoh river	沙尧柯河
Sasser Pass	萨瑟尔山口
Dr. Thomson	汤姆逊博士
Forsythe	福赛斯
Dr. Petermann	彼德曼博士
Chitral	吉德拉尔

后记

Khiva	希瓦

Syr Daria	锡尔达里亚
Shah Niaz	沙·尼亚孜
Atrek	阿特里克河
Orenburg	奥伦堡
Aral	咸海
Kungrad	昆格勒
Kaufmann	考夫曼
Tchikishlar	契基什拉尔
Krasnoodsk	克拉斯诺沃斯克
Chudjeili	楚德捷利
Mangyt	曼吉特
Kyzyl Kum	克孜勒库姆沙漠
Batkak Kum	巴特卡克库姆沙漠
Mr. Vamberg	威恩伯格先生

• • • 译者后记

贝亚德·泰勒先生编撰的这本《中亚纪行》首次出版于1874年，而后于1885年、1892年、2005年多次再版。由此可见其影响之大。本译本根据1874年纽约版（New York：Scribner, Armstrong & Co.）译出，书中插画亦来自该版的电子文本。

需要注意的是本书对"中亚"地域范围之界定。贝亚德·泰勒从历史地理视域审视中亚，即广义大中亚概念，将西伯利亚以南、里海以东，涵盖克什米尔，青藏高原，阿姆河、锡尔河流域，以及塔克拉玛干沙漠的广阔地域皆纳入"中亚"之地理范畴。

贝亚德·泰勒在这部著作中辑录了《马可·波罗游记》中

关于中亚部分的描述。他评价马可·波罗是到达遥远东方的第一位欧洲旅行家，并指出《马可·波罗游记》对15世纪欧洲的航海事业起到了巨大的推动作用。直至19世纪，欧洲殖民统治取得空前发展，维涅、约翰·伍德、斯拉金特维特兄弟、阿特金森、谢苗诺夫、瓦利汉诺夫、约翰逊、海沃德、罗伯特·肖等众多旅行家、探险家、地理学家、植物学家们踏着马可·波罗的足迹，从陆路进入亚洲腹地。戈弗雷·托马斯·维涅（Godfrey Thomas Vigne，1801~1863）是第一批深入克什米尔地区，抵达印度河上游、喜马拉雅山区的欧洲探险家之一，为后来的探险者提供了大量第一手资料。罗伯特·肖（Robert Shaw，1839~1879）与贝亚德·泰勒是同时代的人物；他于1868年以英国商人身份先后两次越过昆仑山，进入塔里木盆地。这一时期，正是中亚浩罕人雅霍甫大举东犯的时期，游记中不乏相关细节的记录；由此可以充分看到雅霍甫作为入侵者，与英国人勾结、入侵中国的卑劣行径。而英俄的第一次中亚大博弈也在其叙述中得到具体呈现。

受时代、历史知识以及观念所限，本书原文中有不少错误，比如对中亚本土居民族属的认识、对历史事件的褒贬态度，以及对地域名称的使用等。译者在忠于原文的基础上，对失实之处做了合理化处理。另外特别对专有名词的译文及解释，做出两点说明。其一，文中地名尽量采用原著作者所处年代之译名，并以今名作注。有些区域地跨多国，其名采用约定俗成之称或音译。其二，中亚土著居民姓名采用音译。

本书在翻译出版的过程中，得到多方支持和帮助。感谢中国社会科学院中国边疆研究所马大正教授、许建英教授。感谢陕西师范大学中亚研究所所长李琪教授的指教，感谢我的导师韩中义教授的培养。要做到译文的信、达、雅，实非易事。老师们常说，做学问就要耐得住寂寞，坐得住板凳。前路漫漫，道阻且长。吾定当以老师们为楷模，抱道不曲，砥砺前行。

在此特别感谢社会科学文献出版社将此书列入出版计划。对社会科学文献出版社人文分社宋月华社长、责任编辑周志静老师为本书之付梓倾注大量精力表示衷心感谢！向为本书出版付出辛勤劳动的社会科学文献出版社的各位老师致以诚挚的谢意！

谨向陈东杰师兄表示感谢。

还要向一直以来关爱并支持我的家人、帮助和鼓励我的朋友们表达由衷的感激。

李郁瑜

2020 年 1 月 7 日于陕西师范大学长安校区

图书在版编目(CIP)数据

中亚纪行:克什米尔、小土伯特和中亚诸地/(美)贝亚德·泰勒(Bayard Taylor)编撰;李郁瑜译注;许建英主编.——北京:社会科学文献出版社,2020.6(2020.12重印)
(中国边疆探察译丛)
书名原文:Central Asia: Travels in Cashmere, Little Tibet and Central Asia
ISBN 978 - 7 - 5201 - 6492 - 4

Ⅰ.①中… Ⅱ.①贝… ②李… ③许… Ⅲ.①中亚 - 历史 Ⅳ.①K36

中国版本图书馆 CIP 数据核字(2020)第 054891 号

·中国边疆探察译丛·
中亚纪行:克什米尔、小土伯特和中亚诸地

编　　撰 / [美]贝亚德·泰勒(Bayard Taylor)
译　　注 / 李郁瑜

出 版 人 / 王利民
责任编辑 / 周志静
文稿编辑 / 朱叶娜

出　　版 / 社会科学文献出版社·人文分社 (010)59367215
　　　　　　地址:北京市北三环中路甲29号院华龙大厦　邮编:100029
　　　　　　网址:www.ssap.com.cn
发　　行 / 市场营销中心 (010)59367081　59367083
印　　装 / 北京盛通印刷股份有限公司

规　　格 / 开　本:889mm×1194mm　1/32
　　　　　　印　张:11.125　插　页:0.25　字　数:254千字
版　　次 / 2020年6月第1版　2020年12月第2次印刷
书　　号 / ISBN 978 - 7 - 5201 - 6492 - 4
定　　价 / 138.00元

本书如有印装质量问题,请与读者服务中心(010 - 59367028)联系

▲ 版权所有 翻印必究